科学社会主义的入门

《社会主义从空想到科学的发展》导读

刘海涛 著

中央党校出版集团
国家行政管理出版社

图书在版编目（CIP）数据

科学社会主义的入门：《社会主义从空想到科学的发展》导读／刘海涛著．—北京：国家行政管理出版社，2021．4

ISBN 978－7－5150－2515－5

Ⅰ．①科…　Ⅱ．①刘…　Ⅲ．①《社会主义从空想到科学的发展》－恩格斯著作研究　Ⅳ．①A811．24

中国版本图书馆 CIP 数据核字（2021）第 025819 号

书　　名　科学社会主义的入门——《社会主义从空想到科学的发展》导读
KEXUE SHEHUI ZHUYI DE RUMEN——《SHEHUI ZHUYI CONG KONGXIANG DAO KEXUE DE FAZHAN》DAODU
作　　者　刘海涛
责任编辑　陈　科
出版发行　国家行政管理出版社
（北京市海淀区长春桥 6 号　100089）
综 合 办　（010）68928903
发 行 部　（010）68922366　68928870
经　　销　新华书店
印　　刷　北京盛通印刷股份有限公司
版　　次　2021 年 4 月北京第 1 版
印　　次　2021 年 4 月北京第 1 次印刷
开　　本　160 毫米×230 毫米　16 开
印　　张　15．25
字　　数　210 千字
定　　价　46．00 元

本书如有印装问题，可联系调换，联系电话：（010）68929022

序
FOREWORD

在科学社会主义的发展史中，能为弗里德里希·恩格斯盖棺定论的权威人物当属列宁。也许那时他没有意识到这一点，但恰恰在恩格斯辞世（1895 年 8 月 5 日）后的一个多月，列宁就撰写了一篇长文以悼念这位无产阶级革命导师。他在篇首引用了俄国诗人尼古拉·阿列克塞耶维奇·涅克拉索夫（1821—1878 年）的诗句表达了痛惜之情："一盏多么明亮的智慧之灯熄灭了，一颗多么伟大的心停止跳动了！"如果说这还只是一种人文情怀表达的话，那么接下来的内容则是对恩格斯历史贡献的科学评价。

列宁为恩格斯作出历史定位："在他的朋友卡尔·马克思（1883 年逝世）之后，恩格斯是整个文明世界中最卓越的学者和现代无产阶级的导师。"① 实际上，在科学社会主义和国际共产主义运动的谱系中，还不仅仅是"之后"，也应该说"同时"。"自从命运使卡尔·马克思和弗里德里希·恩格斯相遇之后，这两位朋友的毕生工作，就成了他们的共同事业。因此，要了解弗里德里希·恩格斯对无产阶级有什么贡献，就必须清楚地了解马克思的学说和活动对现代工人运动发展的意义。"②——"毕生工作"是批判资产阶级，"共同事业"是"解放世界"。按照恩格斯的说法，马克思最伟大的理论贡献是创立了唯物史观和剩余价值学说，并在这个基础上实现了社会主义从空想到科学的发展。虽然恩格斯很少把自己摆进去，但无论如何他也参与其中，因此和马克思一样都是马克思主义（科学

①② 列宁：《弗里德里希·恩格斯》，《列宁选集》第 1 卷，人民出版社 2012 年版，第 88 页。

社会主义）的创始人，而且恩格斯的贡献远不止于此：是恩格斯把马克思的研究重点从法国大革命的政治斗争引向英国工业革命带来的经济发展；是恩格斯在马克思的英语还没有过关或者忙于其他事务的情况下以马克思的名义用英文撰写论文，这其中就包括著名的《德国的革命与反革命》；是恩格斯在马克思逝世以后中断自己的研究工作，为亡友整理出版《资本论》第二、第三卷。关于这件事，奥地利社会民主党人阿德勒曾评论说，恩格斯替他的天才朋友建立了一座庄严宏伟的纪念碑，无意中也把自己的名字不可磨灭地铭刻在上面了。列宁认为他“说得很对”，[①] 但我总感觉并不完全对。恩格斯具有高尚的谦虚美德，此举确实出于对马克思的热爱和敬仰，更是出于对无产阶级革命事业的忠诚和义务，并非“有意”为自己树碑立传。但如果不是马克思写《资本论》，恩格斯也会把它独立完成——产生这部历史巨著的时代条件已经具备——他的英名同样会流传千古，何况恩格斯还有自己在其他领域的专门研究和成果。马克思、恩格斯著作的文选、选集、全集基本都合在一起出版，这样的事例不说空前绝后也是实属罕见。恩格斯比马克思多活12年历经75个春秋，因此，在1883年到1895年，他“一个人继续担任欧洲社会党人的顾问和领导者。无论是受政府迫害但力量仍然不断增长的德国社会党人，或者说落后国家内那些还需仔细考虑斟酌其初步行动的社会党人，如西班牙、罗马尼亚和俄国的社会党人，都同样向恩格斯征求意见，请求指示。他们都从年老恩格斯的知识和经验的丰富宝库中得到教益”。[②] 马克思和列宁之间的空缺恰好为恩格斯所填补。

对于“粗知”马克思主义的人们来说，更为津津乐道的是马克思和恩格斯长达40年的友谊以及恩格斯对马克思的资助。按“成

---

① 列宁：《弗里德里希·恩格斯》，《列宁选集》第1卷，人民出版社2012年版，第95页。

② 同上书，第96页。

分”论，马克思出身于资产阶级家庭，但本人却是个无产者，没有固定的职业和收入。现代京剧《红灯记》中李玉和的一句唱词“无产者一生奋战求解放，四海为家穷苦的生活几十年”也可以看作是马克思一生的写照。李玉和把仅有的一盏红灯留给了革命后代，而恩格斯和马克思则留给世界一个取之不尽、用之不竭的伟大思想。但是，事业需要财政的支持，说得通俗点就是要有钱。马克思从未得到过普鲁士国家科研资助或课题经费，而且他拒绝了政府想用他的“大才”为资产阶级做事的“招安”。因此，为了这个共同的事业，恩格斯不得不长期从事令他厌烦的商业活动，赚钱聊补马克思一家的无米之炊，以便马克思安心于理论研究。恩格斯虽然出身于资产阶级家庭，是个“富二代”，但也要从合伙企业的办事员做起，经过长期努力才成为“资本家”，并有了丰厚的积蓄。他一辈子无儿无女。起先，他指定马克思为他的遗产的唯一继承人——实际上他比马克思还小两岁，可见他希望马克思能比他活得更长。马克思逝世后，他又重新写了一份遗嘱，把遗产继承人改为马克思的女儿劳拉和艾琳娜以及马克思的已故的大女儿燕妮·龙格的孩子们，还有海伦·德穆特——马克思夫人燕妮的女佣。恩格斯在逝世前两年，写了最后一份遗嘱，签署的日期是1893年7月29日。后来于1895年7月26日，他又在这上面加了一个附注。这样，他就给亡友的孩子们和外孙们，保证了以后足够的生活费用。[①] 这些事迹也为他的名字和社会主义事业增添了极高的道德含量。

2020年是这位伟人诞辰200周年。正如两年前隆重纪念马克思诞辰200周年一样，恩格斯也理应受到如此待遇。从宏观上说，就是要把科学社会主义发扬光大；但落实到具体的行动上总要有点表示。就我个人而言，长期从事科学社会主义的教学研究工作，从

① 海因里希·格姆科夫等著：《恩格斯传》，易廷镇、侯焕良译，生活·读书·新知三联书店1975年版，第557页。

1991 年 3 月 5 日起便在中共中央党校的讲台上断断续续讲授恩格斯的《社会主义从空想到科学的发展》，由此便萌发一个念头，能否把自己多年的积累进行整理、编辑出版，为纪念活动奉献一份微薄之力。这个想法得到了中共中央党校（国家行政学院）科研部和出版集团的大力支持，于是便有了《〈社会主义从空想到科学的发展〉导读》这本小册子。

我本人也曾出版过一些论著，但大部分属于理论宣传文章。对于个别带有一些学术特点的作品，有读者评论说所选材料比较陈旧，对此我完全认可。但我还是要“狡辩”一句：此乃有意为之。我在大学攻读的是历史学，授课老师的治学态度都非常严谨，甚至近乎挑剔。课堂上经常列举一些学界论著，指出其中的某些观点已为前人提出却没有注释说明，言外之意是这属于抄袭行为。因而谆谆教导我们要引以为鉴，学术研究一定要首先梳理出已有成果，免得“炒冷饭”或被同行视为剽窃——其实这些都属于基本常识。当然，自己抄袭自己的情况也不允许，但难以避免。当今人类已进入“世界历史”时代，不再像古代世界那样每个民族每天都进行“重复发明”，所以才有“专利”之说。今天，在没有接触到前人研究的情况下提出一些和前人相似的观点完全可能，但这不能说是“英雄所见略同”，如果这样认为那是狂妄无知。因此老师们的教诲至少对我后来的专业工作还是起了一定的作用，不论是备课还是写点东西都喜欢在故纸堆里查找材料。即使如此，在今天这样一个信息爆炸的时代也不可能把前人和同行的主要观点收集齐全。因此可以主观地说，我发表的一些论著没有什么“创新”而是“传承”，而且“传承”是否和前人“一脉”更是不得而知。有些说法看似独到见解，其实前人和同行肯定早已提过，只不过是自己孤陋寡闻而已。这是喜欢“陈旧”的第一原因。其次，说到历史学不能不讲研究方法。历史学建立在史实的基础之上。中国近代思想家梁启超指出：“治玄学者与治神学者或无须资料，因其所致力者在冥想，在直觉，在信仰，不必以客观公认之事实为重也。治科学者，无论其为自然科学，为社会科学，罔不恃客观所能得之资料以为研究对象。而其资料越简单、越固定者则其科学成立也越易，越反则越难。”说到史学，“所以至今未能完成一科学者，盖其得资料之道视他学为独难。史料为史之组织细胞，史料不具或不确，则无复史之可言。史料者何?过去人类思想行事所留之痕迹，有证据流传至今者也。思想行事留痕者本已不多，所留之痕又未必皆有史料的价值。有价值而留痕者，其丧失之也又极易”。“又斯学所函范围太广，各人观察点不同，虽有极佳良现存之史料，苟求之不以其道，或竟熟视无睹也。合以上诸种原因，故史学较诸他种学科，其收集资料与选择资料实最劳而最难。”他又说：“时代越远，则史料遗失越多而可征信者越少，此常识所同认也。虽然，不能谓近代便多史料，不能谓越近代之史料即越近真。”[①] 显然，梁氏对“治玄学者与治神学者”多有偏见和贬低。“六经皆史”，治玄学或神学也要占有大量材料，也需引经据典、寻章摘句。除文物之外，史料基本存在于故纸堆里，需要学者发掘。更重要的是，治史者首先要对前人的叙述去伪存真，因此，宏观上的史学研究方法是历史观，而微观上的方法就是考据。关于“鉴别伪书”，梁氏给出他所遵循的九条研究标准，其一便是“其书前代从未著录或绝无人征引而忽然出现者，什有九皆伪”。[②] 书中关于事实的描述大体上也遵循这个规律。这些方法也可以为科学社会主义的研究所借鉴。比如，同样的马克思传记，撇开观点而就事实来说，弗兰茨·梅林的作品和其后作家的作品相比恐怕更接近真实的马克思，毕竟他离马克思更近；他没有提到的主要事实却在后人的作品中出现了，就需要对此做一番考据了：或者是刚刚发现，或者被梅林有意掩盖了，否则就有可能是作者造假或主观臆断。这种方法要

① 梁启超：《中国历史研究法》，上海世纪出版集团2006年版，第39—40页。
② 梁启超：《中国历史研究法》，上海世纪出版集团2006年版，第81页。

求在研究某个问题之前，最好还是尽量多看看早期的有关材料。不能简单地认为最新的材料和观点就一定更准确更科学。另外，所谓“陈旧”还有一个原因。社会主义思想史中大家云集，成果丰硕，但由于种种原因，诸如伯恩施坦、考茨基、托洛茨基、布哈林等社会主义理论家均被贬为“之流”，一个时期以来他们的著作或观点只能作为批判的靶子加以引用，而他们提供的一些重要事实和真知灼见却被忽略或封存。虽然今天的状况已大为改观，但对于他们的思想还有深入研究的必要。“历史学所提供的解释的明显的多重性，不同观点之间的分歧，甚至他们相互之间的矛盾，合在一起构成了一个为历史学所独有的辩证法。”① 这并非为历史学所独有，科学社会主义的学术史也不是“一面之词”，而是由“多面之词”构成——科学社会主义在和其他理论流派的相互作用中成长壮大。因此，我可能属于“古文”学派，在这本小册子中，所引用的材料也具有“陈旧”的特点。不仅如此，大部分材料又来自西方学者论著的中译本。这里有两层意思，一方面本人的外语水平有限，只能通过有限的译文材料“管中窥豹”；另一方面，社会主义毕竟产生于欧洲，流淌着西方文化的血液。这不是说“远道的和尚会念经”，恰恰西方学者是“近道的和尚”。

《社会主义从空想到科学的发展》对西方读者来说虽不通俗但还算易懂，而中国人读起来时常感到头疼。产生这种现象的主要原因在于历史背景和文化传统的差异。比如，提到儒家，中国人自然会想到孔子和《论语》；但说起社会主义，除非专业人士否则不一定都知道莫尔和《乌托邦》，尽管中国是社会主义国家，但对社会主义本身可能也是一知半解。随着思想政治教育的普及和深入，人们可能对科学社会主义基本原理有一定的了解，但对其思想来源和发展脉

① 费尔南·布罗代尔：《文明史》，常绍民、冯棠、张文英、王明毅译，中信出版集团 2017 年版，第 xxxi—xxxii 页。

络就不一定清晰了。而不从整体上把握社会主义的发展脉络，反过来对基本原理的学习也会产生不利影响，容易带来浅尝辄止、难以深入的后果。就学习这部著作而言，不仅要阅读原著本身，也要涉猎它的“前史”、“后传”和时代背景。我从中国古代经典的注疏中受到启发，这本小册子将在忠实原文原意的基础上对该著作逐段逐句进行解读，着重介绍背景材料和后人的研究成果，为读者的学习和研究提供一点参考。

和以前出版的论著一样，这里我还要特意强调，本书引用的《马克思恩格斯文集》《马克思恩格斯选集》《列宁选集》《斯大林选集》，均为中共中央马克思恩格斯列宁斯大林著作编译局组织翻译、编辑，由人民出版社出版，由于这些著作在中国发行量大且作者广为人知，故注释中略去了作者的国籍、名字以及译者姓名。其他学者的观点，均有详细出处。有些说法虽然未加注释，但众所周知。书中所持观点其实前人都已点到，决不能理解为我个人的首创。说明这些情况只是想表达对这些著作的作者、译者、出版单位中先辈的纪念、今人的敬意，对他们的劳动和才能的尊重；但同时我也要郑重表态：文责自负。

目　录

CONTENTS

第一章

《马克思写的 1880 年法文版前言》

恩格斯的《社会主义从空想到科学的发展》一书共有四个序言（分别是一篇前言、二篇序言、一篇导言）。其中第一版即 1880 年法文版前言由马克思所作。故学习这部著作应首先从《马克思写的 1880 年法文版前言》（以下简称《前言》）导入。按时间顺序，后三篇序言和导言均由恩格斯写于第一版出版之后，因而对其介绍也应放在正文之后。《前言》的主要内容是马克思对恩格斯和这本书的述评，恩格斯、《反杜林论》、科学社会主义是其中的三个关键词。

一、作者小传

书品如人品。读书之前首先要了解作者。前人治史学，不仅重视史料，更重视史料提供者的道德品质，因为这种品质可以影响到史料的真伪。因此，在进入《前言》之前，先简要介绍一下恩格斯。通过了解他的生平，进入他的精神世界。

弗里德里希·恩格斯，1820 年 11 月 28 日出生于巴门。这座城市位于乌培河谷，与爱北斐特比邻，两座城市于 1815 年维也纳会议以后并入普鲁士，1930 年合并组成乌培塔尔市（今译武珀塔尔或伍珀塔尔）。恩格斯出生时，两城共有 4 万居民，是德国工业最发达的普鲁士莱茵省的纺织工业中心，他的父亲当时就是一家纺织工厂主。从“成分”看，他出身于资产阶级家庭，不仅如此，恩格斯本人也一度受命于父亲成为资本家。

恩格斯在 14 岁时进入爱北斐特中学读书，3 年后在父亲的要求下不得不中断学业到商行做实习生。但年轻的恩格斯非常关注政治，1839 年 3 月、4 月便在汉堡的《德意志电讯》上以弗里德里希·奥斯渥特的笔名发表了第一篇政论文章《乌培河谷来信》。《乌培河谷来信》从揭露宗教上的神秘主义对人民活泼健康生活的扼杀入手，进而指出工厂主对非人的社会状况以及工人阶级遭受的苦难所应负有的责任。正因如此，这篇匿名文章要比作者发表的诗文更为引人注目。1841 年 9 月底到 1842 年 10 月初，恩格斯到柏林服兵役，同时在大学里旁听，为《莱茵报》撰稿，并和当地青年黑格尔派小组建立了联系。1842 年 11 月下半月来到英国，在欧门-恩格斯纺织厂继续实习经商。在赴英国的途中，他访问了设在科伦的《莱茵报》编辑部，第一次见到马克思，但二人只是简短地寒暄了几句。1844

年8月28日，恩格斯在从英国回德国的途中，经法国巴黎时第二次会见了马克思，此后开始了他们之间长达近40年的友谊与合作，共同创立了马克思主义。在此期间相当长的一段时间里，恩格斯一面经商，一面与马克思共同参与和领导国际共产主义运动，并通过理论研究和著书立说为运动提供指导思想。

《前言》实际上可以看作是恩格斯小传。他在创立马克思主义和指导工人运动方面的贡献得到了马克思的高度评价。在恩格斯的众多事迹中，《前言》重点强调了以下几点事实："弗里德里希·恩格斯是当代社会主义最杰出的代表人物之一，他在1844年就以他最初发表在马克思和卢格在巴黎出版的《德法年鉴》上的《国民经济学批判大纲》引起了注意。《大纲》中已经表述了科学社会主义的某些一般原则。在曼彻斯特（当时恩格斯住在那里），他用德文写了《英国工人阶级状况》（1845年），这是一部重要的著作，其意义由马克思在《资本论》中作了充分的估价。"[①] 恩格斯也是许多社会主义报刊的撰稿人。"在他旅居布鲁塞尔时，他和马克思建立了德国共产主义工人协会，这个协会同佛兰德和瓦隆的工人俱乐部保持了联系。""应正义者同盟设在伦敦的德国委员会的邀请，他们参加了这个最初由卡尔·沙佩尔在1839年因参加布朗基的密谋而从法国逃亡以后所创立的团体。从那时起，同盟就放弃了秘密团体惯用的形式，变成国际性的共产主义者同盟了。但是在当时的情况下，该团体还必须对各国政府保持秘密。1847年，在同盟于伦敦召开的国际代表大会上，马克思和恩格斯被委托起草《共产党宣言》，《宣言》在二月革命前不久出版，并且几乎立即被翻译成欧洲的各种语言。"[②] ——这些就是理论和实践贡献的突出体现。

《前言》篇幅很短，不可能反映出恩格斯生平和思想的全貌。恩

---

① 恩格斯：《社会主义从空想到科学的发展》，《马克思恩格斯选集》第3卷，人民出版社2012年版，第741—743页。

② 同上书，第742页。

格斯也是一位多才多艺的饱学之士，在哲学、社会科学和自然科学领域涉猎面极广，造诣颇深。尤其是他有极高的语言天赋，他学习外语并没有简单地停留在收集材料上，而是始终把研究某种语言与研究有关民族的历史传统和国情结合起来。到了19世纪50年代初也就是30岁出头，他已掌握了包括英语、希腊语和拉丁语在内的多种语言。据马克思的二女婿保尔·拉法格回忆，有一次一位巴黎公社的流亡者曾对他说，恩格斯能“结结巴巴”地说20种语言——这是因为恩格斯激动或说话快时偶尔有点口吃。实际情况是，恩格斯能用12种语言说和写，能阅读20种文字。[①] 即使在军事理论领域恩格斯也有深入的研究，因而号称“将军”。他“卓越地把辩证法和历史唯物主义运用到军事思想上”。列宁“依据这些思想，于1917年以后在内战和反对外国干涉的战争风暴中，建立了第一个工农国家的社会主义军事科学”。[②]

恩格斯一生有过两次婚姻。前后两位夫人是亲姐妹。恩格斯22岁时在英国曼彻斯特认识了21岁的爱尔兰纺织女工玛丽·白恩士。共同的无产阶级立场和相互的吸引使两人走到一起。但是一些恩格斯的传记并没有提及二人结婚，而是说开始了共同生活，意思是他们没有履行登记手续，也没有举行仪式——恩格斯蔑视资产阶级的法律和宗教的清规戒律，不愿意到资产阶级的国家机构去登记，也不想到教堂举行仪式——早先英国空想共产主义者罗伯特·欧文也持这种主张。同时他下定决心，摈弃资产阶级的社交和宴会，全心全意同工人们交往，致力于研究他们的状况。但是，这位夫人中道撒手而去，于1863年1月6日在曼彻斯特辞世，年仅42岁。多年以来，玛丽的妹妹莉希一直和恩格斯夫妇生活在一起。莉希和姐姐不仅有手足之情，而且也有相同的政治观点。以后莉希和恩格斯则日益亲近互相关心，很自然成为恩格斯的第二位夫人。可是仅仅10多年以后，莉希就患上了严重的疾

---

① 海因里希·格姆科夫等著：《恩格斯传》，易廷镇、侯焕良译，生活·读书·新知三联书店1975年版，第242页。

② 同上书，第252页。

病。在病床上，她请求丈夫履行正式结婚手续。在这个问题上恩格斯放弃了原则，答应了妻子这个最后的要求。1878年9月11日晚他们举行了结婚仪式，几个小时以后，莉希就在恩格斯的怀抱里去世了。两次沉重的打击并没有使恩格斯失去理智，在克服了悲伤情绪以后，他又全身心地投入工人运动之中。

1895年8月5日22点30分，恩格斯的心脏停止了跳动。10日，他的追悼会在伦敦威斯敏斯特桥的滑铁卢车站大厅举行，随后遗体被火化。按照恩格斯的遗嘱，他的骨灰罐于1895年8月27日由马克思的三女儿、女婿和爱德华·伯恩施坦等人沉入大海。

二、文本由来

认识了恩格斯，再大体了解一下《社会主义从空想到科学的发展》这部著作的由来。说起这本书，首先要提到恩格斯的《反杜林论》，因为它是1880年恩格斯由《反杜林论》中的“引论”第一章，第三编“社会主义”的第一、二章改编而成。

自1873年起，恩格斯一年比一年紧张地从哲学角度研究自然科学问题。他的计划是，先做认真的准备工作，日后写一本书，对自然科学的理论知识从唯物辩证法的角度做一总结。在他看来，应该以科学共产主义的观点，来分析更广阔的科学领域的问题，利用人类思维的最新成果来确立无产阶级的世界观。[①] 正当他埋头于这项工作时，德国方面迫不及待地请求他去制止“杜林热”（威廉·李卜克内西的说法）的传播。

---

① 海因里希·格姆科夫：《恩格斯传》，易廷镇、侯焕良译，生活·读书·新知三联书店1975年版，第378页。

欧根·杜林（1833—1921 年）系德国柏林大学讲师。19 世纪 70 年代中期，他的思想在德国社会民主党人中间的影响颇大，一些著名的理论家都成了他的追随者。就社会主义理论而言，他反对马克思的革命学说，主张在保留原有国家机器的基础上，实行“普遍公平原则”，通过改变分配方式的途径消除资本主义的弊端，进而否认社会主义代替资本主义的历史必然性。他的著作《国民经济学和社会主义批判史》第二版（1875 年）和《哲学教程》（最后一册于 1875 年 2 月出版）尤其助长了这种思想。这就促使威廉·李卜克内西在 1875 年 2 月 1 日和 4 月 21 日致信恩格斯，请恩格斯对这种思想观点进行反击。马克思也认为应该对杜林的观点进行批判。这样一来，恩格斯就不得不中断研究计划，“去收拾无聊的杜林”。不过恩格斯对此充满自信：“我重温古代史和研究自然科学，对我批判杜林大有益处，并在许多方面有助于我的工作。特别是在自然科学方面，我觉得对整个领域熟悉得多了，尽管在这方面还要十分谨慎，但行动起来毕竟已经有点自由和把握了。”“在这个广阔的领域中，不时中断按计划进行的研究工作，并深入思考已经研究出来的东西，是绝对必要的。”①

从 1876 年 5 月底恩格斯开始做准备工作，到 1878 年 6 月完成了一部论文集。他讽刺地套用了 1865 年在慕尼黑出版的杜林的著作《凯里在国民经济学和社会科学中实行的变革》的书名。1877 年 7 月恩格斯的这部著作第一编以《欧根·杜林先生在科学中实行的变革。一、哲学》为题在莱比锡出版了单行本。1878 年 7 月，这部著作的第二编、第三编以《欧根·杜林先生在科学中实行的变革。政治经济学·社会主义》为题在莱比锡出版了单行本。1878 年 7 月，恩格斯在莱比锡出版了完整的《欧根·杜林先生在科学中实行的变

① 恩格斯：《致马克思》（1876 年 5 月 28 日），《马克思恩格斯文集》第 10 卷，人民出版社 2009 年版，第 414、416 页。

革。哲学·政治经济学·社会主义》一书。1879 年 11 月 14 日，恩格斯在写给奥·倍倍尔的信中把这部著作称作《反杜林论》。后来这一书名广泛流传。

1880 年应法国工人活动家、马克思的二女婿保尔·拉法格的请求，恩格斯将《反杜林论》中的部分内容改写成一本小册子，由拉法格译成法文并经恩格斯本人审定，以《空想社会主义和科学社会主义》为题发表在法国社会主义杂志《社会主义评论》1880 年第 3—5 期上，同年出版了单行本。马克思在 1880 年 5 月 4 月至 5 日为该书法文版写了《前言》，署名为保·拉法格。手稿中有马克思给拉法格的附言，其中说，《前言》是在他和恩格斯商量以后撰写的，请拉法格“在词句上加以修饰，但不要修改内容”。[①] 可见，《前言》也得到了恩格斯的认可。1883 年出版的该书德文版书名为《社会主义从空想到科学的发展》，不过扉页上标注的年份是 1882 年。

马克思在《前言》中对《反杜林论》的评价是：“他为《前进报》撰写并讽刺地题为《欧根·杜林先生在科学中实行的变革》的最近的一组论文，是对欧根·杜林先生关于一般科学，特别是关于社会主义的所谓新理论的回答。这些论文已经集印成书并且在德国社会主义者中间获得了巨大的成功。”[②] 列宁更加强调这部著作的世界观意义：“马克思和恩格斯最坚决地捍卫了哲学唯物主义，并且多次说明，一切离开这个基础的倾向都是极端错误的。在恩格斯的著作《路德维希·费尔巴哈》（指《路德维希·费尔巴哈和德国古典哲学的终结》——引者注）和《反杜林论》里最明确最详尽地阐述了他们的观点，这两部著作同《共产党宣言》一样，都是每个觉悟工人必读的书籍。”[③]

---

① 《马克思恩格斯选集》第 3 卷注 406，人民出版社 2012 年版，第 1103 页。

② 恩格斯：《社会主义从空想到科学的发展》，《马克思恩格斯选集》第 3 卷，人民出版社 2012 年版，第 741—743 页。

③ 列宁：《马克思主义的三个来源和三个组成部分》，《列宁选集》第 2 卷，人民出版社 2012 年版，第 310 页。

三、历史地位

《前言》的最后一个自然段中最后一句话是马克思对《社会主义从空想到科学的发展》的评价。《前言》说明，“在这本小册子中我们摘录了这本书理论部分中最重要的部分；这一部分可以说是科学社会主义的入门。”① “这本小册子”即《社会主义从空想到科学的发展》，“这本书”是指《反杜林论》。“科学社会主义的入门”则是对《社会主义从空想到科学的发展》在科学社会主义发展史中历史地位的高度概括。既然提到了“科学社会主义”，就有必要对这个概念的由来和内涵做点说明。

社会主义既指“思想”，也指“运动”和“制度”。但这个概念要晚于它的内容产生——可谓“先生孩子后起名”。关于这个概念的内涵一直众说纷纭，但无论如何都与“社会”有关。

社会。社会主义的本质在“社会”一词，其词根是拉丁语 sociare（社会），本身则意指联合或共享，故我国学者一般将其译为“伙伴的”“合伙的”。在中国古代，社会是祭祀土神的活动。现今“社会”的定义，资产阶级社会学家最早将其描述为“人的集合”，因此我国近代学者将其译为“群”，将社会学译为“群学”。马克思的定义是，社会是“人们交互活动的产物”，“在人们的生产力发展的一定状况下，就会有一定的交换和消费形式。在生产、交换和消费发展的一定阶段上，就会有相应的社会制度形式、相应的家庭、

① 恩格斯：《社会主义从空想到科学的发展》，《马克思恩格斯选集》第 3 卷，人民出版社 2012 年版，第 743 页。

等级或阶级组织，一句话，就会有相应的市民社会”。[①] 所谓“交互活动”主要是指人们的生产、交换和消费活动；为了完成这些活动，人与人之间必然要结成一定的“生产关系”，即人们的“集合”已不再通过“血缘”而是建立在“经济”联系的基础上。马克思又借助“生产关系”这个概念为“社会”赋予了特定的内涵：“生产关系总合起来就构成所谓社会关系，构成所谓社会，并且是构成一个处于一定历史发展阶段上的社会，具有独特的特征的社会。”[②] 从这个意义上说，“社会”“社会关系”“生产关系”“市民社会”具有同等意义，各种社会要素或组成部分围绕“人与人”的关系而展开，通过“交互活动”构成社会有机体。以平等的要求重建和规范这种关系的主张在原始社会解体、人类进入文明社会之际便已萌生——这就是社会主义的文化资源，随着资本主义生产方式的产生而演化为各种社会主义思潮。

社会主义。关于“社会主义”这个名词的出处，西方学者最早进行过严密的考证。我国学者所引用的材料多从他们的著述中翻译而来。一种说法是，历史文献中，早在1753年，德国本笃派传教士安塞姆·德辛（1699—1772年）在与他人争论时，把承认人具有社会性的人称为社会主义者。1803年，意大利传教士贾科莫·朱利安尼著《驳斥反社会主义》一书，也使用了“社会主义”和“社会主义者”两个名词，抨击了当时盛行的个人主义和个人主义者，把社会主义解释为“由上帝安排好的传统的社会制度”。[③] 也有学者认为，这里所说的“社会主义”和“社会主义者”与后世通行的说法没有联系。但从朱利安尼批评个人主义和个人主义者的情况看，他

① 马克思：《致帕维尔·瓦西里耶维奇·安年科夫（1846年12月28日）》，《马克思恩格斯选集》第4卷，人民出版社2012年版，第408页。

② 马克思：《雇佣劳动与资本》，《马克思恩格斯选集》第1卷，人民出版社2012年版，第340页。

③ 高放、李景治、蒲国良主编：《科学社会主义的理论与实践》，中国人民大学出版社2014年版，第7页。

的说法近似于后来“社会主义”的含义。克罗地亚学者勃朗科·霍尔瓦特指出，“社会主义者”这个概念来自英国，1827 年 11 月，欧文的信徒在英格兰创立的《合作》杂志中首先用这样的概念指称欧文思想的追随者，因为对欧文本人来说，“社会”是“自私”的对立面——但事实上欧文并不承认自己是“社会主义者”。据德国学者麦克斯·比尔（也译作马克斯·比尔）考证，“社会主义”这个名词，最初出现于 1827 年欧文之子威廉·欧文的日记中。[①] 更多的学者认为这个词来自法国，即 1832 年 2 月，圣西门主义的《环球》杂志首先使用了“社会主义”一词。第二年，该杂志的主编皮埃尔·勒鲁在《个人主义与社会主义》一文中成功地普及了这一新的术语。在欧洲大陆，通过他和茹·雷诺编写的《新百科全书》和一些别的著作，“社会主义”一词作为“个人主义”的对应词开始流行。及至 1840 年，这个词已经广为应用，用以形容那些抨击现行商业竞争制度，提倡在集体管理的基础上建立新型生活方式的圣西门学派、傅立叶学派、欧文学派和一些其他学派。[②] 在许多西方学者看来，圣西门、傅立叶、欧文思想的形成是社会主义思想产生的重要标志。与此相关的还有“共产主义”一词，其思想更为古老，按拉丁文有“共享”之义。有人将其追溯到古希腊的柏拉图，也有人认为它起源于原始基督教。不过关于这个名词，霍尔瓦特认为，它产生于 1834—1839 年法国巴黎的秘密革命团体之中。1974 年出版的《大英百科全书》认为，共产主义原意是指一种社会制度，在这种社会中，财产实行公有制，公民可以或多或少按其所需享有公共财物。[③] 1978 年南斯拉夫出版的《政治百科全书》则指出它的普遍意义：即意指有必要和有可能对社会生活，特别是包括对整个社会所有财产或生

---

① 麦克斯·比尔：《社会主义通史》，嘉桃、启芳译，生活·读书·新知三联书店 1958 年版，第 460 页注（1）。

② 中国社会科学院马克思列宁主义、毛泽东思想研究所图书资料部编译：《社会主义　共产主义　马克思主义》，东方出版社 1985 年版，第 50 页。

③ 同上书，第 352 页。

产资料进行社会监督和实践的观点。除此之外，在1840—1872年时期，指用暴力推翻资本主义社会的革命行动。[①]“社会主义”和“共产主义”的含义在刚刚流行时就有显著的差别。简而言之，二者追求的是平等，但前者寄希望于改良，而后者则是将其建立在公有制基础上。用公有制取代私有制，不论用和平的方式还是暴力的手段，都意味着革命。科学社会主义则沿着公有制和暴力革命的轨迹发展而来。

科学社会主义。当初，“‘科学社会主义’，也只是为了与空想社会主义相对应时才使用”。[②]马克思、恩格斯是马克思主义或科学社会主义创始人，但是他们在写作和发表《共产党宣言》时，并没有使用这样的概念，而是把自己的学说称作“共产主义”，并且站在共产主义的立场上反对当时流行的“社会主义”。恩格斯在《〈共产党宣言〉1888年英文版序言》中指出了当时的情形：“当我们写这个宣言时，我们不能把它叫作社会主义宣言。在1847年，所谓社会主义者，一方面是指各种空想主义体系的信徒，即英国的欧文派和法国的傅立叶派，这两个流派都已经降到纯粹宗派的地位，并在逐渐走向灭亡；另一方面是指形形色色的社会庸医，他们凭着各种各样的补缀办法，自称要消除一切社会弊病而毫不危及资本和利润。这两种人都是站在工人阶级运动以外，宁愿向‘有教养的’阶级寻求支持。只有工人阶级中确信单纯政治变革还不够而公开表明必须根本改造全部社会的那一部分人，只有他们当时把自己叫作共产主义者。这是一种粗糙的、尚欠修琢的、纯粹出于本能的共产主义；但它却接触到了最主要之点，并且在工人阶级当中已经强大到足以形成空想共产主义，在法国有卡贝的共产主义，在德国有魏特林的共

① 中国社会科学院马克思列宁主义、毛泽东思想研究所图书资料部编译：《社会主义 共产主义 马克思主义》，东方出版社1985年版，第335页。

② 马克思：《巴枯宁〈国家制度和无政府状态〉一书摘要》，《马克思恩格斯选集》第3卷，人民出版社2012年版，第341页。

产主义。可见，在1847年，社会主义是资产阶级的运动，而共产主义则是工人阶级的运动。当时，社会主义，至少在大陆上，是‘上流社会的’，而共产主义却恰恰相反。既然我们自始就认定‘工人阶级的解放应当是工人阶级自己的事情’，那么，在这两个名称中间我们应当选择哪一个，就是毫无疑义的了。而且后来我们也从没有想到要把这个名称抛弃。”① 这段论述表达了他们所创立的学说的阶级属性和无产阶级立场，同时也透露出这样的信息：“社会主义”这个概念已为“共产主义”所取代——尽管后者主要出自工人阶级的本能。正是因为“粗糙”“尚欠修琢”，必须对其加工，使其系统化、理论化，由此才有“自觉”的共产主义即科学社会主义的产生。因此，社会主义从空想到科学的发展不仅仅是从“空想社会主义”的思想到工人阶级思想的转变，更主要的还是对卡贝、魏特林等人的“空想共产主义”思想的继承。马克思、恩格斯虽然和当时流行的社会主义划清了界限，但社会主义毕竟也是工人阶级的追求并在他们中间有很大的影响。并不是说无产阶级一经形成就树立了共产主义远大理想，对多数工人来说，“做一天公平的工作，得一天公平的工资”足矣。认为“空想社会主义”“逐渐走向灭亡”，是恩格斯1888年的判断。而在当时，为了团结更广大的工人阶级，马克思、恩格斯也不得不在《共产党宣言》中降低了一些标准，吸收了工人运动中各个派别的重要观点和主张；后来也将两个名词互换使用，努力寻求工人阶级运动的最大公约数，并逐步为社会主义赋予了共产主义的内涵。也正是因为早期社会主义和马克思主义的并存，才产生了将二者区分开来的问题。“科学社会主义”这个概念就应运而生了。“科学社会主义”这个概念首次出现在恩格斯于1872—1873年所作的《论住宅问题》中。在这部著作的第三篇《再论蒲鲁东和住

① 马克思、恩格斯：《共产党宣言》，《马克思恩格斯选集》第1卷，人民出版社2012年版，第384—385页。

宅问题》中，恩格斯指出，工人阶级的解放不应该从蒲鲁东的某种“原则”出发，而应归结为大工业的发展及其后果。他在总结1871年法国巴黎公社革命经验的基础上指出：巴黎公社的经济措施“不是由什么原则，而是由简单的实际需要所构成。正因为如此，废除面包工人的夜工、禁止工厂罚款、没收停业工厂和作坊并将其交给工人协作社等这样一些措施，完全不合乎蒲鲁东的精神，而合乎德国科学社会主义的精神”。在这里，恩格斯用最简洁的语言，概述了“科学社会主义”的观点，即“无产阶级必须采取政治行动，必须把实行无产阶级专政作为达到废除阶级并和阶级一起废除国家的过渡”。[①] 但是，科学社会主义与“空想社会主义”相对应并不意味着割断二者的历史联系。科学社会主义的创立恰恰吸收了空想社会主义的积极思想成果，它的形成过程正是《社会主义从空想到科学的发展》一书的基本线索。科学社会主义的“前史”可以笼统地称为“空想社会主义”。《社会主义从空想到科学的发展》主要叙述的是这种思想转变的历程。

① 恩格斯：《论住宅问题》，《马克思恩格斯选集》第3卷，人民出版社2012年版，第248页。

第二章

正 文 注 释

《社会主义从空想到科学的发展》共分三章，依次叙述了科学社会主义的思想来源、理论基础和基本原理。但各章没有篇名，而是以“一、二、三”排序。为了方便理解，本书根据内容为三章附加了篇名，即“思想来源篇”“理论基础篇”“基本原理篇”。

一、思想来源篇

第一章叙述的是科学社会主义的思想来源。“社会主义从空想到科学的发展”，说明科学社会主义的前身是“空想社会主义”。既然说的是“从空想到科学”，当然要从空想社会主义切入。

现代社会主义，就其内容来说，首先是对现代社会中普遍存在的有财产者和无财产者之间、资本家和雇佣工人之间的阶级对立以及生产中普遍存在的无政府状态这两个方面进行考察的结果。但是，就其理论形式来说，它起初表现为 18 世纪法国伟大的启蒙学者们所提出的各种原则的进一步的、据称是更彻底的发展。同任何新的学说一样，它必须首先从已有的思想材料出发，虽然它的根子深深扎在物质的经济的事实中。①

以上这段话是该章的第一个自然段，由三句话构成，每句话都表达了一层意思。这一段不仅是这一章的导言，也可以视为“社会主义概论”。

第一句说的是社会主义的历史起源。暂且不讨论“现代”的含义，这句话可以简化为“现代社会主义是考察阶级对立和生产无政府状态的结果”——在人类的历史长河中，只有资本主义社会同时具有阶级对立和生产无政府状态这两方面的特征，故可以再简化为“现代社会主义是考察资本主义的结果”。这就是说，资本主义这种

① 本章的楷体字段落均引自恩格斯的《社会主义从空想到科学的发展》并完全按照该书内容的先后顺序，选自《马克思恩格斯选集》第 3 卷，人民出版社 2012 年版，第 775—817 页，故不再标注。

“社会存在”就是决定现代社会主义这种“社会意识”的物质基础——物质决定意识，社会存在决定社会意识——这是关于社会主义历史起源的唯物主义解释：现代社会主义起源于资本主义生产方式。作为一门学说，其研究对象恰恰不是“社会主义社会”本身，而是资本主义社会中的阶级对立和生产的无政府状态。但是，资产阶级的学者对这个问题的考察不可能得出社会主义的结论，这是因为它不是凌驾于两个阶级之上的“中立”的学说，而是在相互对立的两个阶级中为无产阶级代言的思想意识。

第二句说的是现代社会主义的初始形态。任何一种理论都不可能有如无源之水、无本之木，必定有其思想来源。现代社会主义从启蒙学说转化而来，因此它的初始形态表现为启蒙学说的一种发展。就“现代”的内涵而言，国内外学者对此尚有争议，但从该书的行文上看，则以 18 世纪末 19 世纪初为时间起点，当然，马克思、恩格斯生活的时代也属于“现代”。这说明，现代社会主义继承了 18 世纪法国的启蒙学说，并在此基础上实现了“进一步的”发展；紧接着又加了一句“据称是更彻底的”，那就意味着“起初”虽然已经超越了启蒙学说但还不彻底。要真正实现“更彻底的”发展，还要等待条件的具备和伟大思想家的出现。书中暗表，直到 1848 年 2 月马克思、恩格斯的《共产党宣言》的发表才完成了这个历史任务。科学社会主义也包含于现代社会主义之中。

第三句说的是叙述社会主义从空想到科学的发展的方法。按照中国人的表达习惯，这句话对调过来说可能更为顺畅。考察科学社会主义的起源要从资本主义生产方式入手，但叙述它的由来还是先要梳理思想来源。对现代社会主义来说，18 世纪法国启蒙学说就是最直接的“已有的思想材料”。既然如此，那从逻辑上说就要首先对这个学说作一番评述了。由此便引出第二自然段的内容。

在法国为行将到来的革命启发过人们头脑的那些伟大人物，本身都是非常革命的。他们不承认任何外界的权威，不管这种权威是什么样的。宗教、自然观、社会、国家制度，一切都受到了最无情的批判；一切都必须在理性的法庭面前为自己的存在作辩护或者放弃存在的权利。思维着的知性成了衡量一切的唯一尺度。那时，如黑格尔所说的，是世界用头立地的时代。最初，这句话的意思是：人的头脑以及通过头脑的思维发现的原理，要求成为人类的一切活动和社会结合的基础；后来这句话又有了更广泛的含义：同这些原理相矛盾的现实，实际上都被上下颠倒了。以往的一切社会形式和国家形式、一切传统观念，都被当作不合理性的东西扔到垃圾堆里去了；到现在为止，世界所遵循的只是一些成见；过去的一切只值得怜悯和鄙视。只是现在阳光才照射出来，理性的王国才开始出现。从今以后，迷信、非正义、特权和压迫，必将为永恒的真理、永恒的正义、基于自然的平等和不可剥夺的人权所取代。

这一自然段概括的是启蒙学者和启蒙学说的革命性。

“行将到来的革命”——对 18 世纪的启蒙思想家来说是“将来时”，而对恩格斯来说则是“过去时”——就是 1789 年法国大革命。“那些伟大人物”则是法国启蒙思想家。自文艺复兴以来，新兴的资产阶级发起了一场思想解放运动，涌现出一大批人文主义者和启蒙思想家，他们不仅仅局限于法国，而仅就 18 世纪的法国而言，可谓群星荟萃，光彩夺目。他们对大革命之前的“旧制度”及其思想进行了“最无情的批判”——这就是革命性的体现。

18 世纪的法国，无论在政治上还是在经济上都处在从传统社会向现代社会转变的关键时期。尽管它在这个世纪还是一个农业国，但同时也有制造棉纱、毛织品、麻织品、陶器等工业，并产生了容纳几千工人的煤矿以及呢绒、瓷器、冶金等大规模企业。随着商品经济的发展，占有生产资料的有产者逐渐形成一个资产阶级，但他们发展资本主义的愿望则受到了封建行会制度和割据局面的制约；他们在经济上已经成为一种强大的力量，但在政治上并没有任何权力；从中世纪继承下来并且得到不断加工提炼的宗教神学体系，在18世纪法国的精神领域仍然处于统治地位。这种状况使资产阶级无法容忍。先进生产力已与落后的生产关系和意识形态产生了巨大的冲突，革命的形势形成了。要革命必先造舆论，于是，意识形态领域的思想革命应运而生。这种历史环境造就的伟大人物——霍尔巴赫（1723—1789年）、拉梅特利（1709—1751年）、狄德罗（1713—1784年）、爱尔维修（1715—1771年）、孔多塞（1743—1794年）等，与封建专制制度和宗教进行了长期不懈的斗争。他们在理论上提出了唯物主义世界观，推动了民主思想的传播和发展，激发出推翻“旧制度”的战斗精神。

被西方学者称为18世纪“唯物主义圣经”的《自然的体系》，对神学体系进行了“无情的批判”。作者霍尔巴赫倡导唯物主义的自然观。在他看来，世界统一于物质，运动是物质的一种形式；自然中的事物普遍联系，有客观规律存在。“整体和它的部分之所以有联系，都是由于运动；所以在宇宙中一切事物都是互相联系的，而宇宙本身不过是一条不断派生的原因和结果的无穷锁链。”[①] 在社会问题上，霍尔巴赫倡导社会契约论。他从人的本性是趋乐避苦、使自己生存幸福的观点出发，认为人与人必须按照公约构成社会。法律是社会意志的总和，目的在于规范社会成员的行为，以便共同协力从事社会生活。这样，法律就必须保障公民的自由、所有权和安全，所有社会成员在法律面前一律平等。在政治问题上，霍尔巴赫倡导政治必须致力于人民的福利，“统治者乃是社会的代理人，它的代言人，社会权力大小不等的一部分之受托者，而不是它的绝对的主人，也不是国家的所有者。”[②] 他所解释的法律“必须以社会的普遍利益为不变目的”，“正义”也叫“公平”，就是保持社会一切成员的

---

① 霍尔巴赫：《自然的体系》（上卷），管士滨译，商务印书馆2009年版，第42页。
② 霍尔巴赫：《自然的体系》（上卷），管士滨译，商务印书馆2009年版，第117页。

“一切利益或权利”，权利“就是社会的公正法律准许其社会成员为自己的福利所做的一切”。① 这些思想对中世纪盛行的“朕即国家”“君权神授”的观点无疑是一种颠覆，为“法国行将到来的革命”提供了一种目标导向，使“永恒的真理、永恒的正义、基于自然的平等和不可剥夺的人权”成为推动革命兴起和发展的一种价值追求和精神动力。唯物主义和共产主义当然也有内在的联系。麦克斯·比尔认为：“科学告诉我们，我们的理性并没有所谓内在的观念，它只是一张空白而可以感应的影片，它通过我们的感官接受了印象，而形成我们的思想，所以我们的思想也只是外界事物的反映——于是不可避免地会得出一种结论：如果我们希望正当的思想及正当的行动，那么外界、社会、国家和人类的整体秩序，都应当建设于正当的和合理的范围之内。假如你想造成良好的公民，能够把公共的利益放在自己私人利益前面，那就必须使社会建立在共产主义原则上，以公共利益为基础。假若这是可以办到的话，那么思想上的反映必然是共产主义的：我们的思想和行动必然会不自觉地共产主义化，有了这样的原因，于是就有同一样的效果。”② 这段让人费解的论述的大意是，人们的思想中并没有什么先入为主的私有制观念，人类追求美好目标的动机和行为必然在人们的头脑中产生出共产主义的意识。这也是启蒙学说和社会主义思想相关性的描述。

再以爱尔维修为例。他信奉英国启蒙学者洛克的“人是白板”的学说，他认为个人之间的差异完全是由于教育的差异：按每个人来说，他的才能和他的道德都是他们所受的教育的结果。要想使人成为完善的人，只需要完善的教育。他向人们暗示，假使把教士除掉，完善的教育是容易求得的。

亲身经历过法国大革命的孔多塞相信，由于革命原则的普遍流

① 霍尔巴赫：《自然的体系》（上卷），管士滨译，商务印书馆2009年版，第118页。

② 麦克斯·比尔：《社会主义通史》，嘉桃、启芳译，生活·读书·新知三联书店1958年版，第323页。

传，所有的社会主要弊病不久全会化为乌有。但是，他的学说也表明，为达此目的必须经历一场革命。在启蒙运动的所有哲学家当中，他是理性主义的最激进的代表。他只相信理性，并且认为教育可以对人施加一种绝对的影响。对他来说，妨碍人的幸福的只有偏见、偏执和迷信。因此，只需要教育人民发展每个人的理性，就可以结束公民的不幸。从这个观点看去，任何有关上帝的观念都会变得毫无用处，任何有关教会的观念都会变得有害，因为这些观念制造偏见并使之世代相传，这些偏见的永恒存在妨害着进步的发展。[①] 孔多塞一向认为，一部以平等为基础的共和制宪法是唯一顺乎自然、符合理性和公正的宪法，是唯一能够维护公民的自由和人的尊严的宪法。然而，鉴于只要人们之间还存在不能容忍的获取知识的不平等，平等就依然是形式上的，所以他们起草的宪法草案宣布每个人都有受教育的权利，这是共和制的基础。而当最贫穷者受到疾病、年迈或不幸的打击，就会造成生活条件上的令人痛心的不平等，草案同样反对这种不平等。求助救援的权利——这是“互助”这个词的第一个表达形式——因之被提高到人权的高度，它将受到“社会保障”的保护。[②] 从根本上讲，他的宪法草案并不是社会主义的，他的社会思想仍然是个人主义和自由主义的。[③] 但这无疑对未来的社会主义者提供了启发。

这一切表明，“革命性”在于反封建——资产阶级反封建。至少在 18 世纪，资产阶级是革命的阶级。他们要解放和发展生产力，推动法国从传统农业社会向现代社会的转变，必须确立自己的阶级统治和生产方式，必然要开展反封建的资产阶级民主革命，也就以此

① 伊丽莎白·巴丹特尔、罗贝尔·巴丹特尔：《孔多塞传》，马为民、廖先旺、张祝基译，商务印书馆 1995 年版，第 52 页。

② 伊丽莎白·巴丹特尔、罗贝尔·巴丹特尔：《孔多塞传》，马为民、廖先旺、张祝基译，商务印书馆 1995 年版，第 354—355 页。

③ 伊丽莎白·巴丹特尔、罗贝尔·巴丹特尔：《孔多塞传》，马为民、廖先旺、张祝基译，商务印书馆 1995 年版，第 355 页。

为思想武器。这种革命性不仅体现在思想上，更体现在行动上。但是资产阶级还势单力薄，难以推翻强大的封建贵族的统治。于是，他们眉头一皱，计上心来：去联合工人、农民等劳动群众——这些群体在旧制度下的法国构成所谓“第三等级”，占人口的绝大多数。资产阶级作为先进生产力的代表成为第三等级的天然领袖，他们按照启蒙思想家的说法许诺，一旦推翻了封建贵族的统治，就会实现“自由、平等、博爱”。因此，启蒙学说不仅为资产阶级所倡导，也为无产阶级所接受，成了资产阶级领导无产阶级和其他劳动群众从事反封建革命斗争的共同的思想基础。于是，1789 年，法国爆发了大革命，第三等级一举推翻了封建贵族的统治，建立了资产阶级共和国。资产阶级取得了政治统治，但却没有兑现当初的诺言，而是把革命成果窃为己有。正是这一举动，暴露出启蒙学说的阶级性和局限性。接着，第三自然段便话锋一转，揭示了启蒙学说的另一面。

现在我们知道，这个理性的王国不过是资产阶级的理想化的王国；永恒的正义在资产阶级的司法中得到实现；平等归结为法律面前的资产阶级的平等；被宣布为最主要的人权之一的是资产阶级的所有权；而理性的国家、卢梭的社会契约在实践中表现为，而且也只能表现为资产阶级的民主共和国。18 世纪伟大的思想家们，也同他们的一切先驱者一样，没有能够超出他们自己的时代使他们受到的限制。

这里所提到的“卢梭的社会契约”指的是法国启蒙思想家让·雅克·卢梭（1712—1778 年）的代表作之一《社会契约论》所表达的思想：人生而平等，国家是自由人民自由协议的产物，国家的主权在人民，主权不可转让也不可分割，最好的政体应该是民主共和国；一旦自由被强力所剥夺，则人民有权通过革命将其夺回。美国独立战争中诞生的《独立宣言》和法国大革命中诞生的《人权宣言》以及各自的宪法，都深受卢梭理论的影响。但是，为资产阶级革命流过鲜血的工人阶级却对这种新的生产方式和社会制度感到极度失望，这是因为他们并没有真正享受到革命的成果。于是，他们想起了资产阶级当初的诺言，并要求他们兑现。而资产阶级的回应是，这些要求对你们来说已经得到了满足。你看，当初你们在封建贵族的庄园里为领主卖命，被束缚在土地上，哪有自由！现在呢，不是摆脱了这种束缚成为自由的劳动者了吗？你们可以自由地进城了，能够自由地打工了，可以为这个资本家所雇佣，也可以跳槽为另一个资本家服务，这不就是自由吗？资本家按照市场行情发给你们工资，不就是平等吗？工人阶级听罢此言更是义愤填膺：在土地上耕耘还能做到日出而作、日落而息，但是在你们资本家的工厂里做工命运则更加悲惨，工时长，劳动强度大，生活环境恶劣，那点工资只能勉强养家糊口。因此，不是“现在我们知道”，那时的工人阶级就认识到“正义”“平等”“理性”的虚伪骗人属性了。当然，并不是说这些概念本身虚伪骗人，而是取得政权的资产阶级背信弃义。现在，你把革命停止了，要巩固你所需要的统治秩序了，这就是阶级性和历史局限性的表现。而工人阶级要实现自己的愿望就必须“不断革命”或“继续革命”——进行无产阶级革命。为此，无产阶级也要有自己的指导思想。这很现成，无产阶级抓住了资产阶级的话柄，把“正义”“平等”“理性”变成了自己的战斗口号。也正是以此为契机和动力，无产阶级从资产阶级启蒙学说逐步发展出了无产阶级的思想意识——社会主义。资产阶级只是在自己阶级的范围内实现了这些目标，这叫“个人主义”“利己主义”。无产阶级胸怀宽广，要把它推广到全社会，这叫“集体主义”“社会主义”。照此理解，无论从逻辑方面还是从社会学方面来说，社会主义的含义都只能被理解为一种和个人主义的对照。① 也正是在法国大革命以

① 中国社会科学院马克思列宁主义、毛泽东思想研究所图书资料部编译：《社会主义 共产主义 马克思主义》，《社会科学国际百科全书》，东方出版社 1985 年版，第 166 页。

后，当时才流行了社会主义者和社会主义的概念，或者说产生了现代社会主义。

社会主义在产生之际从启蒙思想家那里继承的自由平等口号本身也具有抽象性，而问题在于如何实现这个目标。在实现目标的道路的探索上，无产阶级又从启蒙学说那里得到了启示。启蒙学者教导资产阶级说，要实现自由，必须占有生产资料，把财产从封建领主手中转移到自己手中，用资本主义私有制代替封建私有制。一部分有觉悟的工人明白了这个道理，率先认识到这一点：我们实现不了这些目标的根本原因就在于我们是无产阶级，无财产者。要实现真正的平等自由，财产就不能由资产阶级所独享，应该把它交给全社会。因此，一种全社会共同占有生产资料的共产主义观念便在这些工人的脑海中浮现出来。意大利学者圭多·德·拉吉罗揭示了启蒙学说发展成共产主义思想的理论逻辑："如果财产对于人天然自由的发展必不可少，它就应该不被少数人独享，成为可憎的特权，所有的人都应该成为财产的所有者，这样，天赋人权的理论，在使私有财产神圣不可侵犯的同时，却在摧毁封建主义的城堡，引发出一个相对独立的概念，就叫共产主义。""于是，个人主义概念的逻辑发展，便产生了对个人主义的彻底否定。""资产阶级戴着普遍自由主义的伪装，却隐瞒了有似以前贵族夸耀的特权：所以，无产阶级推翻这种新特权的努力，尽管表面上是反自由的，实际上却实现了更为广泛的自由主义。"① 这种自由主义一旦超越了资产阶级的狭隘眼界，便会成为共产主义的自由。这样，资本主义发展的本身便推动了无产阶级运动的兴起，使社会主义思想从启蒙学说中剥离出来，独树一帜。无产阶级把实现平等放在了首位，他们所主张的平等是消灭阶级的要求，并在这个基础上实现每个人和所有人的自由而全

① 圭多·德·拉吉罗：《欧洲自由主义史》，杨军译，吉林人民出版社 2001 年版，第 25、26、45 页。

面发展。俄国学者梅茹科夫认为，国际工人运动的阶级利益在于，工人不再作为一个阶级而存在，而是形成一个人们能在其中自由而平等地劳动和相互交往的共同体。只有当人们意识到这一利益就是整个无产阶级运动的最终目标时，该运动才会获得共产主义运动的性质。① 按照这个目标导向所选择的道路必然是无产阶级夺取国家政权，消灭私有制；以这个理论为指导的无产阶级运动必然是共产主义运动。

社会主义既然是无产阶级的思想意识，那么它的产生必然以无产阶级的世界历史存在为前提。无产阶级是社会主义的载体。实际上无产阶级早已随着资本主义生产方式的出现而产生，这样一来就不能泛泛地说到了1789 年法国大革命以后才有了社会主义思想，确切地说那是产生了“现代社会主义”。有现代社会主义，就会有传统的社会主义、原始的社会主义或者说历史上的社会主义。于是，就有必要追溯现代社会主义的历史形态了。这就涉及社会主义的发生机理和思想源头了。

但是，除了封建贵族和作为社会所有其余部分的代表出现的资产阶级之间的对立，还存在着剥削者和被剥削者、游手好闲的富人和从事劳动的穷人之间的普遍的对立。正是由于这种情形，资产阶级的代表才能标榜自己不是某一特殊的阶级的代表，而是整个受苦人类的代表。不仅如此，资产阶级从它产生的时候起就背负着自己的对立物：资本家没有雇佣工人就不能存在，随着中世纪的行会师傅发展成为现代的资产者，行会帮工和行会外的短工便相应地发展成为无产者。虽然总的说来，资产阶级在同贵族斗争时有理由认为自己同时代表当时的各个劳动阶级的利益，但是在每一个大的资产

① B. M. 梅茹科夫：《我理解的马克思》，林艳梅、张静译，人民出版社 2013 年版，第 76 页。

阶级运动中，都爆发过作为现代无产阶级的发展程度不同的先驱者的那个阶级的独立运动。例如，德国宗教改革和农民战争时期的再洗礼派和托马斯·闵采尔，英国大革命时期的平等派，法国大革命时期的巴贝夫。伴随着一个还没有成熟的阶级的这些革命暴动，产生了相应的理论表现；在16世纪和17世纪有理想社会制度的空想的描写，而在18世纪已经有了直接共产主义的理论（摩莱里和马布利）。平等的要求已经不再限于政治权利方面，它也应当扩大到个人的社会地位方面；不仅应当消灭阶级特权，而且应当消灭阶级差别本身。禁欲主义的、禁绝一切生活享受的、斯巴达式的共产主义，是这种新学说的第一个表现形式。后来出现了三个伟大的空想主义者：圣西门、傅立叶和欧文。在圣西门那里，除无产阶级的倾向外，资产阶级的倾向还有一定的影响。欧文在资本主义生产最发达的国家里，在这种生产所造成的种种对立的影响下，直接从法国唯物主义出发，系统地阐述了他的消除阶级差别的方案。

封建贵族不仅仅和资产阶级相对立，它作为剥削者也和社会上的所有被剥削者相对立。广大劳动群众没有什么“阶级”的概念，但他们有“富人”和“穷人”的直觉，富人游手好闲、穷人受苦受累的观念在他们心目中根深蒂固。这大概是世间常态，也是贫富差距使然。古今中外的优秀文学作品基本上都对“穷人”充满同情，对“富人”予以嘲讽。那时的资产阶级虽然富有，但在一般人眼里也是劳动者——相对封建贵族而言资本家确实也是以劳动者的面目出现，事实上，早期的资本家就是个体劳动者。因此，资产阶级也就成了所有被剥削者的代表或者说“天然领袖”。这说明，一来“封建贵族和作为社会所有其余部分的代表出现的资产阶级之间的对立”是从封建社会向资本主义社会过渡时期的主要矛盾；二来“剥削者和被剥削者、游手好闲的富人和从事劳动的穷人之间的普遍的对立”模糊了无产阶级和资产阶级之间的界限。但这种界限客观存在，不可抹煞：资产阶级和无产阶级相伴而生，二者是天然敌对的阶级，这种状况便赋予了早期无产阶级双重使命，一方面，要在一个相当长的时期内和资产阶级组成联盟，在资产阶级领导下从事反封建的革命斗争；另一方面，则是开展反对资产阶级的革命斗争，这种斗争就是今天无产阶级的前辈或曰先驱者的“独立运动”。段落中“例如”以后提到的事件和人物，就是早期无产阶级运动的代表，下面一一进行阐释。

• 德国宗教改革和农民战争时期的再洗礼派和托马斯·闵采尔

德国宗教改革是文艺复兴的组成部分，本质上属于资产阶级思想革命运动。这一运动深受胡斯战争影响。从14世纪后期起，捷克人民掀起了一场声势浩大的反教会斗争。在这一斗争中，出现了由捷克教士组成的革新派，他们用捷克语讲道，揭露教会的罪恶。到15世纪初，运动的规模越来越大，并发展成为欧洲历史上时间较长、影响深远的一次农民战争。这一战争因以捷克民族英雄胡斯的宗教改革为旗帜，以胡斯党人为领导，故称胡斯战争。约翰·胡斯（1369—1415年），是捷克伟大的爱国志士、神学家，曾担任布拉格大学教授兼伯利恒教堂的传教士。他出身于一个穷苦的家庭，了解社会状况，同情劳动人民，在他看来，教会占有大量土地是一切罪恶的根源，因而主张没收教会财产，将其收归国有。这也是胡斯战争的纲领。起义虽然遭到失败，但他所提出的纲领和主张在其后的德国农民战争和宗教改革中发挥了重要作用。

德国宗教改革的领袖首推马丁·路德（1483—1546年）。他出身富裕市民家庭，18岁进入爱尔福特大学学习，后又到威登堡大学深造，深受人文主义思想影响。1511年在罗马旅行期间，目睹了教廷的腐败，决心从事宗教改革事业。他的基本观点是，人靠信仰得救，并且以《圣经》为根据；人不能自己救自己，要靠上帝得救，只是用不着经过教皇和教会，每个人都可以直接与上帝沟通交流。这样一来，教会、教皇也就因多余失去了存在的依据，从而达到了使“人”摆脱了“神”和宗教教义束缚的目的，由此也产生了思想解放的效果——人们可以有自己对《圣经》的理解，用不着以教会和神职人员的说法为圭臬。他的政治纲领是，德意志贵族联合起来，反对教皇，解放德国。这种宗教改革的背后实际上隐藏着现实的物质利益和阶级利益，因而从中产生了和基督教有完全不同性质的“异教”。这种“异教”便是农民与平民要求的直接表现，并且几乎总是和起义结合在一起。虽然这种革命热情并没有持续多久，路德就抛弃了运动的下层人民，倒向市民、贵族和诸侯一边，但是这种思想自身的逻辑必然导致更为激进的学说产生。托马斯·闵采尔登场了。

托马斯·闵采尔（约1490—1525年），生于德国采矿业中心哈茨的施托尔堡，其家世和早年经历鲜为人知。1520年初至1521年底，经马丁·路德介绍，他来到茨维考城任牧师。这期间，他经常接触工人和下层人民，和再洗礼派建立了密切的联系，并提出了自己的革命主张。“再洗礼派”是欧洲中世纪的一个教派，不承认为婴儿所施的洗礼，主张成年后须再洗礼，其绝大多数成员都属于手工业者，而领袖则常常是人文主义者和神学家。他们都主张财产的公有制，但在有关实现这个原则的方法和各种细节方面则说法不一。茨维考城的再洗礼派主要由矿工、纺织工组成，领袖是尼古拉·施托黑。该派要求废除圣像崇拜和宗教仪式，主张信徒到成年时必须再受洗礼；他们坚信“千年王国”即将到来，在这个天国里既没有贫穷，也没有剥削，人人平等。1521年，闵采尔来到捷克的布拉格进行宣传，直接受到了成为其共产主义思想直接来源的胡斯战争及其纲领的熏陶。他主张用暴力实现社会变革，号召把革命推广到德国和全世界。

与宗教改革的同时——1524至1525年，德国爆发了大规模的农民战争。战争有三个中心地区，即士瓦本、法兰克尼亚、萨克森和图林根。1523年初到1524年夏，闵采尔在图林根的阿尔斯特德镇任牧师，创立了革命的宗教和政治理论，组成了革命党派，直接领导了萨克森和图林根的农民起义，但终因缺乏武器和训练而惨遭失败。闵采尔受伤被俘，英勇就义。严格地说，宗教改革与农民战争性质不同，更谈不上“共产主义”。至于说与无产阶级运动的关系，主要是指从思想角度而言“再洗礼派”中发展出了共产主义思想。尤其是该派中一部分人主张财产公有，反对贵族、地主和教会的封建土地占有制度，并参加了1524—1525年的法国农民战争，这是宗教改革与农民战争以及共产主义思想发生联系的纽带。而托马斯·闵采尔与这两个重大历史事件都有联系，故可以把这两个事件看作是早期社会主义思想和运动在德国兴起的标志，托马斯·闵采尔也由此成为德国共产主义的先驱。

说闵采尔是德国共产主义先驱是因为他的思想已经具有了共产主义的因素。“只是在受闵采尔直接影响的图林根和其他受他的弟子直接影响的地方，城市平民集团才被卷入整个风暴，以致其中处于萌芽状态的无产阶级成分比运动中的其他一切集团都暂居上风。这段插曲构成了整个农民战争的最高潮，它的中心是农民战争中最伟大的人物托马斯·闵采尔，可是这段插曲为时极其短暂。”① 可见，德国农民战争中的社会主义因素来自无产阶级的参与。正是这一点，为战争本身赋予了新的特征。对闵采尔的思想，恩格斯评价说：“他的哲学—神学理论不仅攻击天主教的一切主要论点，而且也攻击整个基督教的一切主要论点。”② 闵采尔的政治理论同他的宗教观紧密相连，他的神学远远超出了当时流行的看法，也远远超出了当时社会政治条件。“正如他的宗教哲学接近无神论一样，他的政治纲领也

① 恩格斯：《德国农民战争》，《马克思恩格斯文集》第2卷，人民出版社2009年版，第231页。

② 恩格斯：《德国农民战争》，《马克思恩格斯文集》第2卷，人民出版社2009年版，第247页。

接近共产主义。”“闵采尔的纲领，与其说是当时平民要求的总汇，不如说是对当时平民中刚刚开始发展的无产阶级因素的解放条件的天才预见。”“闵采尔所理解的天国不是别的，不过是这样一种社会状态，在那里不再有阶级差别，不再有私有财产，不再有对社会成员而言是独立的和异己的国家政权。”① 闵采尔认为，一切劳动和一切财产都应当具有公共的性质，必须实行最完全的平等。德国历史学家威廉·威美尔曼指出：“过去他当作教义提出的主张，如今（指在德国农民战争中——引者注）在一定程度上开始实行了，这使他的言论更加吸引那些信徒。如果他从前还教导说，要想符合上帝的意志，必须恢复原始的平等状态，那么现在他本着原始基督教的精神坚持实行财产公有。”② 当然，在德国农民战争时期，宣扬共产主义思想的远不止闵采尔一人。再洗礼派领袖荷兰莱顿城的裁缝帮工约翰（1510—1536 年）也参加过农民战争。他于 1534 年领导农民起义，建立了敏斯德公社，并进行了一些平均主义的改革，如平均分配储存的消费品，没收货币，货币只在与外界清账时使用等。但这次起义仅仅经过 16 个月的奋战便惨遭失败。约翰本人也英勇就义。

关于德国农民战争的意义，威美尔曼评价道：它“是在近代史舞台上演出的那首悲壮戏剧的雄伟序曲，欧洲以后的社会主义运动的一切现象都包含在 1525 年的运动之中：它不仅是各次欧洲革命的起点，而且是它们的缩影。在此后几个世纪里使各国面貌发生变化的一切现象，以及在现代酝酿着社会变革的种种现象，不论是某些个人，还是某些思想，都可以在 1525 年的运动中找到先例”。“以后几个世纪的和现代的涉及政治革命以及宗教革命的全部思想都被闵

① 恩格斯：《德国农民战争》，《马克思恩格斯文集》第 2 卷，人民出版社 2009 年版，第 248 页。

② 威廉·威美尔曼：《伟大的德国农民战争》（下卷），北京编译社译，商务印书馆 1982 年版，第 692 页。

采尔部分地预示出来，部分地明确表达出来。”① 阶级斗争、政治革命、社会革命之间的联系在这里已经被威美尔曼勾画出来。

• 英国大革命时期的平等派

“英国大革命时期的平等派”指“真正平等派”，又称“掘地派”。他们是17世纪英国资产阶级革命时期的激进派，代表城乡平民阶层的利益，要求消灭土地私有制，宣传原始的平均的共产主义，并企图通过集体开发公有土地来实现这种理想。从这个角度说，他们所从事的运动也是从资产阶级革命运动中引申出来的。

英国资本主义原始积累的方式是所谓“圈地运动”。早在1640年春，英国就有许多地区爆发了农民反圈地和争取保存“森林用益权”的运动。1640年英国资产阶级革命后，农民运动此起彼伏，仍未停息。1641—1643年，许多农民不断进行夺回圈地的尝试。1645年，英国西南部发生了被称为“棍棒派运动”的农民起义，波及全国1/4的领土，参与者达一万余人。这些运动最后汇成“掘地派运动”。1649年4月1日，有一群贫苦农民在伦敦附近塞利郡圣乔治的荒地掘土耕种，过着共同劳动、共同吃饭的集体生活，因而得名为“掘地派”。次年，在许多地方也发生了类似运动，并出现了许多农业公社。因运动直接威胁了英国土地私有制的基础而遭到资产阶级和新贵族的武力镇压。到1651年，各地掘地派运动先后失败。

杰腊德·温斯坦莱（1609—约1652年）是英国著名掘地派领袖，也是杰出的社会主义思想家。但是，人们对他的生平却知之甚少。苏联英国史专家塔·巴甫洛娃根据一些文献资料和温斯坦莱留下的著作，采用文学描写的手法创作了《温斯坦莱传》。书上说，来自兰开夏郡的杰腊德·温斯坦莱，原是商人的儿子，伦敦一家服装

① 威廉·威美尔曼：《伟大的德国农民战争》（上卷），北京编译社译，商务印书馆1982年版，第4、5页。

商业公司的全权董事，娶了著名外科医生的女儿为妻，而到了1648年前后竟在一个贫穷小村的村口为邻人放牧牲口！英国内战使他的小康生活化为乌有。“当杰腊德在伦敦经商，身为公司董事的时候，他恐怕不会想到，他的仆人或是那些为他餐桌提供面包者也同样是人。由于有过灾难年代，他在尝到贫困面包的苦味之后，才了解贫民就是世界上最优秀、最值得疼爱的人。”“杰腊德生活在乡间，感到自己和普通劳动人民是团结一致的，并从这种团结一致中获得了坚定的信心和力量。”① 这大概也是中等阶级破产后的心态。资产阶级革命不可能立即转变为社会主义革命，但是它自身的逻辑必然引发社会主义革命的冲动。1649 年 1 月，英国成立了共和国，但广大城乡平民并未从中获得一点好处，经济状况的恶化使他们对这场革命产生了极大的失望，逐渐发展成为对资产阶级和新贵族联合专政的强烈不满，并开始依靠自己的力量解决日益迫切的土地问题。也正是在这个背景下，兴起了掘地派运动，温斯坦莱也由此成为这一运动的领袖和立场最鲜明的思想家之一。1649 年 1 月，他出版了《正义新法》，这是他的第一部论述社会政治问题的著作，表述了共同利用土地和享受土地果实的要求，提出了后来成为掘地派运动纲领的思想。温斯坦莱最成熟的著作是发表于掘地派运动被镇压的1652 年的《自由法》，它被认为是 18 世纪以前最有意义的空想社会主义文献之一。

温斯坦莱的社会主义思想充满了批判精神。但是，他是以抽象的理性来解释现存秩序的非正义性，由此也成为 18 世纪理性主义的先驱。他把批判的对象锁定为资产阶级和新贵族专政的政府，被认为是英国资产阶级革命后对新政权批判的第一人。也正因为这一点，他在社会主义思想史中占有了一席之地。作为塞利郡掘地派领袖和

① 塔·巴甫洛娃：《温斯坦莱传》，沈江、张德浦译，商务印书馆 1992 年版，第 50 页。

思想家，他写下了许多文章和宣言，论证掘地派运动的正义性，反对土地私人占有，主张一切土地公有化，消灭阶级划分。这个贯穿于他的所有著作的基本思想，反映了当时城乡平民阶层的利益，被视为原始平均共产主义思想。但从掘地派运动的实践来看，这种共产主义已经超越了“原始平均”的水平。温斯坦莱认为，“按照造物主的本意，土地被创造出来，是为了成为一切动物的共同财富，而现在却被买卖，被少数人所霸占，这是对伟大的造物主的一个极大的侮辱，似乎伟大的造物主崇拜个别的人，似乎他很乐意让少数人过丰衣足食的生活，而对其余的人的饥寒交迫则表示庆幸”。因此，“在无地的贫农还未得到允许耕种村社的土地，还没有生活得像住在自己圈地上的地主那样富裕以前，英国不会有自由的人民”。①

温斯坦莱在对新政权批判的基础上阐发了他所追求的最高的“自由”境界。从他的著作内容可以看出，他熟悉中世纪共产主义思潮。而且“在英国社会思想史中，他是第一个有党派的共产主义者。在温斯坦莱看来，自由的基本要素就是土地权和生存权，应该在这些原则的基础上制订公正、完满的社会制度方案”。②《自由法》这部著作的名称就说明了这一点。用法律条文形式表述社会主义思想，在社会主义思想史上是温斯坦莱的首创。在他的心目中，未来社会是建立在公有制基础之上的“真正的自由共和国”，他还为这个国家起草了宪法。自由法以纲领的形式加以叙述，首先界定了“自由”的概念。温斯坦莱认为，“真正的自由存在于人们得到食物和生活资料的地方，这就是使用土地”。③ 可见，温斯坦莱把自由和物质生活资料的生产紧密地联系起来。所谓使用土地的自由，不过是“每个人都有自己的一块土地”。④ “公有的真正正义就是把土地从领主和

① 《温斯坦莱文选》，任国栋译，商务印书馆 1965 年版，第 6、16 页。

② 马克斯·比尔：《英国社会主义史》（上卷），何新舜译，商务印书馆 1959 年版，第 63 页。

③ 《温斯坦莱文选》，任国栋译，商务印书馆 1965 年版，第 108 页。

④ 《温斯坦莱文选》，任国栋译，商务印书馆 1965 年版，第 114 页。

地主的种种王权的奴役下解放出来。”[①] 无论是土地还是土地的果实，居民之间都不能进行买卖；每个人都将受到教育，都要学习手艺和各种农业劳动；每个手艺人都将从公共仓库领取材料，不用买卖任何东西；虽然土地和土地的果实是公有财富，“但是每个人的住宅和其中的一切设备还是他的私有财产，他从仓库领到的东西也只属于他个人所有”。[②] 他认为，应把社会建立在共同使用土地和共享一切果实的基础上，而且他把生产资料和消费资料加以区别，把所有制的中心问题从消费转移到生产方面上来，主张保持消费的个人性质。这里，温斯坦莱已经明确地区分出生产资料和生活资料的所有制形式，迈出了“重建个人所有制”的第一步。

温斯坦莱领导的掘地派运动，崇尚永恒的“理性”和“正义”，因此运动具有非暴力性质。实际上，在当时历史条件下，即使走暴力革命道路也不可能达到这样的目的，而且小农经济不需要土地公有制，工场手工业中的“社会主义”也只不过是行会思想、工联主义或无政府主义的变种，而不是有关公有制的一套方案。这样，温斯坦莱留给后人的似乎主要是公有制思想。但从他的主张中完全可以引申出革命道路，即掘地派运动未必会对现政权造成威胁，但公有制的目标必然导致革命的结果——不论是暴力还是和平的途径。因为“共同干活、共同吃饭”这种集体主义原则、“自由人联合体”的精神，与经济上的私有制度和政治上的专制制度形同水火。共产主义思想的传统和早期无产阶级斗争的实践，是温斯坦莱思想的理论基础和客观依据。

温斯坦莱的共产主义学说在 17 世纪政治哲学中占有独特地位。它以可信的语气谈到无产阶级空想主义，表达了无言的广大群众心中第一次激起的政治灵感，并主张以普通人的福利作为公民社会的

---

① 《温斯坦莱文选》，任国栋译，商务印书馆 1965 年版，第 116 页。
② 《温斯坦莱文选》，任国栋译，商务印书馆 1965 年版，第 117 页。

目标。尽管就其效用而言是不切实际的，但它却建立在政治自由和平等必然要靠对经济因素的控制这一清晰见地之上。哪里也找不到比这更明确的观点，即认为经济剥削与民主理想是势不两立的。[①] 直到机器大工业确立之前，在生产资料“公有”或“私有”的问题上，社会主义者的关注点自然是土地，所谓“空想”的性质主要体现为土地公有制的主张——在以手工劳动为基础的农业社会中，实行生产资料的公有和劳动者的联合不可能产生出社会力量，所谓联合也不过是个体力量的机械相加，因而也就没有“公有”的必然性和迫切要求。只有机器大工业造成的分工协作的社会化大生产，生产资料的公有制才会成为可能，用机器装备起来的农业也才会实现农业生产的集体化和社会化。不过，既然农民在资产阶级革命中已经产生了公有制的思想，一旦他们完成从个体农民向现代无产阶级的转变，这种思想必然会在资本主义生产方式条件下复活并转化为现代社会主义。有西方学者评价说：“温斯坦莱创立了一种 19 世纪和 20 世纪的社会主义和共产主义才会有的集体主义理论。”“他抓住了现代政治思想中的主旨：国家权力和财产制度与支持这种制度的思想体系有关。他主张以对共同体的关注取代竞争的革命。他也坚持认为如果没有经济上的平等，将不可能会有政治上的自由。从这个意义说，他也算是一个现代人”。[②]

- **法国大革命时期的巴贝夫**

法国社会主义思想家饶勒斯认为，一种具有战斗性的现代共产主义早在 18 世纪就开始出现了。这个判断与现代社会主义起源的说法基本一致。他指出，这种共产主义已不是可悲地主张回到原始的

① 乔治·霍兰·萨拜因著，托马斯·兰敦·索尔森修订：《政治学说史》（下册），刘山等译，商务印书馆 1986 年版，第 554 页。

② 参见安德鲁·文森特：《现代政治意识形态》，袁久红译，凤凰出版传媒集团、江苏人民出版社 2005 年版，第 146 页。

贫困状态中去，而是主张将社会的一切财富为所有人服务。在革命爆发前两年的1787年，巴贝夫曾在一封信中对人类在其认识目前所达到的阶段是否根本不可能实现土地和工业产品的公有提出过疑问。这是现代工业共产主义的萌芽，而不再是那种原始的、反动的、纯土地的共产主义了。人们预料到，这种共产主义将会对工厂、煤矿和冶金行业的无产者以及繁华大城市的贫苦人民产生影响。① 饶勒斯提到的巴贝夫，也被马克思称许为第一个“真正能动的共产主义政党”的创始人。② 苏联从事空想社会主义研究的知名学者沃尔金评论说，在法国大革命影响下，无产阶级作为一个自觉的阶级从平民群众中分离出来的过程业已开始。他们要把革命进行到底，就必须摆脱资产阶级和小资产阶级的束缚，使革命发展成无产阶级革命。也正是在18世纪末的革命时代，在所谓巴贝夫的密谋中，共产主义才第一次变成了政治斗争口号。③ 因此，巴贝夫主义的运动正是无产阶级前身的意识形态发展的反映。④

佛朗斯瓦·诺埃尔·巴贝夫（1760—1797年），1760年9月23日（一说11月23日）生于法国圣康坦城，在毕卡迪省度过他的青年时代。后来在革命中，采用了古罗马护民官格拉古兄弟的名字，改名为格拉古·巴贝夫。他出身贫苦，只是跟着父亲读过一点书，很早便自谋出路。1785年，他成为封建土地法顾问，主要职责是在原始文件中查明大地主的各项权利。正是在从事这项工作过程中，巴贝夫认识到了封建关系，以及地主贵族取得的各种特权。但在他所生活的时代，资本主义生产方式已在农业和工业中兴起。在这个

① 让·饶勒斯:《社会主义史法国革命》第1卷（上册），陈祚敏译，商务印书馆1989年版，第150—151页。

② 马克思:《道德化的批评和批评化的道德，德意志文化的历史，驳卡尔·海因岑》，《马克思恩格斯全集》第4卷，人民出版社1958年版，第334页。

③ 维·彼·沃尔金:《法国空想共产主义》，郭一民编译，商务印书馆1980年版，第1页。

④ 维·姆·达林等著:《论巴贝夫主义》，陈林、谷鸣译，商务印书馆1983年版，第40页。

转变过程中，农民和贵族地主之间的矛盾逐渐转化为无产阶级化的农民和地主之间的矛盾。在这种环境中，巴贝夫得出了私有制不公正的结论。“法国大革命时期的巴贝夫密谋”就是解决这个问题的尝试。

巴贝夫在社会主义发展史上是第一个试图在革命胜利之后解决组织政权问题的思想家，他提出了劳动者革命专政的思想，并致力于对这种改造的过程和它的主要阶段加以说明。也正是在法国大革命爆发之前，他就曾初步提出了共产主义思想，并建议颁布《土地法》平均地权，使之成为消灭社会不平等现象的手段。同时，巴贝夫也逐渐形成了阶级斗争的概念。随着法国大革命的推进，这一概念成为他的全部行动的指导思想。至于巴贝夫什么时候从激进的平均主义转向共产主义的问题，学术界存有争议，这在宏观的社会主义思想史上显得微不足道。但法国大革命是促成这种转变的推动力量则毋庸置疑。1789 年的法国大革命废除了封建贵族的权力和种种特权，宣告法国人从此将在法律面前人人平等。可是，人们很快就发现，新秩序保留着财富分配的不平等，并且让资产阶级取得了政治经济的主宰权，从而不能使多数人摆脱受奴役的地位。苏联学者阿·索布尔认为，巴贝夫是法国革命活动家中第一个克服了一切忠于人民事业的政治家曾经碰到的矛盾，也就是人的生存权利与保存私有制及经济自由之间的矛盾的人。① 在这种阶级冲突中，巴贝夫投身了人民的事业。他所从事的一系列革命行动也使其遭到嫉恨和打击，1793 年他被迫避难巴黎。他先后在巴黎市物资供应局和全国物资供应局任职，因而对于当时各种重大经济问题极为熟悉。在他看来，消费品分配问题“具有头等的重要性；为什么巴贝夫所主张的共产主义是消费品分配的共产主义，而不是以共同生产为基础的共

① 维·姆·达林等：《论巴贝夫主义》，陈林、谷鸣译，商务印书馆 1983 年版，第 159 页。

产主义，这就是原因之一”。[①]

法国大革命的阶级斗争性质也没有逃过身临其境的巴贝夫的锐利目光。他在1794年12月底就认为，“法国大革命后社会出现了两个集团的分野，它们都愿意使法国成为一个共和国，但一个集团想使这个共和国是资产阶级和贵族的，另一个集团则相信它所建立的是人民的共和国，是真正的民主政体，并愿意这个共和国永远如此”。显然，如果两个集团意味着两个阶级的话，那么在巴贝夫心目中的阶级对立则是资产阶级和贵族与人民的对立。他提出要求，这个人民共和国里的所有人“不但形式上享受着同等的权利，不但有纸面上的平等，而且还愿意他们都有适当的工资收入；它愿意保证对每个人供应足够的一切生活必需品，保证每一个人都能享受一切社会权利，作为他对公共事业所作出的贡献的合理的和应得的报酬”。[②] 在这里，“平等”这个资产阶级的革命口号，被赋予了新的内涵，转变成了巴贝夫的口号。虽然“阶级斗争”这个术语并非巴贝夫所创，尽管“阶级”的概念在他那里还比较抽象朦胧，但他在其著作中已经提到“剥削者和被剥削者”“穷人反对富人的战争”，以及“二千四百万人反对上层一万人”的战争。与他们的前辈不同，巴贝夫主义者没有将自然状态理想化，并认识到原始社会决不能适应自然权利的要求。就巴贝夫本人来说，也没有回到“自然状态”的思想，而是要把“现代社会的舒适同自然纯朴生活的优点极好地结合起来”。[③] 但是，他的共产主义思想倒有鲜明的平均主义特点：“让每一个人都有他会诚诚恳恳去完成的任务，让每一个人都可以享受丰衣足食的乐趣——没有别的，因为福利必须让大家普遍享受，必须

---

① G. 维耶德、C. 维耶德合编：《巴贝夫文选》，梅溪译，商务印书馆1962年版，第8页。

② G. 维耶德、C. 维耶德合编：《巴贝夫文选》，梅溪译，商务印书馆1962年版，第27、28页。

③ G. 维耶德、C. 维耶德合编：《巴贝夫文选》，梅溪译，商务印书馆1962年版，第87页。

均等分配”。[①] 为了实现这个目的，巴贝夫主义者在社会主义思想史上第一次提出比较完整的革命纲领，其中包括直接改善穷人生活的措施、革命胜利后组织政权的问题，即劳动人民革命专政的形式。他们不仅指出了社会革命的目的，并且说明了这种革命的过程；他们对18世纪社会主义学说中的唯理论作了重大的修改，认为历史是穷人和富人之间的不断战争，被压迫者只能通过举行反压迫者的起义获得解放。而以前社会主义者并没有想到，从现存制度过渡到他们所设想的完善制度的过程中，究竟会遇到哪一种具体任务；如果说想到了，那也只能说他们的想法非常简单：现存制度是建立在人民愚昧无知基础上的。要摧毁这个制度，就需要教育。这与革命的道路尚有遥远的距离。而在巴贝夫这里，借助还不甚清楚的“阶级斗争”概念，已经模糊地意识到这种阶级斗争必然导致无产阶级专政的趋势。

巴贝夫也勾画出了革命以后所建立的新社会的轮廓。在他看来，“未来的制度将使一切都按计划来进行。”“社会将规定，每个特殊生产部门由多少公民来工作，多少青年应专门致力于某项生产事业，按照现在的需要并根据可能人口的增长，将来的需要是很容易预先算出来的，一切都会安排和分配得妥妥帖帖。”[②] 而对于“你们在鼓励懒惰”的责难，巴贝夫的回答就显得有些牵强了：“人人无条件地必须参加工作，是社会的基本权利，所以，将来没有一个故意偷懒的人能够在社会生存。”[③] 在巴贝夫主义者的方案中，未来的社会组织将是国民公社。公社经济将实行集中统一管理，其执行者是公社的中央行政管理局，它掌握着公社的劳动力和需要量的资料，根据这些资料来给共和国各公社分配劳动力。大城市必将消失，共和国

---

① G. 维耶德、C. 维耶德合编：《巴贝夫文选》，梅溪译，商务印书馆1962年版，第89页。

② G. 维耶德、C. 维耶德合编：《巴贝夫文选》，梅溪译，商务印书馆1962年版，第90—91页。

③ G. 维耶德、C. 维耶德合编：《巴贝夫文选》，梅溪译，商务印书馆1962年版，第93页。

的全体居民都将住在农村，住在普通房屋中，这些房屋将修建在最有利于身心健康和对生活最便利的地点。这也是某些历史学家把平等派学说称为农业共产主义的缘故。私有制导致不平等，因此实现平等则需要实行公有制。这种思想在资本主义发展还不成熟的情况下必然首先发源于农业领域，聚焦于土地问题。而对工业社会的机器、厂房等生产资料实行公有制，则是现代社会主义的逻辑。显然，法国大革命时期资本主义发展的状况，制约了巴贝夫思想境界的提升。

热月政变以后，巴贝夫以阶级斗争的观点认识并谴责热月党人，因而被视为危险人物，并于1795年2月以“煽动叛乱、谋杀和瓦解国民议会”的罪名予以逮捕。在度过10个月的铁窗生活出狱以后，他又立刻投入了战斗。他在《人民论坛报》第35期发表了一篇《平等宣言》，号召人民拿起武器来建立唯一公正的社会制度——财产公有的社会。为了免遭迫害，他不得不转入地下活动，进行着为自由而起义的准备工作即“平等派密谋”的任务。平等派也成为一支与人民群众有密切联系的革命先锋队。但由于叛徒告密，1796年5月10日，包括巴贝夫在内的密谋运动领导人遭到逮捕。1797年5月28日，巴贝夫英勇就义。

“伴随着一个还没有成熟的阶级的这些革命暴动，产生了相应的理论表现”——“伴随着”应该理解为“与此同时”——是从宏观上说，社会主义思想和运动同时产生、并行发展。而从具体事件上看，三个历史事件与人物和“与此同时”的社会主义思想并没有直接联系和对应关系，只是巴贝夫对前人的思想有所继承。“相应的理论表现”则另有自身发展线索，在300多年的历史中被大致划分为以下三个阶段。

- **在16世纪和17世纪有理想社会制度的空想的描写**

这里并没有关于“空想的描写”的具体内容，但是这个阶段则跨越了两个世纪。《马克思恩格斯选集》中对这句话的注释是，它首先是指空想共产主义的代表人物托马斯·莫尔的著作《乌托邦》和托·康帕内拉的《太阳城》。实际上，两部著作只是这两个世纪的代表作，但从《乌托邦》经《太阳城》则勾画出这两个世纪社会主义思想的轨迹。尤其是1516年，英国伦敦代理行政长官托马斯·莫尔发表《乌托邦》这部传世之作，则是社会主义思想诞生的标志，或者说，社会主义思想通过特定的时间、地点、人物和事件为自己的兴起开辟了道路。

时间是1516年。这是16世纪初，在马克思看来，真正的资本主义时代由此开始。因此可以说，在这个时间点，历史的发展为社会主义的兴起提供了前提。社会主义作为无产阶级的思想和运动只能产生于资本主义时代。此前关于财产公有以及自由、平等、博爱的学说，不过是社会主义赖以滋生的文化土壤，或者说是事后的一种追溯。

地点是英国。英国是欧洲的国家，和欧洲其他国家拥有共同的文化圈——“西方文化”。资本主义虽然在14—15世纪就已萌发于欧洲地中海沿岸，但却在英国发展出典型的形式。它的产生必须具备两个前提，即生产资料向少数人手里集中以及大量一无所有但人身自由的雇佣劳动者的存在。从16世纪初开始，英国新兴的资产阶级和贵族通过“圈地运动”、海盗掠夺、殖民侵略和对外贸易等所谓的“原始积累”途径，创造了这两个前提，资本主义生产方式由此破土而出。它一经产生就暴露出自身的矛盾和弊端，给无产阶级和劳动群众带来深重的苦难，这些现象都为先进思想家的锐利目光所捕捉。一种批判资本主义、畅想美好未来的社会主义思想首先在英国诞生。说得更宏观些，社会主义起源于欧洲资本主义兴起之际。

人物是托马斯·莫尔。莫尔虽然是社会主义的创始人，但并非出身于工人阶级家庭，本人也不是工人。原因在于，社会主义思想不可能在工人阶级中产生。从宏观上说，那时的工人阶级只是自在的阶级，不是自为的阶级，即没有自己的政治组织和阶级意识，和资产阶级的矛盾没有完全展开，反对资产阶级的斗争还处于分散自发状态；如果说有什么指导思想的话，只能是落后的行会意识。从微观上说，他们每天从事繁重的体力劳动，又基本是文盲，不具备从事精神生产的素质和条件。因此，创造一套工人阶级意识的任务只能由其他阶级中的先进分子来完成，确切地说是知识分子的事。莫尔就是来自统治阶级中的进步思想家。

事件是《乌托邦》的发表。这部著作运用游记这种文学体裁、借助一个虚构的航海家之口，描述了一个既是“乌有之乡”也是“幸福之邦”的社会状况——在那里财产共有、集中劳动、按需分配、人人平等——首发社会主义之先声。而在稍后1524—1525年的德国农民战争中，再洗礼派和托马斯·闵采尔领导的运动则成为社会主义实践的开端。两个事件间隔不长，但没有直接联系，而且莫尔对德国农民战争持否定态度。社会主义诞生之际出现的这种历史性的分野——莫尔开创了改良一系、闵采尔开创了革命一系——决定了社会主义五百年的发展路线。从科学社会主义的角度看，从《乌托邦》的发表到《共产党宣言》的问世这一时期的社会主义构成了科学社会主义的“前史”。卡尔·考茨基撰写的《托马斯·莫尔和他的乌托邦》一书，就把现代社会主义思想的起源追溯到《乌托邦》。当代中国学者基本都持这个观点。不过也有与考茨基不同的观点看法。英国学者埃里克·霍布斯鲍姆就认为，现代社会主义既不起源于柏拉图或托马斯·莫尔，也不起源于托马斯·康帕内拉。据他考证，“第一次共产主义聚餐会”于1840年举行；卡贝的《共产主义社会》和《我的共产主义信条》写于1841年；到1842年，洛伦茨·冯·施泰因在《现代法国的社会主义和共产主义》——在德国得到广泛的阅读——中第一次尝试清楚地区分共产主义和社会主义这两种现象。[①] 言外之意，这些事件才是社会主义或共产主义真

---

① 埃里克·霍布斯鲍姆：《如何改变世界》，吕增奎译，中央编译出版社2014年版，第29页。

正起源的标志。实际上这种观点是以系统化的理论出现为标志对有关社会主义起源问题所作出的结论。社会主义或共产主义，作为一种系统的理论，确实形成于19世纪40年代，甚至在圣西门、傅立叶那里还没有自觉的社会主义概念。但无论如何，从现代社会主义的形态中必然能够追溯到它的原始形态以及思想传统。1898年，我国近代启蒙思想家和翻译家严复，将莫尔的*UTOPIA*书名译成三个汉字“乌托邦”，使其兼有音译和意译统一之妙。这个词逐渐在我国流传开来，一般被直译为“没有的地方”，意译为“空想”。因此，后人把莫尔开创的早期社会主义思想称作“乌托邦”或“空想社会主义”。在敌对势力那里，“乌托邦”演变成了贬义词；而在社会主义者那里，则是褒义词，表达的是一种浪漫主义的理想情怀。

托马斯·莫尔，1478年2月7日出生于英国伦敦一个富有市民家庭。早在青年时代，他就对柏拉图的《理想国》中关于消灭私有制的思想和财产公有制的主张产生了浓厚的兴趣。童年时期求学于圣安东尼医院附设的文法学校。之后，按照当时的习惯，他在十二三岁时被送到拉姆贝宫的坎特布雷大主教（后来是红衣主教）约翰·莫顿的家里充当少年侍卫。根据莫顿的建议，莫尔于1492年开始在当时英国的人文主义中心牛津大学的坎布雷学院接受了近二年的教育。1494年，莫尔回到伦敦，在专门的法律学校攻读英土国的法律，并于1496年进入林肯大学学习。大约在1502年，莫尔开始了他的律师生涯，并攻读拉丁文和希腊文献。1504年，莫尔被选为国会下议院议员。1510—1517年，莫尔被任命为伦敦市的副执行官（或代理行政长官），属于掌管司法的法官。这是他在发表《乌托邦》之前和之初的大致经历。在此期间的1515年5月，莫尔奉命赴欧洲大陆调解英国与荷兰之间的贸易纠纷，在那里开始撰写他的最著名的作品之一《乌托邦》——全称是：《描写最完美的国家制度和乌托邦新岛的一部既有益又有趣的金书，由世界名都伦敦卓荦不凡、议论风生的市民——代理行政长官托马斯·莫尔著》。在他的志同道合的朋友——对古希腊罗马文艺的爱好、学术上的共同兴趣以及对经院哲学厌恶的欧洲各国的人文主义者——的帮助下，这部著作于1516年秋发表了。“乌托邦”原名叫“乌有乡”（Nowhere），出版时改为“乌托邦”。《乌托邦》并非都是“空想的描写”，而是依托了当时所能得到的材料。15世纪末16世纪初，正是所谓“地理大发现”时期，涌现出许多航海家、探险家。幸运归来者茶余饭后向人们讲述航海探险经历；也有人把自己的经历写成了游记，将在美洲等地的见闻介绍给欧洲人，其中就包括尚处在原始共产主义社会的土著居民的生活情景，如在他们那里还没有“你的、我的”这种概念，而是实行生产资料公有制，共同劳动，平均分配，鄙视金银珠宝。从《乌托邦》的内容来看，其中有许多场景也是对这些真实游记的加工创造。

在莫尔生活的时代，英国的农业经营方式发生重大变化。当时纺织业最发达的欧洲大陆的尼德兰，需要英国优质的羊毛。羊毛出在羊身上，这就需要养羊。养羊需要牧场，而英国是农业国，农民经营的是农业，没有牧场。现在眼看羊毛价格飙升，在经济利益的驱动下，许多封建主开始抛弃需要农业劳动力较多而收入较少的那种土地经营方式，转而经营大规模的牧羊业。这就引起了大规模的圈地和对农村居民的掠夺。实际上，不仅封建主、资产阶级、商人，自耕农本身也在从事圈地活动，但残酷的竞争必然带来激烈的社会分化，结果是大批农民被赶出村庄。这种在学术著作中通常用“追索”这一术语表示的过程，主要遍及英国经济最发达的中心各省和东南各省。这便是农业向非农产业、农民向无产阶级转化亦即“现代化”的开端。但由于中世纪手工业生产技术的狭窄性以及手工业工场生产刚刚开始，而且工场又为数太少，以至于安排不了由于圈地而被迫离乡背井的游民的半数就业，因而导致流民的激增和原始积累条件下广大群众的贫困化。由于当时社会治安开始恶化，英国的法律也变得非常严苛，甚至小偷小摸这种轻微犯罪也要被处以极刑，更不允许青壮年劳动力沿街乞讨。这种所谓“羊吃人”的现象便呈现在莫尔的眼前。莫尔在《乌托邦》中借助一个虚构的航海家拉斐尔·希斯拉德——“希斯拉德”用希腊语构成，大意可能为“空谈的见闻家”——之口，批判了这个崭露头角的资本主义生产方式：“你们的羊，一向是那么驯服，那么容易喂饱，据说现在变得很贪婪、很凶蛮，以至于吃人，并把你们的田地，家园和城市蹂躏成废墟。全国各处，凡出产最精致贵重羊毛的，无不有贵族豪绅，以及天知道什么圣人之流的一些主教，觉得祖传地产上惯例的岁租年金不能满足他们了。他们过着闲适奢侈的生活，对国家丝毫无补，觉得不够，还横下一条心要对它造成严重的危害。他们使所有的地耕种不成，把每寸土都圈起来做牧场，房屋和城镇给毁掉了，只留下教堂当作羊栏。并且，好像他们浪费于鸟兽园囿上的英国土地还不够多，这班家伙还把用于居住和耕种的土地都弄成一片荒芜。”①耕地面积缩小使英国许多地方粮价暴涨，这更加剧了劳动群众的负担。对粮食、牲畜、羊毛的投机倒把，造成少数人发财而广大农民和手工业者破产。在《乌托邦》中，莫尔并没有局限于分析和批判产生这种现象的具体原因，而是将矛头直指私有制。“任何地方私有制存在，所有的人凭现金价值衡量所有的事物，那么，一个国家就难以有正义和繁荣。”②“如果不废除私有制，产品不可能公平分配，人类不可能获得幸福。私有制存在一天，人类中绝大的一部分也是最优秀的一部分将始终背上沉重而甩不掉的贫困灾难担子。”③ 正因如此，莫尔设想的乌托邦乃是一个没有私有制、全部物质财富归劳动者所有的国度或社会。“莫尔的前辈大多数把共有首先理解为消费品的共有。然而我们看到，在莫尔的观念里，中心思想是生产的共

---

① 莫尔：《乌托邦》，戴镏龄译，商务印书馆 1982 年版，第 21 页。
② 莫尔：《乌托邦》，戴镏龄译，商务印书馆 1982 年版，第 43 页。
③ 莫尔：《乌托邦》，戴镏龄译，商务印书馆 1982 年版，第 44 页。

有。"[①] 由此，莫尔的《乌托邦》已经开创了对资本主义"问题"的揭露和批判、对未来社会"目标"的设计和畅想的先例，在所有制问题上也实现了从消费资料的公有制到生产资料公有制的转变。

《乌托邦》并没有着重论及如何实现从"羊吃人"的社会到理想制度转变的问题，但从字里行间中可以读出关于发展道路的信息。对于"贫穷灾难担子"，只能"减轻"而无法"取消"；"减轻"的途径无非是"立法"。由此可见，莫尔的"道路"是改良。而其后不久闵采尔的社会主义则属于暴力革命思想的源头。社会主义一经产生，莫尔和闵采尔之间的对立就包含着那个贯穿社会主义全部历史并且直到《共产党宣言》发出以后才被克服的巨大对立的萌芽，即乌托邦社会主义和工人运动之间对立的萌芽。像许多人文主义者一样，莫尔本人也谴责起义行为。莫尔虽然同情人民的不幸，但他不相信通过起义的途径可以根除社会祸端和改善穷人的处境，对被压迫者反对剥削者的斗争则不以为然，认为起义除了危害以外不会带来任何结果。这一点在他对德国农民战争的态度上充分地体现出来。他把这次农民战争所造成的血腥后果的责任完全推到路德派教徒身上。无论是路德派教徒，也无论是再洗礼派教徒，莫尔一概指责他们企图废除现有的一切法律、一切政权和一切道德。[②] 莫尔坚决反对宗教改革激进派的平均主义思想，他认为，要在平均主义思想的基础上解决社会问题，其中包括根除贫困的问题，是不可思议和不现实的。[③]

尽管《乌托邦》首发社会主义先声，但它所表达的社会主义思

---

① 沃尔金：《论空想社会主义者》，中国人民大学编译室译，中国人民大学出版社1959年版，第71页。

② И. Н. 奥西诺夫斯基：《托马斯·莫尔传》，杨家荣、李兴汉译，商务印书馆1984年版，第269页。

③ И. Н. 奥西诺夫斯基：《托马斯·莫尔传》，杨家荣、李兴汉译，商务印书馆1984年版，第269页。

想在当时并不是思想界的主流。就莫尔本人而言，《乌托邦》发表以后，他于1529年成为类似首相职务的英国大法官。他曾支持亨利八世并与其一道强烈反对1517年马丁·路德倡导的宗教改革，但几年后亨利八世改变了对宗教改革的态度，而莫尔因仍然坚持原有立场于1532年辞去了大法官职务。1533年，亨利八世迫使议员通过法令，宣布他本人为英国教会的首领。莫尔因拒绝宣誓承认而被关进伦敦塔，并于1535年7月7日被处死刑。在宗教改革时代的思想和政治斗争中，莫尔坚定的天主教立场、反对路德和英国宗教改革者的态度、任亨利八世的大法官时的活动和最终的英勇就义，这些事迹都得到了后人的称颂，反之，《乌托邦》这部著作在同时代及其后代人中却逐步被淡忘。只是随着社会主义运动的兴起，这部著作的历史意义才逐步向世人展示出来，但在17世纪也只是得到一些微弱的呼应。

继莫尔的《乌托邦》之后，17世纪初意大利人托马斯·康帕内拉于1601年撰写了《太阳城》并在1623年发表。此前，这部书稿的手抄本广为流传。受此影响和启发，德国学者安德里亚撰写了《基督城》，于1619年出版。我国学者高放教授认为，《乌托邦》和《太阳城》是西欧空想社会主义史上最早的两颗明珠，安德里亚的《基督城》，则为第三颗明珠。据他介绍，在1980年一份评介西方空想社会主义著作的材料中，曾把《乌托邦》《太阳城》《基督城》并列为正面乌托邦三部曲。[①] 三部著作有所差异，但大体来说结构相似，异曲同工，后两部著作正面呼应了莫尔的《乌托邦》，接续了他所开创的“空想社会主义”。除“三部曲”之外，17世纪法国第一部具有明确共产主义倾向的空想主义小说《塞瓦兰人的历史》，也被认为是空想社会主义作品中的上乘之作。

---

① “反乌托邦”指的是：奥威尔的《1984》、赫胥黎的《新奇世界》和扎米亚金的《我们》。

麦克斯·比尔认为，《乌托邦》著作的时代，应该从16世纪开始一直伸展到18世纪末为止。他指出，从精神方面说，这是一个大发现的时代，自然科学兴起的时代，启蒙出现的时代，理性统治的时代，道德哲学统治的时代。[①] 这是就“乌托邦”的价值和影响而言。但就“空想的描写”来说，关于乌托邦和乌托邦的游记虽然在18、19世纪中英法两国仍然陆续出现，然而都是全无意味的模仿或者是精致的诗歌。“空想的描写”只是一种思想的表达方式。随着时代的发展和进步，到了18世纪，许多社会主义者就摆脱了这种写作手法，直截了当地提出了生产资料公有制和按需分配的要求。

• 在18世纪已经有了直接共产主义的理论

“18世纪已经有了直接共产主义的理论”，主要是相对16、17世纪理想社会制度的“空想的描写”而言。这就是说，生产资料公有制、按需分配、平等的要求业已不再拐弯抹角地提出，而是直截了当地表达出来了。尽管如此，18世纪的社会主义者并没有把自己的理论自觉地和资本主义生产方式联系起来，而是建立在“唯理论”学说的基础之上——18世纪的思想家，一般把从自然产生的人类的共同生活准则称为“自然法权”，把原始共产主义社会加以美化、理想化以论证共产主义必然性的理论表述便是所谓“自然状态”、“自然法权”学说或“唯理论”。这部著作中提到的代表人物是法国的摩莱里和马布利。

摩莱里，生卒年不详，有人疑为是法国启蒙思想家狄德罗的笔名。以“摩莱里”署名的著作出版于1743—1755年，由此可以确定他大约生活在18世纪中叶，比另一位法国空想社会主义者梅叶可能要晚半个世纪。不论他是谁，从他的思想看，都属于法国18世纪空

① 麦克斯·比尔：《社会主义通史》，嘉桃、启芳译，生活·读书·新知三联书店1958年版，第318页。

想社会主义的代表人物，也是法国大百科全书派的先驱者之一。摩莱里最重要的一部著作——阐述共产主义原则的《自然法典》发表于1755年，囿于当时匿名出版而一度被认为乃狄德罗所作。只是狄德罗的辩护人力图为他开脱共产主义的罪名，才通过收集材料，确定了摩莱里这个作者的名字。摩莱里以唯理论为思想基础，根据“自然法权”和“自然状态”学说，论证了原始共产主义社会是符合“理性”的人类社会的黄金时代，是理应值得人们在现代和将来加以采纳的一种理想的社会制度。摩莱里说：“人类通过一系列改革，将会达到恒久的纯真无邪的状态。”① 他不断重复地说，“只要废除私有制，你就永远消灭了导致人们做出绝望的极端行为的千百种偶然变故。”② 从这个角度说，他的思想带有明显的共产主义特征，也是和其他共产主义者一样，将社会弊端的根本原因归结为私有制。废除私有制，建立理想社会，在摩莱里的思想观点那里将由立法者来完成。所以，他认为，如果立法者能够正确了解他们对于社会所承担的任务——根据自然的基本规律调节社会生活，那么最美好的远景社会就会展现在眼前。在这个新社会里，“任何东西都不得单独地或作为私有财产属于任何个人”。③ 在这个制度基础上，“每个公民都要根据自己的力量、才能和年龄促进公益的增长。据此按分配法规定每个人的义务”。④ 这里已经体现出了“各尽所能”的思想。在分配方面，他将自然产品和人工产品分为四类：天天普遍使用的产品，普遍需要、但不经常使用的产品，只是少数几个人经常需要、而大多数人只是偶尔需要的产品，既非经常需要、又非普遍使用的其他产品。这其中，“一切经久耐用的产品都存入公共仓库，一部分逐日或定期分配给全体公民，以满足日常生活需要，或

① 摩莱里：《自然法典》，黄建华、姜亚洲译，商务印书馆1982年版，第82页。
② 摩莱里：《自然法典》，黄建华、姜亚洲译，商务印书馆1982年版，第83页。
③ 摩莱里：《自然法典》，黄建华、姜亚洲译，商务印书馆1982年版，第106页。
④ 摩莱里：《自然法典》，黄建华、姜亚洲译，商务印书馆1982年版，第107页。

作为各行业使用的材料；另一部分提供给使用这种产品的人”。[①] 公有制，各尽所能、按需分配这些共产主义的要素在摩莱里共产主义思想中已经呈现出来，因而使得摩莱里的《自然法典》成为“理性”社会主义的最明确最彻底的典型。关于未来社会的细节，在摩莱里那里也有详细描绘。他设想，未来社会是一个统一的经济整体。它遵循统一的经济计划，计算全体社会成员的需要，并且在他们之间分配工作。整个社会具有集中制的特征，是一个复杂的经济组织，其中有细致的分工和经济管理的等级制度。摩莱里把符合自然旨意的社会制度的原则表述为三条神圣的法律：第一条是废除私有制，但直接消费品以及“日常劳动”所必需的用品不在其列；第二条是保证公民的“生存权”和“劳动权”；第三条是第二条的补充，根据公民的权力规定他们参加社会领导的义务。个人对社会的贡献用精力、才能和年龄来衡量。

关于私有制如何产生的问题，早期社会主义者的解释不尽相同。但这并不妨碍他们对私有制弊端和危害的一致认识，而且也正是在主张废除私有制这一点上产生了共产主义思想。至于摩莱里，有一种观点认为，在公有制问题上，他的思想有一个明显的缺陷，即在主张废除私有制的同时，又允许保留“日常劳动”所必需的物品，就是把农具、手工业工具保留在农业劳动者和手工业者的私人手中。其实，摩莱里留给人们的是关于消灭私有制的思想，而不是附加的一些“条款”。说摩莱里的社会主义思想属于“空想”，意思是说，即使实现了农具、手工业工具等生产资料的公有制，也不可能建立起社会主义社会，换句话说，社会主义不能建立在这些“生产资料”的公有制基础之上。当然，除了农具、手工业工具之外，在摩莱里生活的那个时代，还不曾有机器、厂房以及其他设备，这就使摩莱里“公有”的对象只能是土地。也只有当后人将“公有”的对象扩

① 摩莱里：《自然法典》，黄建华、姜亚洲译，商务印书馆1982年版，第108页。

展到资本主义条件下的机器、厂房等生产资料上来时，才真正使“现代社会主义”代替了“农业社会主义”。对于摩莱里在社会主义思想史上的理论贡献，也有一种观点认为，他第一次从公有物中分出了“每个人用来满足自己需要、用于享受或用于自己日常劳动的物品”，这种把私有对象和公有对象分开的做法本身在社会主义思想史中就是一件大事，标志着所有制问题的重心由消费领域转移到生产领域。更早的乌托邦的家庭手工作业制度说明乌托邦和中世纪的城市有着联系。到维拉斯的《塞瓦兰人的历史》那里则剪断了经济和家庭的脐带，18 世纪和 19 世纪上半叶的社会主义方案中普遍提到的各式各样的公共作坊、劳动协作社、公社等，在塞瓦兰人社会的阶层单位“奥斯马基”中都可找到雏形，但是在这个组织中仍然存在奴隶。从这个意义上说，《自然法典》的有关章节似乎是在理论上对维拉斯的以小说形式提出来的简要论点进行的注释。由于摩莱里的生平无从可考，因此他的思想和维拉斯的联系还不清楚。不过，把生产资料和生活资料加以区别的主张，早已经在温斯坦莱的《自由法》中表达出来了。尽管如此，《自然法典》和《自由法》之间的联系也非常模糊。这种情况表明，社会主义思想在不同国家的发展过程中，大致都会经过一些相同的发展阶段，只不过在时间上有先有后而已。

加布里埃尔·邦诺·德·马布利（1709—1785 年），生于法国格勒诺布尔市的一个司法界贵族的家庭，是哲学家孔狄亚克的长兄和百科全书派代表人物达兰贝尔的堂兄。他在里昂耶稣会学院接受了人文科学教育，毕业以后来到巴黎，先后在修道院、外交部任职。1746 年突然离开外交部，从此脱离政界，全身心研究历史和哲学。他的著作出版于 1758—1765 年，去世以后在里昂出版了 15 卷本《马布利全集》。和摩莱里以及 18 世纪大多数思想家一样，马布利也坚持自然状态理论，认为权利的原理来自人的本性，自然状态是自然界所决定的人类自古就有的状态，人的本性决定他们过社会生活。

"自然的"社会理论同关于原始人早期所特有的自然状态学说，具有密切的联系。如果认为现实的社会制度是脱离自然的病态，那么显然应该认为人类生活的原始时代最接近于自然秩序，因为那时人类比任何时代都更加接近自然。和马布利同时代的卢梭认为，社会契约使社会摆脱了自然状态。而在马布利看来，社会秩序与自然状态没有明显的界限。社会制度绝不取消人的自然权利。人民是最高权力的唯一源泉。把人民完全交由统治者管理的契约不可思议。从这些观点来看，"人民"还是一个抽象的概念，他的学说并没有超越资产阶级启蒙思想，或者说就是启蒙学说的组成部分。因此，他在资产阶级革命的活动家中享有很高的声誉。但是，他并没有将以私有制为基础的社会制度理想化，这一点使他赢得了社会主义者的称号。他从自然法权观念出发批判私有制，认为以私有制为基础的制度不是自然秩序，恰恰相反，是对自然秩序的破坏。"私有制不是使人结成社会的原因。自然界要求人们走向财产公有。""这种不祥的私有制是财产和地位不平等的起因，从而也是我们的一切罪恶的基本原因。""而只有在财产公有制度下才能得到幸福。"[①] 他认为，"处于萌芽状态的社会里有最完美的平等。这种平等不容许部族酋长和家长之间存在任何差别。"[②] "甚至有人说，在美洲的佛罗里达地方，某些种植玉蜀黍或木薯的部族把收获物都送入公共粮仓，每个家庭都按规定的制度从粮仓领取所需的食物，而不贪图多要。这是多么难得的建立财产公有制的爱好呀!""可是十分遗憾，当我们把自己的恶习和偏见传给这些人民的时候，竟以为是给他们带去了文明哩!"[③] 马布利极力为公有制的好处辩护，他的基本观点是，只有公有制才能保证人类幸福，财产公有是理想的制度。和摩莱里不同，马布利不相信人类有可能回到这种"自然"制度中去。如果无法回

① 《马布利选集》，何清新译，商务印书馆1960年版，第38页。
② 《马布利选集》，何清新译，商务印书馆1960年版，第55—56页。
③ 《马布利选集》，何清新译，商务印书馆1960年版，第56页。

到共产主义，这不等于说应当完全放弃对不平等现象的斗争。他认为，既然私有制已经建立，不管当初作出这一决定是多么错误，也应该把私有制看作是和平、秩序和安全的基础。不消灭私有制，而尽可能做到私有者平等，这才是现实条件下可以而且应该追求的目标。这一点也决定了马布利社会主义思想的特征：既然不能达到公有制，又要破除私有制的弊端，就要做到私有者的平等，因而结果只能是私有制的普遍化，实现这个目标的纲领无非就是平均主义。从“自然本性”的原则出发，在逻辑上也非常容易得出无政府主义的结论。

一般认为，18 世纪社会主义思想普遍带有平均主义、禁欲主义的特征，但是从摩莱里和马布利的未来社会方案中却看不出有这方面的痕迹，倒是按需分配的特征比较明显，所以才被称之为直接共产主义理论。他们著作中的有些观点，与其说是提倡“禁欲主义”，不如说是反对“奢靡之风”。但是，从逻辑上可以推导出“禁欲主义的、禁绝一切生活享受的、斯巴达式的共产主义”的实践：在生产力水平低、物质财富比较匮乏的条件下，要实行公有制和按需分配，那只能导致平均主义或禁欲主义的泛滥；如果按需分配的主张与生产力的发展相脱节，在实践上只能导致贫穷的普遍化，人们还要为最起码的生活资料必需品而大打出手，即使实行生产资料的公有制也解决不了这个问题。

• 三个伟大的空想主义者

三个伟大的空想主义者即法国的圣西门、傅立叶和英国的欧文。先前已经有了“乌托邦”和“社会主义”的概念，1839 年，法国经济学家日洛姆·阿道夫·布朗基在《欧洲政治经济学从古代到现代的历史》一书中，把这三人及其信徒贬低为“乌托邦社会主义者”，从而也便有了“空想社会主义者”“空想社会主义”的称谓和概念。后来这些概念约定俗成，特指科学社会主义产生以前的社会主义思想。马克思、恩格斯虽然也使用了这些概念，但对这三个伟大的空想主义者却心怀敬意，认为他们的思想是“本来意义的社会主义和共产主义的体系”。[①] 从这个意义上说，正是他们开创了“现代社会主义”。19 世纪三四十年代空想社会主义流派纷呈，达到了发展的顶峰，但一般认为，圣西门、傅立叶、欧文的学说是空想社会主义的三大主流。[②] 从时间上看，三个空想家的思想经过其传人和科学社会主义衔接，这就意味着他们的思想是科学社会主义的直接来源，“社会主义从空想到科学的发展”主要是指从三个空想家的思想到马克思主义的转化。因此，在这一章中前两个阶段的社会主义思想几笔带过，而把大量篇幅留给了三个空想主义者。既然三个人并称，因此首先是对三个人思想的总体特征的概括。

所有这三个人有一个共同点：他们都不是作为当时已经历史地产生的无产阶级的利益的代表出现的。他们和启蒙学者一样，并不是想首先解放某一个阶级，而是想立即解放全人类。他们和启蒙学者一样，想建立理性和永恒正义的王国；但是他们的王国和启蒙学者的王国是有天壤之别的。按照这些启蒙学者的原则建立起来的资产阶级世界也是不合理性的和非正义的，所以也应该像封建制度和一切更早的社会制度一样被抛到垃圾堆里去。真正的理性和正义至今还没有统治世界，这只是因为它们没有被人们正确地认识。所缺少的只是个别的天才人物，现在这种人物已经出现而且已经认识了真理；至于天才人物是在现在出现，真理正是在现在被认识到，这并不是从历史发展的联系中必然产生的、不可避免的事情，而纯粹是一种侥幸的偶然现象。这种天才人物在 500 年前也同样可能诞生，这样他就能使人类免去 500 年的迷误、斗争和痛苦。

---

① 马克思、恩格斯：《共产党宣言》，《马克思恩格斯选集》第 1 卷，人民出版社 2012 年版，第 431 页。

② 阿·鲁·约安尼相：《傅立叶传》，汪裕荪译，商务印书馆 1961 年版，第 10 页。

圣西门、傅立叶、欧文是同时代人。据有限的资料来看，三人平生并未谋过面，但却经常打笔墨官司。圣西门年长傅立叶 12 岁、长欧文 11 岁，没有发现在他的著作中有对傅立叶和欧文的评价。但傅立叶和欧文之间则有尖刻的批评，对圣西门也颇有微词。在圣西门去世以后，傅立叶一度试图收编圣西门的弟子，但遭到拒绝。欧文对傅立叶也基本持不予理睬的态度。不过和启蒙思想家相比较，他们则具有共同点："都不是作为当时已经历史地产生的无产阶级的利益的代表出现的"。也就是说，他们不是从阶级性出发，而是以全人类利益的代表自居，从"人性"出发建构自己的学说体系，还没有完全摆脱资产阶级启蒙学说的影响。特别是圣西门，"除无产阶级的倾向外，资产阶级的倾向还有一定的影响"。其实说圣西门是彻底的资产阶级民主主义者更为贴切。傅立叶就曾将圣西门称作"生意人的一个有学问的律师"，意思是说圣西门不过是资本家的代言人和维护者而已。正是因为和启蒙学者在两个方面"一样"，空想社会主义才能和资产阶级启蒙学说长期融合。但是到了法国大革命以后，二者在追求的目标方面产生了"天壤之别"：资产阶级革命停止了，开始巩固和维护资本主义制度了；而进步思想家则认识到，启蒙思想家追求的目标并没有在全社会范围内实现，由此产生了社会主义、共产主义学说。现在，工人阶级虽然已经开始继续革命了，但是他们不可能真正把握启蒙学说的精髓。为了使他们免去迷误、斗争和痛苦，这些天才的人物就有责任告诉他们，法国大革命建立的新制度，也是"不合理性的和非正义的"，所以还将被一个更加美好的社会取而代之。三个空想家便以救世主的心态肩负起了设计这个尽善尽美的理想社会的历史使命。从追求的目标来看，他们实现了对启蒙学说的超越，这就是所谓"进一步的"发展；而从理论基础来看，他们和启蒙思想家因没有什么区别而不可能产生出彻底的革命意识，正因如此，现代社会主义在产生之初只能说"据称"是对启蒙学说彻底的发展。三个空想家的共同点不止这些，其中还有重要的一点，他们都把牛顿的万有引力定律作为自己学说的自然科学基础。万有引力使宇宙普遍和谐，人间理应如此。但是他们只看到“引力”的一面，而忽视了“离心力”，因此只讲和谐合作，排斥阶级斗争，或者把“和谐”与“斗争”加以对立，这就决定了他们有关实现从现实社会制度到未来社会制度过渡途径的学说必然具有改良的特征。但三个人确实真心实意、毫无保留地把自己的一切献给了他们所为之奋斗的事业。按照相关概念，圣西门和傅立叶只是社会主义者，而欧文的思想则具有共产主义的特征。

我们已经看到，为革命作了准备的18世纪的法国哲学家们，如何求助于理性，把理性当做一切现存事物的唯一的裁判者。他们认为，应当建立理性的国家、理性的社会，应当无情地铲除一切同永恒理性相矛盾的东西。我们也已经看到，这个永恒的理性实际上不过是恰好那时正在发展成为资产者的中等市民的理想化的知性而已。因此，当法国革命把这个理性的社会和这个理性的国家实现了的时候，新制度就表明，不论它较之旧制度如何合理，却决不是绝对合乎理性的。理性的国家完全破产了。卢梭的社会契约在恐怖时代获得了实现，对自己的政治能力丧失了信心的资产阶级，为了摆脱恐怖时代，起初求助于腐败的督政府，最后则托庇于拿破仑的专制统治。早先许诺的永久和平变成了一场无休止的掠夺战争。理性的社会的遭遇也并不更好一些。富有和贫穷的对立并没有化为普遍的幸福，反而由于调和这种对立的行会特权和其他特权的废除，由于缓和这种对立的教会慈善设施的取消而更加尖锐化了；现在已经实现的摆脱封建桎梏的“财产自由”，对小资产者和小农说来，就是把他们的被大资本和大地产的强大竞争所压垮的小财产出卖给这些大财主的自由，于是这种“自由”对小资产者和小农说来就变成了失去财产的自由；工业在资本主义基础上的迅速发展，使劳动群众的贫穷和困苦成了社会的生存条件。现金交易，如卡莱尔所说的，日益成为社会的唯一纽带。犯罪现象一年比一年增多。如果说以前在光天化日之下肆无忌惮地干出来的封建罪恶虽然没有消灭，但终究已经暂时被迫收敛了，那么，以前只是暗中偷着干的资产阶级罪恶却更加猖獗了。商业日益变成欺诈。革命的箴言“博爱”化为竞争中的蓄意刁难和忌妒。贿赂代替了暴力压迫，金钱代替刀剑成了社会权力的第一杠杆。初夜权从封建领主手中转到了资产阶级工厂主的手中。卖淫增加到了前所未闻的程度。婚姻本身和以前一样仍然是法律承认的卖淫的形式，是卖淫的官方的外衣，并且还以大量的通奸作为补充。总之，同启蒙学者的华美诺言比起来，由“理性的胜利”建立起来的社会制度和政治制度竟是一幅令人极度失望的讽刺画。那时只是还缺少指明这种失望的人，而这种人随着新世纪的到来就出现了。1802 年出版了圣西门的《日内瓦书信》；1808 年出版了傅立叶的第一部著作，虽然他的理论基础在 1799 年就已经奠定了；1800 年 1 月 1 日，罗伯特·欧文担负了新拉纳克的管理工作。

这一段内容带有总结和过渡性质。“总结”是说，18 世纪法国哲学家倡导的“理性”经法国大革命从“抽象”变得“具体”了：启蒙学说本来就是新兴的资产阶级的世界观，是资本主义生产方式在资产阶级头脑中的反映。也许那些启蒙思想家主观上并没有意识到这一点，因而天真地把它视为“人民性”的原则加以推广。不能说他们有意掩盖“虚伪”以达“骗人”目的，但无论如何，这种学说在法国大革命以后的实践中则使资产阶级属性暴露无遗。这里所列举的各种现象就是这种性质的外在体现，其中许多内容已在《共产党宣言》中得以表达。这一段所引用的卡莱尔（1795—1881 年），是英国历史学家。卡莱尔所看到的是以自由市场机构为基础的社会的固有缺点，即把人与人之间的主要关系仅仅建立在现金交易之上。卡莱尔认为，当它推翻了作为特权基础的门第原则而代之以财富原则的时候，就在其根部土壤中分泌出一种致命的毒素。这种毒素亦即下述思想的确立：人的真正目标是取得财产作为权力的主要源泉。道德、修养、友谊，这些都不是重要的信条。① 他对资本主义的批判和对劳动人民的同情给马克思和恩格斯留下了深刻的印象，以至于在他们的著作中多次提到他。但卡莱尔是个保守主义者，按照他的批判，只能把社会拉回到中世纪。本来，卡莱尔是三个空想主义者的儿子辈，但他的思想还停留在"旧世纪"，而三个空想主义者的"思想"和"事迹"都在卡莱尔的童年时代"随着新世纪的到来就出现了"。创立"批判的空想的社会主义和共产主义"的机会就留给了这三个空想家。于是，该书的内容就过渡到了对他们思想的逐个叙述上来。1802 年、1808 年、1800 年——都属于 19 世纪初——就是三个空想家学说产生的时间起点以及所属时代，与启蒙思想和 1789 年法国大革命紧密衔接。但是，这个时代的资本主义在法国还没有得到充分的发展。

但是，在这个时候，资本主义生产方式以及随之而来的资产阶级和无产阶级之间的对立还没有得到充分发展。在英国刚刚兴起的大工业，在法国还不为人所知。但是，一方面，只有大工业才能发展那些使生产方式的变革，使生产方式的资本主义性质的消除成为绝对必要的冲突——不仅是大工业所产生的各个阶级之间的冲突，而且是它所产生的生产力和交换形式本身之间的冲突；另一方面，大工业又正是通过这些巨大的生产力来发展解决这些冲突的手段。因此如果说，在 1800 年前后，新的社会制度所产生的冲突还只是开始形成，那么，解决这些冲突的手段就更是这样了。虽然巴黎的无财产的群众在恐怖时代曾有一瞬间夺得了统治权，从而能够甚至违背资产阶级的意愿引导资产阶级革命达到胜利，但是他们只是以此证明了，他们的统治在当时的条件下是不可能持久的。在当时刚刚

① 转引自拉斯基：《论当代革命》，朱曾汶译，商务印书馆 1965 年版，第 347 页。

作为新阶级的胚胎从这些无财产的群众中分离出来的无产阶级，还完全无力采取独立的政治行动，它表现为一个无力帮助自己，最多只能从外面、从上面取得帮助的受压迫的受苦的等级。

这就是关于三个空想家思想产生时的“历史情况”的描述，今天通常表述为“历史条件”或“时代背景”。至少当时法国还处于从封建社会到资本主义社会过渡的阶段，像英国发生的工业革命在法国还没有兴起。虽然资本主义萌芽早已在欧洲破土而出，但是一直到19世纪初，就整个欧洲的情况来看也只能说还处于资本主义的初始阶段，因此解决资本主义社会矛盾、消除资本主义生产方式弊端的手段还没有从资本主义自身的发展中创造出来。在这种情况下，不要说无产阶级夺取和掌握国家政权的历史条件还不具备，就是资产阶级本身的权力也没有得到巩固，也要经历复辟与反复辟的斗争。在这种情况下，无产阶级和资产阶级的矛盾还没有成为社会的主要矛盾，无产阶级本身还没有形成一个阶级真正登上世界历史舞台，更不能以领导阶级的身份担负起领导其他劳动群众进行社会主义革命的责任，因此也不能产生出自己的革命意识——科学社会主义；在形成自己自觉的阶级意识之前，还需要通过空想社会主义的发展准备思想材料。在这个阶段，不仅“改良”是空想，“革命暴动”也是空想。首要的任务是启发工人阶级的觉悟。

这种历史情况也决定了社会主义创始人的观点。不成熟的理论，是同不成熟的资本主义生产状况、不成熟的阶级状况相适应的。解决社会问题的办法还隐藏在不发达的经济关系中，所以只有从头脑中产生出来。社会所表现出来的只是弊病，消除这些弊病是思维着的理性的任务。于是，就需要发明一套新的更完善的社会制度，并且通过宣传，可能时通过典型示范，从外面强加于社会。这种新的社会制度是一开始就注定要成为空想的，它越是制定得详尽周密，就越是要陷入纯粹的幻想。

此处所谓“社会主义创始人”指的是三个空想家。前文已经追溯了历史上的空想社会主义。但是，受“历史情况”的决定，19世纪初在法国大革命影响下产生的“现代社会主义”，最初也具有历史上空想社会主义的性质，只不过将它发展到一个新的水平而已，用《共产党宣言》中的表述即“批判的空想的社会主义和共产主义”。“空想”的实质在于对解决资本主义矛盾手段的“猜测”和“虚构”——这种手段还不具有现实性，还没有被发现，只能在头脑中隐隐约约感觉出来。它的实践形式无非是宣传和典型示范——19世纪上半叶，大批理想主义者漂洋过海来到美洲，进行各种社会学说的试验。

这一点已经弄清，我们不再花费时间去谈论现在已经完全属于过去的这一方面了。让著作界的小贩们去一本正经地挑剔这些现在只能使人发笑的幻想吧！让他们去宣扬自己的清醒的思维方式优越于这种“疯狂的念头”吧！使我们感到高兴的，倒是处处突破幻想的外壳而显露出来的天才的思想萌芽和天才的思想，而这些却是那班庸人所看不见的。

“空想”也不是空穴来风，总要有一些事实的身影。不能说三个空想家整天躲在书房闭门造车。空想社会主义也是社会现实的反映，只不过这个“现实”只是刚刚显露出的冰山一角，他们根据这“一角”的情况去探寻事物内部的结构，当然也会得出一些合乎实际的正确认识，尽管以荒诞不经的形式表达出来。杜林看到的便是这些形式，因此对空想社会主义者多有不敬，而马克思、恩格斯则是从中发掘出了“天才的思想萌芽和天才的思想”。否则，空想社会主义便没有任何意义了。鉴于三个空想家的历史地位，这一章剩下的一半篇幅逐个介绍了他们的生平和思想。

- **圣西门**

克劳德·昂利·德·卢夫罗阿·圣西门（1760—1825 年）被称为“法兰西的最后一位贵族，第一个社会主义者”——当然，这只能从现代社会主义的意义上加以理解。西方许多叙述社会主义思想的学术著作一般都从圣西门说起，这不仅是因为圣西门在三个空想家中年龄最长，思想形成得比较早，更是因为社会主义思想在圣西门那里获得了比较完备的形态。1760 年 10 月 17 日，圣西门生于法国巴黎的一个旧贵族家庭，自称是查理大帝的后裔。少年时期他曾师从法国哲学家、数学家、18 世纪资产阶级启蒙运动的代表人物让·达兰贝尔（1712—1778 年），据说十几岁时还与卢梭有过简短的会面。他从小就对精密科学发生兴趣，喜读唯物主义哲学著作，并养成了对宗教的批判态度。16 岁在家里完成学业以后曾在军队服役，参加过美国的独立战争，立过功，受过奖，大革命后经商做买卖并发过大财，也曾沦为流浪者。1802 年，他开始从事理论著述，尽管他对社会问题的思考早已开始了。圣西门的思想具有天才的历史远见。

圣西门是法国大革命的产儿，他在革命爆发时还不到 30 岁。这次革命，是第三等级即从事生产和贸易的国民大众对以前享有特权的游手好闲的等级即贵族和僧侣的胜利。但是，很快就暴露出，第三等级的胜利只是这个等级中的一小部分人的胜利，是第三等级中享有社会特权的阶层即拥有财产的资产阶级夺得政治权力。而且这个资产阶级还在革命过程中就迅速地发展起来了，这是因为它利用没收后加以拍卖的贵族和教会的地产进行了投机，同时又借承办军需品欺骗了国家。正是这些骗子的统治在督政府时代使法国和革命濒于覆灭，从而使拿破仑有了举行政变的借口。因此，在圣西门的头脑中，第三等级和特权等级之间的对立就采取了“劳动者”和“游手好闲者”之间的对立的形式。游手好闲者不仅是指旧时的特权分子，而且也包括一切不参加生产和贸易而靠租息为生的人。而“劳动者”不仅是指雇佣工人，而且也包括厂主、商人和银行家。游手好闲者失去了精神领导和政治统治的能力，这已经是确定无疑的，而且由革命最终证实了。至于无财产者没有这种能力，在圣西门看来，这已由恐怖时代的经验所证明。那么，应当是谁来领导和统治呢？按照圣西门的意见，应当是科学和工业，它们两者由一种新的宗教纽带结合起来，而这种纽带是一种必然神秘的和等级森严的“新基督教”，其使命就是恢复从宗教改革时起被破坏了的各种宗教观点的统一。可是，科学就是学者，而工业首先就是积极活动的资产者：厂主、商人、银行家。这些资产者固然应当成为一种公众的官吏、社会的受托人，但是对工人应当保持发号施令的和享有经济特权的地位。特别是银行家应当担负起通过调节信用来调节整个社会生产的使命。这样的见解完全适应法国刚刚产生大工业以及随之产生资产阶级和无产阶级的对立的那个时代。但是，圣西门特别强调的是：他随时随地都首先关心“人数最多和最贫穷的阶级”（la classe la plus nombreuse et la plus pauvre）的命运。

圣西门在《日内瓦书信》中已经提出这样一个论点：

“人人应当劳动。”

在同一部著作中他已经指出，恐怖统治是无财产的群众的统治。他向他们高声说道：

“看吧，当你们的伙伴统治法国的时候，那里发生了什么事情？他们造成了饥荒！”

但是，认识到法国革命是阶级斗争，并且不仅是贵族和资产阶级之间的，而且是贵族、资产阶级和无财产者之间的阶级斗争，这在1802年是极为天才的发现。在1816年，圣西门宣布政治是关于生产的科学，并且预言政治将完全溶化在经济中。如果说经济状况是政治制度的基础这样的认识在这里仅仅以萌芽状态表现出来，那么对人的政治统治应当变成对物的管理和对生产过程的领导这种思想，即最近纷纷议论的“废除国家”的思想，已经明白地表达出来了。同样比他的同时代人高明的是：在1814年联军刚刚开进巴黎以后，接着又在1815年百日战争期间，他声明，法国和英国的同盟，其次这两个国家和德国的同盟，是欧洲的繁荣和和平的唯一保障。在1815年向法国人鼓吹去和滑铁卢会战的胜利者建立同盟，这确实既要有勇气又要有历史远见。

圣西门的处女作是1802年写于日内瓦、1803年在巴黎匿名发表的论文《一个日内瓦居民给当代人的信》，即《日内瓦书信》。在这篇论文中，他把人类分成三个阶级：第一个阶级由学者、艺术家和一切有自由思想的人所构成；凡不属于第一个阶级的有财产的人属于第二个阶级；第三个阶级是在平等的口号下联合起来的人们，包括人类的其余一切成员。[①] 他崇尚的是第一个阶级，因为在他看来，学者和艺术家是人类中最有智慧的成员。他的计划是为这个阶级提供迄今未有的最好位置，使天才的人各得其所。关于第二个阶级，圣西门则认为，其人数比没有财产的人少得多。少数人统治这些多数人的原因在于，第二阶级在文化上占据优势，因此有能力把自己的力量联合起来，并使自己在与无财产者之间的斗争中取得胜利。“由于事情的本性所决定，他们和你们之间必然总有斗争。”[②] “他们”便是第三阶级，这就是阶级斗争的观点。圣西门认为第一个阶级和第二个阶级的利益完全一致，因而向第二个阶级呼吁，如果不去团结这个阶级，便还会经历法国大革命所遭受的灾难。现在既然革命已经过去，就必须依靠天才的人，重新组成一股社会力量，顺

① 《圣西门选集》第1卷，王燕生等译，商务印书馆1979年版，第10页。
② 《圣西门选集》第1卷，王燕生等译，商务印书馆1979年版，第11页。

应事物发展的趋势恢复秩序。他向第三个阶级发出的呼吁是，有财产的人虽然在人数上比你们少得多，但他们的文化却比你们高。为了共同的福利，应当按照文化程度来分配权势。这是圣西门从资产阶级立场总结法国大革命教训得出的结论。因为在他看来，在革命中没有财产的人采取的荒谬措施所引起的饥馑的重担，几乎全都压在了他们自己的身上。“请你们看一看法国的情况，你们的同志在那里进行统治的时候，却给法国造成了饥荒。”① 通过法国大革命，封建贵族已经失去了精神上和政治上的领导能力，无产阶级本身又不具备这种能力，那就应该由科学和工业承担起领导社会的责任：“科学”就是第一个阶级，“工业”就是第二个阶级。社会由科学和工业来领导，实际就是由第一阶级和第二阶级来领导。但正是因为圣西门看到了这两者和第三个阶级之间存在着阶级斗争才要反对阶级斗争。不过在晚年，他已经把无产者视为一个完全特殊的阶级了。但是他只是将无产阶级看作是消极的群众，社会上一部分受苦受难的人，没有也不可能理解这个阶级的历史使命。那么，怎样把“一盘散沙”的实业家重新联合起来？怎样使企业主和工人互相敬爱呢？这个“球”被他一脚踢到了上帝那里，由上帝使工厂主不得不关心工人的贫苦，告诉他，这是他的头等重要的任务，从道德上解救穷人。不过话又说回来了，圣西门所谓三个阶级，在他心目中都是劳动者。他在1819—1820年出版的一本书信论文集中，曾对“组织者”进行了论述。他设想，如果法国一霎时失去三千名这三个阶级中各个职业中的一流人物，这个民族将会变成一具没有灵魂的僵尸，“要想从这种灾难中恢复过来，法国至少需要整整一代人的努力”。② 但如果在同一天不幸失去某某王公大人、全部高官显贵，也会使法国人悲伤，但这“只能使他们纯粹出于感情而感到难过，因为这并

① 《圣西门选集》第1卷，王燕生等译，商务印书馆1979年版，第19页。
② 《圣西门选集》第1卷，王燕生等译，商务印书馆1979年版，第236页。

没有给国家带来任何政治损失”。[1] 因此，“法国的繁荣富强，实际上只能是科学、艺术和工艺进步的成果”。[2] “劳动者”或用他的“术语”说即“实业家”的对立面是那些“游手好闲者”，他们的存在很清楚地证明了“社会组织不够完善”，“现在的社会完全是个是非颠倒的世界”。[3] 因此，他提出的方案是，在新的政治制度下，社会组织的唯一而长远的目的，应当是尽善尽美地运用科学、艺术和工艺的现有知识来满足人们的需要，传播、改进和尽量丰富这些知识。“就是把科学、艺术和工艺方面的一切个别的活动，尽可能有效地结合起来。”“如果人类停止一部分人对另一部分人发号施令，而且组织起来共同去征服自然；如果各国人民相互之间也采取这种办法，那么，人类将会达到什么样的高度是可以判断出来的!”[4] 这也许就是圣西门虽然认识到阶级斗争却又反对阶级斗争的初衷。所以他不止一次地说，不幸就在于企业主向来不关心个人的困苦，也就绝不能得到工人的谅解。为了不再重演法国大革命时期的雅各宾专政，必须对实业家进行正确的教育。

圣西门学说的批判对象，与其说是法国大革命确立的资本主义生产方式，不如说主要是封建制度的残余。恰恰在对封建主义的批判中，他看到了资本主义的发展前景。对封建制度的否定也可以引申出社会主义观念，但这种“社会主义”必然带有资产阶级倾向或农业社会主义特征。不过，圣西门的学说体现了社会不断发展进步的观念。他的“社会主义”只是带有资产阶级倾向，并不具有农业社会主义的特征。他对社会历史的看法是，很久以前，世界是个统一体，曾经是天然平等的：土地不属于任何人，收成是大家的。这里又呈现出“自然状态”的画面。后来，贪婪残酷的人开始掠夺公

① 《圣西门选集》第1卷，王燕生等译，商务印书馆1979年版，第237页。
② 《圣西门选集》第1卷，王燕生等译，商务印书馆1979年版，第238页。
③ 《圣西门选集》第1卷，王燕生等译，商务印书馆1979年版，第239页。
④ 《圣西门选集》第1卷，王燕生等译，商务印书馆1979年版，第243、244页。

共财富。他们竖立了栅栏，圈定了土地。天然的平等逐渐被人为的不平等所代替。随着社会的发展，世界就越来越不平等了，但还没有达到如今这个程度。但是在他看来，卢梭没有理由诅咒现代社会：这个社会既然带来了不平等，可是它又提供了古代人不能想象的那种物质财富！如果人们的双手不对“自然状态”的自然界进行劳动，也就不可能创造出这种物质财富。因此，人类不可能回到社会平等，回到“黄金时代”。社会福利的改善、技术的完善、创造性思想的发展——所有这一切使人更有理由比处于“自然状态”的贫乏的原生世界更团结更幸福。由此得出的结论只能是，真正的“黄金时代”不是在过去，而是在未来。在圣西门看来，没有永恒的真理，同样也没有“自然的”状态。就人类的智力而言，“从来没有停止进步，从来没有向后倒退”。[①] 他在 1813 年写成的《人类科学概论》中指出，历史证明，科学革命和技术革命是交替的，一个接着一个，彼此互为因果。[②] 历史是一个数列，它的所有的项依照确定不变的发展的法则，一个接着一个。要准确地预言未来，首先必须认识历史规律。他认为，人类历史的连续不断的、进化的发展，有时被革命所打断。每一种社会形式都和一定的智力结构相适应，当发生巨大的社会变革时，总是在哲学、信仰和科学概念上也同时发生革命。在 1814 年 12 月出版的《论欧洲社会的组织》一书中，圣西门预言，人类的黄金时代不在我们的后面，就在前头，就在完善的社会制度中；我们的父辈没有见过它，我们的子孙总有一天会见到的。圣西门把整个人类社会的历史划分为原始社会、古希腊罗马的奴隶社会、中世纪神学和封建的社会、从 15 世纪开始的破坏神学和封建体系的时代以及未来的“实业制度”等五个阶段。在他看来，每个阶段中都包含着衰亡的力量和新生的力量这样两个性质完全对立的力量，

---

① 《圣西门选集》第 1 卷，王燕生等译，商务印书馆 1979 年版，第 82 页。
② 《圣西门选集》第 1 卷，王燕生等译，商务印书馆 1979 年版，第 83 页。

它们相互斗争的结果是旧制度的灭亡、新制度的产生。

圣西门的实践纲领是，把由封建制度解体造成的无组织状态转变为实业制度。与此相适应的社会政治变革，应该是政权由封建的社会集团和中间社会集团手中转入实业家和学者手中。在这个过程中，科学将发挥至关重要的作用。在圣西门看来，只有在各门科学系统化之后才能指明一个合理的社会结构，因此要通过统一的原则把无机体、生物界和社会范畴联结起来——这个原则来源于万有引力定律的提醒，在它的原则指导下，认清人是一种“世界的”现象，揭示社会道德组织的各种规律——这将是“新百科全书”。在他看来，18 世纪启蒙学者的那套百科全书从抽象的原则出发，新的百科全书将根据观察和事实；以前的百科全书宣告永恒的真理，新百科全书将提出创造性改造的实证纲领。他对启蒙学说的看法是，启蒙思想家研究抽象的政治，但其实必须从事具体的生产，自由的目的就是生产劳动，关于自由的侈谈应该让位给实业制度。他在 1817 年发表的《给一个美国人的信》中指出：“政治学就是关于生产的科学，也就是以建立最有利于各种生产的事物秩序为目的的科学。”① 实业制度应该用和平的方式来建立。因此，“授权最卓越的实业家总揽全民族的金融大权的行动，亦即是可以采取的最重要的政治措施，这项措施将是整个新社会大厦的基础，将使革命彻底完成和使民族摆脱一切新的动荡”。② “在特别受到尊敬和重视的那些阶级绝对不会甘心情愿地放弃他们的既得利益”的条件下，圣西门在 1823 年 12 月发表的《实业家问答》第一册中指出：“我决不鼓动起义和造反”，暴力手段适用于推翻和破坏某种东西，而且也只能适用于这方面；而为了建设，一句话，为了建立巩固的制度，只能采用和平手段。圣西门对精神权力的历史作用也给予了很高的评价，他把经济

① 《圣西门选集》第 1 卷，王燕生等译，商务印书馆 1979 年版，第 169 页。

② 《圣西门选集》第 2 卷，董果良译，商务印书馆 1982 年版，第 53—54 页。

的发展看成实质上是精神的发展，是智力发展的现象之一。

他去世前的最后一部著作是《新基督教》。据他的弟子罗德里格回忆说，圣西门临终时就曾对此文说过："对中世纪宗教制度的攻击，实质上是证明了一件事情，那就是这个宗教制度不再同实验科学的进步相协调，但由此就说宗教制度应当完全废除，那也是不正确的，只应当使宗教制度与科学的进步协调起来。"① 圣西门所谓"新基督教"实质是从宗教的基本道德中去寻求实业制度的理论基础，用以巩固"科学"和"工业"的地位。他声称，一切道德都来自"人人都应当兄弟相待"这一原则，宗教应当引导社会走向最迅速地改造最贫苦阶级的命运的伟大目的。② 每个社会都应当为改进最贫苦阶级的精神和物质生活方面工作；应当把社会组织得最容易走向这一伟大目标。③ 正是这一点，使圣西门的思想带有了社会主义的色彩。在圣西门生命的最后时刻，他所想到的是，要依靠道德的力量和万能的舆论来维持、推广和保卫这种"新基督教"，采取一切必要的预防措施，使新教义的传播不致引起穷人阶级使用暴力来反对富人的政府。④

圣西门心目中的理想社会是建立在大工业基础上的"协作"体系。但在圣西门看来，一切社会制度——所有制、政治机构，甚至宗教都仅仅具有相对的、历史的意义。圣西门的学说没有谈到超乎时间和空间的符合人的本性的社会制度，⑤ 这与圣西门关于以观察和事实为依据的"实证"思维方式有关。圣西门判断社会进步的标准是，首先它能使社会的大多数人生活得更幸福一些，使他们有最大

---

① 《圣西门选集》第 3 卷，董果良、赵鸣远译，商务印书馆 1985 年版，第 160 页注[1]。

② 《圣西门选集》第 3 卷，董果良、赵鸣远译，商务印书馆 1985 年版，第 167 页。

③ 《圣西门选集》第 3 卷，董果良、赵鸣远译，商务印书馆 1985 年版，第 195 页。

④ 《圣西门选集》第 3 卷，董果良、赵鸣远译，商务印书馆 1985 年版，第 198 页。

⑤ 沃尔金：《论空想社会主义者》，中国人民大学编译室译，中国人民大学出版社 1959 年版，第 249 页。

的可能满足他们最重要的需要；其次在这个社会中最有品德的人有最大的可能性获得较高的社会地位，而不管命运给他安排了一个什么样的出身；再次，它把最多的人团结在一个社会中，使他们拥有最大的力量抵抗外国人；最后，由于它鼓励劳动因而能够出现重大的发明以及文明与科学的最大进步。[①] 圣西门肯定法国大革命是规模非常巨大的历史转折点，但还需要发动一次相应规模的科学革命加以补充。他第一个清楚地看到了经济组织在现代社会事务中的头等重要性，并第一个肯定了经济发展作为社会关系中的一个因素对社会进化具有关键性作用。在这个制度中，从圣西门的著作中，可以看到一个有关未来社会的计划经济的模型——统一的经济计划是圣西门所鼓吹的制度与资本主义生产的无政府状态的一个重大区别。正因如此，他把未来的社会制度称为协作制，但这种协作制并不是以生产资料公有制为前提。他也没有谈到过取消私有制的问题。而从他的整体思想的倾向中可以看到，他对私有制持肯定态度。但他所设想的实业制度有些像国家资本主义，国家成为生产组织，实行劳动义务制和才能等级制，学者掌握精神权力，这些便是圣西门学说的独特之点。在圣西门看来，如果实现了这样的制度，社会的一切阶级就会安居乐业：世俗权力由有财产的人掌握，把选举能够担任人类的伟大领袖职责的权力交给其他人民，把尊重作为付给统治者的工资。[②] “人人应当劳动”——柯尔认为，充分就业的思想就是圣西门首先提出的。[③] 通过“万有引力”使人与人之间相互吸引，从而使社会达到“协作”的境界。但在复辟时期，圣西门的思想发生了很大的转变，即从纯科学转向生产，他研究的对象也从“学者”转向“生产者”“实业家”了。当然，学者并未被排除在

① 沃尔金：《论空想社会主义者》，中国人民大学编译室译，中国人民大学出版社1959年版，第253页。

② 《圣西门选集》第1卷，王燕生等译，商务印书馆1979年版，第22页。

③ G. D. H. 柯尔：《社会主义思想史》第1卷，何瑞丰译，商务印书馆1977年版，第55页。

实业家之外。圣西门一直要读者注意新的实业制度同它以前的一切政治组织制度之间的根本区别。从前，人们是对人发生影响；现在，人们将对物发生影响。这就是说，压迫和剥削必将结束，最大限度地改善除了一双手外便没有其他生活来源的那个阶级的命运，是最主要的目的。在这个问题上，圣西门的思想也具有了无产阶级的倾向。

因生活失意、理想破灭，圣西门于 1823 年 3 月 9 日开枪自杀，结果未遂，只是打瞎了一只眼睛，在被抢救的过程中还在和闻讯赶来的弟子们谈论理论问题。两年后，1825 年 5 月 19 日他在巴黎逝世。在弥留之际，他对自己的弟子们说："你们要记住，为了完成一项伟大的事业，必须具备热情……我终生的全部劳动的目的，就是为一切社会成员创造最广泛的可能来发展他们的才能……在我即将离开人间的时刻，我只能对你们说：用你们的联合力量去完成最伟大的成就的时刻来到了。梨子已经成熟，只等你们去摘。"① 在他逝世之后，圣西门学派开始形成，他的弟子们把他的思想发展成了"圣西门主义"。

• 傅立叶

佛朗斯瓦·玛丽·沙利·傅立叶（1772—1837 年），1772 年 4 月 9 日出生于法国贝臧松的一个富裕的呢绒商家庭。因是家里唯一的男孩，他 16 岁就中断了学业开始学习经商以便继承家业，但一辈子主要是充当经纪人，也没有积攒多少财富——他的许多同行都说，傅立叶过于正直，不适合做买卖。正是这种工作性质使他对资本主义的弊端有了更深刻的认识。他的社会主义学说最突出体现在对资本主义的深刻批判上。他直接以 18 世纪法国唯物主义关于"人类的本性"为基础，把人类的精神分门别类，认为这些具

① 《圣西门选集》第 3 卷，董果良、赵鸣远译，商务印书馆 1985 年版，第 250 页。

有直接的实践意义。“情欲引力”是他揭示社会法典的钥匙，理想的社会制度将是一种使人类的情欲可以获得最充分和最全面满足的制度。沃尔金评论说，就傅立叶关于实现社会理想的观念的空想性来说，他在社会思想史上是无与伦比的，[①] 但空想中蕴含着许多真知灼见。

如果说我们在圣西门那里发现了天才的远大眼光，由于他有这种眼光，后来的社会主义者的几乎所有并非严格意义上的经济学思想都以萌芽状态包含在他的思想中，那么，我们在傅立叶那里就看到了他对现存社会制度所作的具有真正法国人的风趣的，但并不因此就显得不深刻的批判。傅立叶抓住了资产阶级所说的话，抓住了他们的革命前的狂热预言者和革命后得到利益的奉承者所说的话。他无情地揭露资产阶级世界在物质上和道德上的贫困，他不仅拿这种贫困同以往的启蒙学者关于只应由理性统治的社会、关于能给所有的人以幸福的文明、关于人类无限完善化的能力的诱人的诺言作对比，而且也拿这种贫困同当时的资产阶级意识形态家的华丽的词句作对比；他指出，同最响亮的词句相对应的到处都是最可怜的现实，他辛辣地嘲讽这种词句的无可挽救的破产。傅立叶不仅是批评家，他的永远开朗的性格还使他成为一个讽刺家，而且是自古以来最伟大的讽刺家之一。他以巧妙而诙谐的笔调描绘了随着革命的低落而盛行起来的投机欺诈和当时法国商业中普遍的小商贩习气。他更巧妙地批判了两性关系的资产阶级形式和妇女在资产阶级社会中的地位。他第一个表述了这样的思想：在任何社会中，妇女解放的程度是衡量普遍解放的天然尺度。但是，傅立叶最了不起的地方表现在他对社会历史的看法上。他把社会历史到目前为止的全部历程

① 沃尔金：《论空想社会主义者》，中国人民大学编译室译，中国人民大学出版社1959年版，第337页。

分为四个发展阶段：蒙昧、野蛮、宗法和文明。最后一个阶段就相当于现在所谓的资产阶级社会，即从16世纪发展起来的社会制度，他指出：

“这种文明制度使野蛮时代每一个以简单方式犯下的罪恶，都采取了复杂的、暧昧的、两面的、虚伪的存在形式”；

文明时代是在“恶性循环”中运动，是在它不断地重新制造出来而又无法克服的矛盾中运动，因此，它所达到的结果总是同它希望达到或者佯言希望达到的相反。所以，比如说，

“在文明时代，贫困是由过剩本身产生的”。

我们看到，傅立叶是和他的同时代人黑格尔一样熟练地掌握了辩证法的。他反对关于人类无限完善化的能力的空谈，而同样辩证地断言，每个历史阶段都有它的上升时期，但是也有它的下降时期，而且他还把这种考察方法运用于整个人类的未来。正如康德把地球将来会走向灭亡的思想引入自然科学一样，傅立叶把人类将来会走向灭亡的思想引入历史研究。

“最了不起的地方表现在他对社会历史的看法上”是说他的历史观。傅立叶认为，社会发展有上升期，也有下降期，经历了蒙昧、野蛮、宗法、文明等时期。有关他对别的社会的论述暂且不表，他认为他所生活其中的那个社会就是“文明制度”，或者说“资本主义”包含在文明制度之中——尽管当时没有“资本主义”这个概念。不过在他的眼里，这个制度并不“文明”。因此，他无情地揭露了资产阶级世界在物质上和道德上的贫困，也正是这一点决定了傅立叶思想的强烈批判精神。傅立叶认为，法国大革命以后，启蒙学说的幻想都一一破产了。“理智上彷徨失措的种种迹象，特别是社会经济所遭遇的悲惨情景，如贫穷、失业、欺诈成风、海盗行为、商业垄断，骗人为奴，还有我不能列举的其他种种不幸，这一切不禁使人们提出一个疑问：文明化的产业经济是不是上帝为了惩罚人类

而制造出来的一种祸害？这一切都促使我从事我的研究。”[①] 在他看来，这种弊端或那种弊端的根源在于整个文明制度，“而这种制度却正好是各部分弊端的恶性循环”。[②] 这种制度有一种更加突出的破坏性，即“集体利益和个人利益之间的冲突”。他用辛辣的语言刻画出这种制度下形形色色的人们的心态：“医生希望自己的同胞患寒热病；律师则希望每个家庭都发生诉讼；建筑师需要一场大火把一个城市的四分之一化为灰烬；安装玻璃的工人希望下一场冰雹把所有的玻璃打碎；裁缝和鞋匠希望公众用容易褪色的料子做衣服，用坏皮子做鞋子，以便多穿坏两套衣服，多穿坏两双鞋子。”[③] 1825 年爆发第一次资本主义经济危机时，圣西门已经去世，而傅立叶还健在，这也就给他的思想增添了许多新的内容。他意识到贫穷是由富裕造成的，并一再重申，资本主义条件下的“工业品能创造幸福的因素，而不能创造幸福”。[④] 从逻辑上说，把幸福的因素转化为幸福的本身则需要变革社会，具体到傅立叶的方案中，其途径就是用“协作制度”取代“文明制度”。傅立叶关于未来社会的说法多种多样，“协作制度”与“和谐制度”比较常用。

协作制度的劳动组织叫“佛朗吉”——这个词来源于希腊语“队伍”，指严整的步兵队伍，傅立叶以此作为协作制度的基本生产单位，旨在消除资本主义条件下的生产无政府状态。佛朗吉的驻地被称作“法伦斯泰尔”，其基层组织叫“谢利叶”。傅立叶亲自设计和绘制了法伦斯泰尔建筑的草图。这个组织就是集农工商于一体的协作社，以农业为主，以工业作为农业的附属和补充。傅立叶主观地认为，人们对于农业的爱好大于对工业的爱好，所以佛朗吉的全年劳动量应当大部分投入农业中，小部分投入工业上。关于建立这

---

① 《傅立叶选集》第 1 卷，赵俊欣等译，商务印书馆 1979 年版，第 3 页。
② 《傅立叶选集》第 1 卷，赵俊欣等译，商务印书馆 1979 年版，第 81 页。
③ 《傅立叶选集》第 1 卷，赵俊欣等译，商务印书馆 1979 年版，第 122 页。
④ 《傅立叶选集》第 1 卷，赵俊欣等译，商务印书馆 1979 年版，第 124 页。

个组织的指导思想，傅立叶也有许多不同的说法，但比较全面的是四项原则：劳动引力，均衡分配，阶级融合，人口平衡。[①]“劳动引力”是说劳动过程要要符合人的天然“情欲”，使其得到肉体上和精神上的满足，引起他们的热忱，由此使工作变成一种乐趣，同时保证人民能够持久地努力从事劳动以偿还预付给他们的最低生活资料，因此，理论工作者的任务就是“通过分析与综合来研究情欲引力，以便发现它是否会提供劳动引力的动力”。[②] 佛朗吉中有许多谢利叶即兴趣小组。傅立叶认为，在这种制度下，人不再受社会分工的束缚，能够经常变换工种和岗位；劳动者通过劳动竞赛互争高低。“均衡分配”即“达到在收入上的极度公正和充分和谐以及使每个人都能按照他们的三种手段——劳动、资本和才能获得充分的报酬”。[③] 他所设计的分配方案是劳动的收入至少应占利润的5/12，而且还可考虑把它的份额提高一些，即按这样的比例：劳动收入占利润的3/6，资本收入占利润的2/6，才能收入占利润的1/6。可见，他并不主张废除资本家的私有财产，也不主张实现不同社会阶级之间的平等。由此引申出来的“阶级融合”就是将富人、中产者和穷人都吸引到谢利叶中来，资本家既是佛朗吉的股东，也是参与者，通过劳动引力实现他们之间的融合。“人口平衡”即防止人口过剩，因此要确定“消费者人数与生产力的比例”。[④] 他要求既要保持高度富裕和财富逐渐增长，又要保证居民大众最低限度的生活，为此，他提出了“计划生育”的设想：通过四种手段——妇女身体强健、美食制度、爱色的习俗、全面的锻炼——的结合，使“生殖的可能性和不怀孕的可能性将向着与现有方式相反的方向转化，就是说，不是担心人口过剩，而只是担心人口不足”。[⑤] 他的“均衡分配”和

① 《傅立叶选集》第2卷，赵俊欣等译，商务印书馆1981年版，第52页。
② 《傅立叶选集》第1卷，赵俊欣等译，商务印书馆1979年版，第87页。
③ 《傅立叶选集》第2卷，赵俊欣等译，商务印书馆1981年版，第173页。
④ 《傅立叶选集》第2卷，赵俊欣等译，商务印书馆1981年版，第209页。
⑤ 《傅立叶选集》第2卷，赵俊欣等译，商务印书馆1981年版，第213页。

"人口平衡"的观点并没有什么科学依据，但是当今欧洲发达资本主义国家却实现了这两个方面的目标。这说明他的设想并不是"歪打正着"，而是在很大程度上合乎了资本主义自身的逻辑，并"猜测"到社会发展的一些规律。在傅立叶看来，以家庭为单位的耕种土地的方式中，农业完全没有得到技术上的改进。私有者和农民的小经济没有必要的资本，不能改善机械装备，不进行必要的改良土壤的工作，不能保证充分施肥和实行正确的轮种。虽然私有者的劳动比雇佣工人的劳动吸引人，但是只有在大的经济单位，而不是在孤立的家庭经济中，人才能获得节约和机械化的全部好处。小农经济在农业中占统治地位，必然引起农业贫困。当然，这些问题也需要在"佛朗吉"中得到解决。

傅立叶一生未婚，无儿无女，但这并不妨碍他对爱情和家庭的深刻理解，由此他也属于现代妇女解放运动的先驱者之列。他晚年身体多病，但顽强地拒绝任何帮助和服侍。1837 年 10 月 10 日的清晨，他在巴黎的住宅的女看门人发现傅立叶已经死在卧室里。他的墓碑上刻下了这样的墓志铭：谢利叶支配和谐，引力与天意相适应。这是他一生矢志不渝的追求，也是对他的全部理论的集中概括。

• **欧文**

罗伯特·欧文（1771—1858 年），1771 年 5 月 14 日出生于英国威尔士纽汤镇的一个手工业者家庭，父亲是个马具师兼营铁器。欧文只读了几年小学，从 10 岁起就离开家乡闯荡谋生，从商店的学徒做起，一步一步成长为纺织企业主和纺织工业专家。在"三个空想主义者"中，只有欧文的思想具有一些共产主义因素。和前两位相比，欧文的理论水平稍逊一筹，他的事迹主要是社会改良的实践。

当革命的风暴横扫整个法国的时候，英国正在进行一场比较平静，但是并不因此就显得缺乏力量的变革。蒸汽和新的工具机把工场手工业变成了现代的大工业，从而使资产阶级社会的整个基础发生了革命。工场手工业时代的迟缓的发展进程转变成了生产中的真正的狂飙时期。社会越来越迅速地分化为大资本家和一无所有的无产者，现在处于他们二者之间的，已经不是以前的稳定的中间等级，而是不稳定的手工业者和小商人群众，他们过着动荡不定的生活，是人口中最流动的部分。新的生产方式还处在上升时期的最初阶段；它还是正常的、适当的、在当时条件下唯一可能的生产方式。但是就在那时，它已经产生了明显的社会弊病：无家可归的人挤在大城市的贫民窟里；一切传统的血缘关系、宗法从属关系、家庭关系都解体了；劳动时间，特别是女工和童工的劳动时间延长到可怕的程度；突然被抛到全新的环境中的劳动阶级，从乡村转到城市、从农业转到工业、从稳定的生活条件转到天天都在变化的毫无保障的生活条件的劳动阶级，大批地堕落了。这时有一个29岁的厂主作为改革家出现了，这个人具有像孩子一样单纯的高尚的性格，同时又是一个少有的天生的领导者。罗伯特·欧文接受了唯物主义启蒙学者的学说：人的性格是先天组织和人在自己的一生中，特别是在发育时期所处的环境这两个方面的产物。社会地位和欧文相同的大多数人都认为，工业革命只是便于浑水摸鱼和大发横财的一片混乱。欧文则认为，工业革命是运用他的心爱的理论并把混乱化为秩序的好机会。当他在曼彻斯特领导一个有500多工人的工厂的时候，就试行了这个理论，并且获得了成效。从1800年到1829年，他按照同样的精神以股东兼经理的身份管理了苏格兰的新拉纳克大棉纺厂，只是在行动上更加自由，而且获得了使他名闻全欧的成效。新拉纳克的人口逐渐增加到2500人，这些人的成分原来是极其复杂的，而且多半是极其堕落的分子，可是欧文把这个地方变成了一个完善的模范移民区，在这里，酗酒、警察、刑事法官、诉讼、贫困救济和慈善事业都绝迹了。而他之所以能做到这点，只是由于他使人生活在比较合乎人的尊严的环境中，特别是让成长中的一代受到精心的教育。他发明了并且第一次在这里创办了幼儿园。孩子们满一周岁以后就进幼儿园；他们在那里生活得非常愉快，父母几乎领不回去。欧文的竞争者迫使工人每天劳动13—14小时，而在新拉纳克工人只劳动10小时半。当棉纺织业危机使工厂不得不停工四个月的时候，歇工的工人还继续领取全部工资。虽然如此，这个企业的价值还是增加了一倍多，而且直到最后一直给企业主们带来丰厚的利润。

欧文对这一切并不感到满足。他给他的工人创造的生活条件，在他看来还远不是合乎人的尊严的，他说，"这些人都是我的奴隶"；他给他们安排的比较良好的环境，还远不足以使人的性格和智慧得到全面的合理的发展，更不用说允许进行自由的生命活动了。

"可是，这2500人中从事劳动的那一部分人给社会生产的实际财富，在不到半个世纪前还需要60万人才能生产出来。我问自己：这2500人所消费的财富和以前60万人本来应当消费的财富之间的差额到哪里去了呢?"

答案是明白的。这个差额是落到企业所有者的手里去了，他们除了领取5%的创业资本利息以外，还得到30万英镑（600万马克）以上的利润。新拉纳克尚且如此，英国其他一切工厂就更不用说了。

"没有这些由机器创造的新财富，就不能进行推翻拿破仑和保持贵族的社会原则的战争。而这种新的力量是劳动阶级创造的。"

因此，果实也应当属于劳动阶级。在欧文看来，到目前为止仅仅使个别人发财而使群众受奴役的新的强大的生产力，提供了改造社会的基础，它作为大家的共同财产只应当为大家的共同福利服务。

欧文的共产主义就是通过这种纯粹商业的方式，作为所谓商业计算的果实产生出来的。它始终都保持着这种面向实际的性质。例如，在1823年，欧文提出了通过共产主义移民区消除爱尔兰贫困的办法，并附上了关于筹建费用、年度开支和预计收入的详细计算。而在他的关于未来的最终计划中，对各种技术上的细节，包括平面图、正面图和鸟瞰图在内，都作了非常内行的规划，以致他的社会改革的方法一旦被采纳，则各种细节的安排甚至从专家的眼光看来也很少有什么可以挑剔的。

转向共产主义是欧文一生中的转折点。当他还只是一个慈善家的时候，他所获得的只是财富、赞扬、尊敬和荣誉。他是欧洲最有名望的人物。不仅社会地位和他相同的人，而且连达官显贵、王公大人们都点头倾听他的讲话。可是，当他提出他的共产主义理论时，情况就完全变了。在他看来，阻碍社会改革的首先有三大障碍：私有制、宗教和现在的婚姻形式。他知道，他向这些障碍进攻，等待他的将是什么：官方社会的普遍排斥，他的整个社会地位的丧失。但是，他并没有却步，他不顾一切地向这些障碍进攻，而他所预料的事情果然发生了。他被逐出了官方社会，报刊对他实行沉默抵制，他由于以全部财产在美洲进行的共产主义试验失败而变得一贫如洗，于是他就直接转向工人阶级，在工人阶级中又进行了30年的活动。当时英国的有利于工人的一切社会运动、一切实际进步，都是和欧文的名字连在一起的。例如，经过他五年的努力，在1819年通过了限制工厂中妇女和儿童劳动的第一个法律。他主持了英国工会的第一次代表大会，在这次大会上，全国各工会联合成一个工会大联盟。同时，作为向完全共产主义的社会制度过渡的措施，一方面他组织了合作社（消费合作社和生产合作社），这些合作社从这时起至少已经在实践上证明，无论商人或厂主都决不是不可缺少的人物；另一方面他组织了劳动市场，即借助以劳动小时为单位的劳动券来交换劳动产品的机构；这种机构必然要遭到失败，但是充分预示了晚得多的蒲鲁东的交换银行，而它和后者不同的是，它并没有被说成是医治一切社会弊病的万灵药方，而只是被描写为激进得多的社会改造的第一步。

19世纪前半叶的英国社会主义中心人物的特点并不在他有独创的哲学思想或卓越的文学成就，而在他们的人格力量和不倦的改革活动。[①] 欧文也具有这个特点，他的生平事迹主要体现在社会改良的实践上，而他的理论基础则是对“人的性格”的认识。欧文在管理工厂时就发现，厂区脏乱差，工人打架斗殴，酗酒闹事。这引起了他对“人的性格”的注意。在他写作《新社会观，或论人类性格的形成》的1812—1813年，他看到英国的贫民和劳动阶级的人数已经超过了1500万，接近总人口的3/4了，但是“这一部分人的性格现在是相当普遍地任其形成而没有加以适当的指引或教导的；许多人的环境还直接驱使他们走上极其邪恶和极其悲惨的道路，使他们成为帝国的最邪恶和最危险的臣民”。“处于这种不幸境地的首先是贫民和劳动阶级中没有受过教育的浪子”，“其次便是其余的人民群众”。[②] 这个认识不仅来源于启蒙思想，也是他在长期经营企业中观察研究的心得。欧文并没有把这种性格形成的原因归结为贫民和劳动者本身，而是归因于环境，环境又由制度造成，由此他把批判的对象聚焦于资本主义制度本身。在他看来，这种人的性格是各种教育和政治制度错误产生的后果。当然，他本人也唯心地将这种错误归因于人们对人性的完全愚昧无知。和大多数同时代的社会主义者一样，欧文的改革方案也无非是逐步废除或修改“不智的法律”，或者通过良好的教育塑造人的性格。但他的方案并没有仅仅停留在口头上，也没有停留在他为此付出的努力上，比如，在工厂建立工人子弟的托儿所、幼儿园，创办工人夜校，而是设想建立一种新的制度。在他看来，这种变革和迄今所发生的任何一次变革都不相同，“那些革命只能产生并引起一切仇恨和报复的邪恶情欲，但是，我们现在所拟定的制度则将有效地根除人类一切愤怒和恶意的感情”。[③] 和圣西门、傅立叶一样，面对资本主义生产方式带来的阶级斗争和

---

① 马克斯·比尔：《英国社会主义史》（上卷），何新舜译，商务印书馆1959年版，第146页。

② 《欧文选集》第1卷，柯象峰等译，商务印书馆1979年版，第12页。

③ 《欧文选集》第1卷，柯象峰等译，商务印书馆1979年版，第123页。

生产的无政府状态，欧文心目中的新社会也是一个和谐社会，或用他本人的话说叫“新社会体系”。

欧文看到了工业革命在英国社会各领域产生的影响。一方面，他从“人性”的观点认识到了这个革命的负面效应：“工业体系对不列颠帝国的影响已经广泛到使人民群众的一般性格发生根本变化的程度。”“农民那种比较可喜的纯朴性格就将从我们当中完全消失。”① 社会矛盾弊端也由此产生。在1816年的一次集会上，欧文指出，机械动力的巨大增长正在使手工业工人的劳动成为多余，事实上，机器，正像莫尔的《乌托邦》很久以前所谈到的绵羊那样，正在吃人。在这种情况下，解决问题的途径无非有三种，一是机器的使用必须缩减，但后果是国家社会遭到毁灭；二是让机器保持现状，那么后果就是千百万人民就必然要挨饿。欧文并没有使自己的思想停留在卢德派——即19世纪英国手工业者为破坏纺织机器而组成的集团——的水平上，在他看来，也只有第三条道路是解决问题的唯一出路：“必须为失业劳动阶级找到有益的职业，并使机器服从他们的劳动，而不要像现在这样用机器来替代他们的劳动。”② 另一方面，他也看到了生产力的发展带来的积极作用：“经验使我们认为这些生产力对于社会和个人都可以作更有利的运用，并且可以很容易地被用来迅速消除劳动贫民目前的苦难，使国家达到空前未有的繁荣。”③ 他的计划是，把穷人安置在一些他称为“合作新村”的主要从事农业生产的新公社里，但这一建议引来了7条反对意见：穷人品德堕落，难以通力合作；人们只愿为个人的利益操劳，不愿为共同的福利尽力；不可能找到足够的善于管理各个新村的人员；共同生活将产生划一的呆板性格；整个计划花费过多；这些新村的生产将同现有的工农业发生竞争，从而最终加剧市场的萧条；新村将大

① 《欧文选集》第1卷，柯象峰等译，商务印书馆1979年版，第135页。
② 《欧文选集》第1卷，柯象峰等译，商务印书馆1979年版，第180页。
③ 《欧文选集》第1卷，柯象峰等译，商务印书馆1979年版，第199—200页。

大增加人口，以致共同挨饿。[①] 欧文对此的答复是：穷人并不具备堕落的特征；为公共的利益工作，可以不用发狂的干劲就提供利益，劳动成为“适度的但有效的”，由于这种原因，那就不难找到合适的监督人员，因为负责的人将不必去调和许多横向冲突的利益，而是只要从旁帮助一项共同的努力；至于说到“划一的呆板的性格”，恰恰相反，一种真正的教育，以及在一个职业各有不同的公社里的幸福生活将产生形形色色被现有制度一股脑儿灭掉的特征和性质。[②] 1817 年，欧文积极地参加了关于失业及消除失业的措施等问题的讨论。他反对一切治标的办法，主张组织劳动新村或劳动公社，但不摧毁现有制度的基础。这个思想不知不觉地在他的意识中发展为根据新原则改造整个社会的计划。在他看来，公社制度是完全适应人类本性的制度，并将公社说成是一种“新社会体系”。1820 年，他的理想社会体系具备了完整的形式。为了用事例证明自己的思想切实可行，欧文决意组织示范公社。

欧文在担任新拉纳克一家大型棉纺企业的厂长时就开始了他的改良试验。1815 年，欧文提出禁止工厂雇用 12 岁以下儿童、限定工作时间为每天 12 小时，以及规定给那些谋求进厂工作的人提供最低程度的教育，教育费用由政府支付的法案，结果遭到了激烈的反对。《欧文传》的作者、英国学者玛格丽特·柯尔认为，如果欧文是个更杰出的政治活动家，他就会恍然大悟，知道自己正在造成一种策略上的严重错误。他依靠自己独立收集到的证据，作为一个反对同业大多数厂主的证人挺身而出，那些证据由于是匆匆走访时汇集的，没有得到确证，因此在一两件事情上他肯定是搞错了。事实上，他给含有敌意的盘诘留下了可乘之机；他把很多毫无关联的材料也给

---

① 玛格丽特·柯尔：《欧文传》，何世鲁、马爱农译，商务印书馆 1995 年版，第 117 页。

② 玛格丽特·柯尔：《欧文传》，何世鲁、马爱农译，商务印书馆 1995 年版，第 117—118 页。

扯进去了。[①] 这个说法表明，西方的一些学者在研究社会主义的问题上严重脱离了“物质利益”和“阶级立场”。欧文的提案损害了资本家阶级的利益，而不在于一两个证据是否属实。正是因此，欧文的改革才屡屡受阻，难以推广，这也使他在不断总结经验的基础上逐步认识到社会改革的障碍所在。但是，欧文并没有放弃自己的计划。1824 年，他抱着这个目的出发到了美国，在那里和他的拥护者建立了“新和谐”共产主义移民区。但实验仅仅维持 4 年便以失败告终。自 1832 年到 1834 年，欧文又进行了两次社会试验。一是组织生产，在生产领域建立合作社；二是组织流通，在流通领域组织公平交换市场。这两大试验反映出欧文对改造社会步骤的看法。其理论基础是“劳动价值论”。他认为，“从原则上讲，人类劳动或人类所运用的体力与脑力的结合是自然的价值的标准”。“根据同样原理，人类平均劳动或平均能力是可以确定的。它既是一切财富的本质，它在每项产品中的价值可以确定，它同其他价值的交换价值也可以随之确定出来。”[②] 在社会主义思想史上，欧文第一次提出工人享有自己的全部劳动产品的观点，认为新的强大的生产力将为改造资本主义提供物质基础，这已大大超过了以往的社会主义者。而且他认为，在理性的制度下，财富的分配将是一切生活问题中最简单的问题，即按需分配。在他的影响和推动下，英国组织起大约三百个生产合作社和消费合作社。但在资本主义的残酷竞争中，这些合作社都相继破产。同时他也组织了工会运动，试图通过工会掌管生产，改造资本主义社会，但也同样没有取得成功。当工人阶级从失败中重新振作起来之后，他们把精力投入政治途径，投入反新济贫法和支持“人民宪章”的斗争。在伟大的空想主义者中间，欧文也是唯一试图把社会主义改造问题和工人运动联系起来的人，不过由

① 玛格丽特·柯尔：《欧文传》，何世鲁、马爱农译，商务印书馆 1995 年版，第 98 页。

② 《欧文选集》第 1 卷，柯象峰等译，商务印书馆 1979 年版，第 310 页。

于理论的不足而遭到失败。欧文对宪章主义者的主要观点持支持态度，但却对运动本身进行了抵制。这不仅仅是因为他反对政治斗争和群众运动，恐怕也是宗派主义情绪使然。但是，无论是宪章派还是19世纪中叶的合作派都没有在放弃欧文的策略时忘记他们从他那里学到的理想主义的课程。此后很久，其长子戴尔·欧文能够正确地写道："罗伯特·欧文的原则是当前大部分工人阶级以这种或那种形式表达出来的真实信念。"① 欧文试验的失败说明，在人类社会发展的特定时期，只有资本主义生产方式适应于这个时期的生产力解放和发展的要求。和这个生产方式产生的社会制度背道而驰的"儿童免费教育、社员免费医疗、商店供应社员的一切必需品"的欧文式的试验属于不识时务，即使无产阶级革命取得胜利以后在相当长的时期内也难以实现。因此，这个时期的"共产主义"的意义并不在于作为一种资本主义的替代方案进行实践，而是在于对资本主义矛盾和弊端起到某种纠正和制约的作用。

说欧文的思想具有共产主义因素只能从他对私有制的批判上加以理解。改革实践屡遭挫折使他认识到阻碍社会改革的三大障碍。1826年7月4日，欧文有感而发并出版了《思想独立宣言》，该宣言称："我现在向你们以及全世界宣告：人类到目前为止，已在世界各地成为最可怕的三种罪恶的奴隶，这些罪恶合在一起会使整个人类遭受精神和肉体上的不幸。""我指的是私人或个人财产——荒谬的和不合理的宗教体系——以及建立在个人财产和某种不合理的宗教体系之上的婚姻。"② 他将这些罪恶称为"三种谬见"。欧文坚信人的性格由社会造成，并断言教会是宣传人类的一切得由自己负责这一错误理论的主要喉舌。欧文对婚姻制和家庭生活制的批判态度

① 玛格丽特·柯尔：《欧文传》，何世鲁、马爱农译，商务印书馆1995年版，第199页。

② 玛格丽特·柯尔：《欧文传》，何世鲁、马爱农译，商务印书馆1995年版，第153—154页。

与他主张尽可能实行全面的公社生活制有关。另外，在他看来，现存的家庭形式和婚姻制度不是建立在爱情的基础上，而是通过登记和在教会举办仪式而受制于国家和教会。在1842—1844年的《新道德世界书》中，他对这“三种谬见”又进行了深刻的批判。就宗教而言，他看到，“僧侣阶级首先采取最有效的手段去制造恶习，并迫使人们学坏，而在达到它的目的以后，又变换手法，说什么‘人就其本性来说是有罪的’”。因此，“以往所教的一切神学，世界目前所知的一切神学，不但无益，而且有害”。[①] 他提出的改革办法是，分步骤废除僧侣制度，销毁一切制造缺乏理性的神学著作。就所有制而言，他认为私有财产过去和现在都是人们所犯的无数罪行和所遭的无数灾祸的根源，所以人们应该欢迎新纪元的来临。“私有财产还在不同方面损害着私有者的性格”，“使人们的思想彼此疏远”。在合理组织的社会里，私有财产将不复存在。[②] 就婚姻而言，欧文指出：“只要人类还分成各个独立的家庭，每家都有私有财产，家庭成员可以占有或分得家中的财产，自然法就不可能发生作用。”他的设想是组织公社这种统一的大家庭，每个成员将尽其职能彼此团结互助，而公社与公社之间也以同样的方式联结起来。“这种联合家庭是崭新的人类社会组织的基层单位，人人在其中都将获得新的思想、新的感情、新的精神，并具有与旧世界的人类完全不同的品行。”[③] 欧文的“联合大家庭”并不是要废除“小家庭”，而是指一种协作的生产组织。在他看来，“受过个体制度熏陶的家庭实际上建立在迷信的基础上，没有获得相互忍耐和宽容的道德品质，而这些道德品质是为在全体成员中促进充分信任与和谐的气氛中所必不可少的，如果没有它们，任何公社都无法生存”。[④] 协作组织将使每个家庭

① 《欧文选集》第2卷，柯象峰等译，商务印书馆1981年版，第2—3页。

② 《欧文选集》第2卷，柯象峰等译，商务印书馆1981年版，第11、12、13页。

③ 《欧文选集》第2卷，柯象峰等译，商务印书馆1981年版，第23页。

④ 玛格丽特·柯尔：《欧文传》，何世鲁、马爱农译，商务印书馆1995年版，第155—156页。

"永远洋溢着和平的气氛，到处是欢乐的活动，到处有丰裕的财富，货币将变成废物"。[①] 到那时，"将具有一切手段去培养人们的高尚性格，能用适当的方式在人的一生中按照每个人的天赋才能和力量去利用人们的体、智、德、行的特性"。[②]

欧文观察任何事物，都以阶级合作和团结为出发点而反对阶级斗争。他力图证明，只有工人和资产阶级的联合才是拯救本国的唯一出路。他大力宣扬资本家也是生产者的说法，认为工人对资本家应该表示友好的宽容而不应该敌视。当欧文投身于社会主义宣传工作的时候，工人阶级还没有组织起来，也没有意识到团结可以给他们带来力量。总的来说，他们既没有受过教育，也得不到帮助。当时的国家完全是寡头政治的组织，并且是一个压迫和镇压的工具——战争、警察和赋税机构。一切有关公共福利的改进和社会正义性质的东西都不认为是国家的事情。从他所观察到的现象中自然得出结论，人民的拯救必须依靠一位具有自我牺牲精神的救星，一位英雄的教育家和组织者，他会利用科学开发出来的资源为工人阶级谋利益。但有组织的工人始终没有接受纯粹的欧文主义。工人阶级的领袖人物只采取了欧文学说的某些部分，同时也赞同要求社会改革的激进运动。他们相信，只有借助于政治力量才可以使劳动群众实现合作社会。合作社会主义思想的中心是伦敦合作社，它建立于 1824 年秋，目的在于"组成一个以互相合作为原则的社团"，使"劳动的全部产品归劳动者所有"。[③]

欧文把一生都献给了他所追求的理想和事业，直到临终之际还忠于自己的信仰，坚持自己的基本原则。他以 87 岁高龄在利物浦发表了平生最后一次讲演——事实上刚讲几句话便支持不住，主持人

---

① 《欧文选集》第 2 卷，柯象峰等译，商务印书馆 1981 年版，第 23 页。

② 《欧文选集》第 2 卷，柯象峰等译，商务印书馆 1981 年版，第 25 页。

③ 马克斯·比尔：《英国社会主义史》（上卷），何新舜译，商务印书馆 1959 年版，第 168 页。

赶紧打断了他的讲演，着人把他送回住地。此后便一病不起，在他的执意要求下被送回阔别多年的家乡。在他弥留之际，本地牧师来到他的床边打算给他一些宗教的安慰。欧文以最坚决的态度表示拒绝。当牧师问他是否由于白白虚耗了一生的精力而后悔时，他傲然回答说："我的一生没有白过；我把重要的真理告诉了世界，我已经跑在时代的前面，只不过因世人理解不够才未予重视罢了。"1858年11月16日，欧文在家乡纽汤镇的老房子里为当地制定了一项关于教育的规划，并和这天才从美国匆匆赶回的长子戴尔·欧文见了最后一面，17日早晨6时25分左右说了一句大家都能听清楚的话："可以解脱了。"6时45分左右，欧文与世长辞。

宣传和典型示范是空想社会主义者改造社会的主要手段。除年轻时曾帮助农民获得一些土地外，圣西门只是注重"研究和宣传"并没有什么"典型示范"，而傅立叶和欧文则乐此不疲。1832年，傅立叶终于有了一次进行佛朗吉试验的机会。法国众议院议员、富翁博德-杜拉利，在塞纳-瓦兹省的康迪拨出一块土地，发起组织股份公司，从事"协作移民区"试验。但由于资金有限和组织不健全，就连通常的生产—消费合作社也没有建成，试验在当年就失败了。而傅立叶则认为，失败的原因是因为他的指示没有一个被执行，而且他们提出的组织协作社的一切原则都遭到最粗暴的破坏。[①] 这个事件以及由此产生的失望情绪，给傅立叶学说带来了极为严重的消极影响，一些信徒就此离开了傅立叶派。后来，他的弟子们根据傅立叶关于佛朗吉的设想又在美洲进行了试验，结果除了个别的例外，平均寿命都没有超过两年。欧文本人更是直接来到美洲进行共产主义和谐新村试验。1824年他变卖了部分家产，带着儿子和信徒来到美国，花了15万美元买下了一个移民村，非常大度地邀请"各国勤奋的好心肠的人"前来加入这个"新谐和公社"，短期内便吸引了

① 阿·鲁·约安尼相：《傅立叶传》，汪裕荪译，商务印书馆1961年版，第106页。

近千人。但事与愿违，这些人并不都是“好心肠”，少数人出于参与共产主义试验的高尚动机，而多数人则是好吃懒做，前来揩油，由此便埋下了失败的种子。果然，仅仅四年工夫，试验便一败涂地，为此欧文几乎倾家荡产。村落之内，“特有的共产主义被完全抛弃了。私营商店和工场代替了公社企业，酒店又神气十足地开起来，小的竞争和斤斤计较的买卖支配了欧文曾经希望使之成为人们全体子孙后代亲如手足的起点的那个地方”。[①] 不消细说，正是这种生产方式和交换方式适用于那个时代的美国社会。在“新谐和公社”失败以后，欧文又去美国三次，每次都专门作了社会主义宣传。即便如此，欧文主义者公社的平均寿命也不过两年多一点。

空想主义者的见解曾经长期支配着19世纪的社会主义观点，而且现在还部分地支配着这种观点。法国和英国的一切社会主义者不久前都还信奉这种见解，包括魏特林在内的先前的德国共产主义也是这样。对所有这些人来说，社会主义是绝对真理、理性和正义的表现，只要它被发现了，它就能用自己的力量征服世界；因为绝对真理是不依赖于时间、空间和人类的历史发展的，所以，它在什么时候和什么地方被发现，那纯粹是偶然的事情。同时，绝对真理、理性和正义在每个学派的创始人那里又是各不相同的；而因为在每个学派的创始人那里，绝对真理、理性和正义的独特形式又是由他们的主观知性、他们的生活条件、他们的知识水平和思维训练水平所决定的，所以，解决各种绝对真理的这种冲突的办法就只能是它们互相磨损。由此只能得出一种折中的不伦不类的社会主义，这种社会主义实际上直到今天还统治着法国和英国大多数社会主义工人的头脑，它是由各学派创始人的比较温和的批判性言论、经济学原理和关于未来社会的观念组成的色调极为复杂的混合物，这种混合

① 希尔奎特：《美国社会主义史》，朱立人译，商务印书馆1974年版，第53页。

物的各个组成部分，在辩论的激流中越是磨去其锋利的棱角，就像溪流中的卵石一样，这种混合物就越容易构成。为了使社会主义变为科学，就必须首先把它置于现实的基础之上。

从1516年莫尔发表《乌托邦》到1848年马克思恩格斯合作发表《共产党宣言》，这332年都属于“长期”的范围；“现在”至少说的是《社会主义从空想到科学的发展》发表之际；“支配着”是空想社会主义的影响和历史地位的体现。其实“后来”空想社会主义也没有销声匿迹，而是转变为其他形态继续存在，也可以说一直流传到“今天”——这是后话。这种长期性和资本主义的发展阶段相适应，这种历史地位由它的历史贡献所决定。

在理论上，它的贡献表现为提供了一套社会主义理论框架。霍布斯鲍姆认为它“从总体上提供了一种资产阶级社会批判，提供了一种历史理论的提纲，提供了社会主义不仅可以实现，而且呼唤这一历史时刻的信心，提供了许多关于人类在这样一种社会中将采取哪些制度安排（包括个人行为）的思考”。① 这就是说，早期社会主义者已经搭建起社会主义理论的框架，概括地说就是“问题、目标、道路”——“问题”就是资本主义的矛盾和弊端，“目标”就是资本主义的替代方案，“道路”就是解决“问题”、实现“目标”的手段；并且在这些问题上为后人准备了思想材料。科学社会主义虽然取代了空想社会主义，但是它的主要内容也是关于这些问题的说明；其他社会主义流派也是围绕这些概念而展开。所谓“空想”是说它建立在唯心史观基础上，是从“自然状态”、抽象的人性和伦理道德或者说从“应然”而不是“实然”出发建构起来的学说体系，所以并不具有科学的特征；空想社会主义者相信，用纯粹的思想意识的

① 埃里克·霍布斯鲍姆：《如何改变世界》，吕增奎译，中央编译出版社2014年版，第29页。

号召就能够“变革”物质关系——在那个“长期”时间内，社会主义理论也只能表现为这种形式。

在实践上，它的贡献表现为首开社会主义运动之先河。科学社会主义继承了其中的革命传统——从闵采尔到摩莱里再到巴贝夫。所谓“空想”，道理很简单，即在实践上也没有取得成功。它所处的历史方位——资本主义生产方式的简单协作和工场手工业阶段，也造成了工人运动的自发性和分散性，而且那时的工人只注重自己的眼前利益和局部利益；工人阶级内部的竞争也导致社会主义运动四分五裂；这种状况反映在思想意识上便是派系林立。这在客观上要求整合各种力量，统一思想，把社会主义运动置于本阶级的政党的领导之下。但“无产者组织成为阶级，从而组织成为政党这件事，不断地由于工人的自相竞争而受到破坏”。但是，也正是由于前人的不断努力，“这种组织总是重新产生，并且一次比一次更强大、更坚固、更有力”。[①] 这种组织终于发展成为共产党。

资本主义自身的发展最终为无产阶级完成“这件事”创造了条件。如果说，无产阶级分散自发地反对资产阶级的斗争产生的是空想社会主义的话，那么无产阶级有组织地反对资产阶级的革命斗争则是科学社会主义的历史起点和逻辑起点。19 世纪上半叶，英国率先完成了工业革命，法国、德国等主要资本主义国家紧随其后。工业革命的完成，在推动资本主义生产方式由工场手工业到机器大工业转变的同时，也推动了无产阶级由自在的阶级到自为的阶级的转变，使他们登上世界历史舞台。与此同时，当时的社会也产生了开展国际共产主义运动的客观条件和迫切要求。创建共产党的过程也呼唤着一种新的科学的世界观和理论作为党领导运动的指导思想，由此便产生了社会主义从空想到科学发展的必然性。但是，“为了使

---

① 马克思、恩格斯：《共产党宣言》，《马克思恩格斯选集》第 1 卷，人民出版社 2012 年版，第 409—410 页，第 410 页。

社会主义变为科学，就必须首先把它置于现实的基础之上”。这里所说的“现实”，主要是指资本主义的新发展以及无产阶级在共产党的领导下开展的有组织的反对资产阶级的革命斗争。无产阶级已经逐步认识到，早已产生和存在的社会主义思想和运动只有建立在这个“现实”基础上才有出路；反映和适应这个“现实”的社会主义思想才称得上“科学”。“置于”就是“结合”。但“置于”需要“工具”，需要制造和使用这个“工具”用来武装工人阶级的头脑。马克思、恩格斯因创立了唯物史观和剩余价值学说，并以此为理论基础，实现了社会主义从空想到科学的发展，从而成为科学社会主义的创始人；更重要的是，他们把这种工具交给了现代无产阶级，赋予了他们推翻资产阶级政治统治、变生产资料私有制为社会所有、把自身从资本和资本主义生产关系的束缚下解放出来、实现自由而全面发展的历史使命。为了理解这个转变过程，本书的第二章叙述了科学社会主义的理论基础。

二、理论基础篇

这一章是关于科学社会主义理论基础的叙述。科学社会主义本身就是理论，因此所谓理论基础指的是世界观和方法论，并非科学社会主义基本原理。如果从狭义上理解科学社会主义的话，那么它与马克思主义的世界观和方法论的关系就是哲学和具体科学的关系。空想社会主义和科学社会主义都属于社会主义。所谓“空想”和“科学”的区别并不是指二者分属于社会主义历史进程中的前后两个阶段，而是体现在世界观和方法论的分野上。这也意味着，社会主义实现从空想到科学的发展以后，空想社会主义仍然有存在的理论基础。一般来说，科学社会主义建立在唯物史观的基础之上，而空想社会主义虽然也具有唯物主义的思想传统，但在社会历史认识领域基本上持唯心史观的见解。而且马克思在成为“马克思主义者”前所接受的共产主义目标，并不是来源于对资本主义性质和发展的分析，而是来源于一种关于人性和人类命运的哲学论证——事实上是一种救世论的论证。① 并不是说他们反对唯物史观，而是说在早期社会主义者生活的时代还不曾有这样一种世界观。唯物史观的产生是工业革命之后的事情。它的创始人是马克思和恩格斯。但是，他们创立唯物史观也离不开对人类思想成果的继承，最主要的是得益于德国的辩证法。

在此期间，同18世纪的法国哲学并列和继它之后，近代德国哲学产生了，并且在黑格尔那里完成了。它的最大的功绩，就是恢复了辩证法这一最高的思维形式。古希腊的哲学家都是天生的自发的辩证论者，他们中最博学的人物亚里士多德就已经研究了辩证思维的最主要的形式。而近代哲学虽然也有辩证法的卓越代表（例如笛卡尔和斯宾诺莎），但是特别由于英国的影响却日益陷入所谓形而上学的思维方式；18世纪的法国人也几乎全都为这种思维方式所支配，至少在他们的专门哲学著作中是如此。可是，在本来意义的哲学之外，他们同样也能够写出辩证法的杰作；我们只要提一下狄德罗的《拉摩的侄子》和卢梭的《论人间不平等的起源》就够了。——在这里，我们就简略地谈谈这两种思维方法的实质。

开篇这一自然段，相当于一部西方哲学简史。“在此期间”，也就是18世纪。与18世纪法国伟大的启蒙学者们相并列，德国的古典哲学在思想界独领风骚，并在黑格尔那里“恢复了辩证法这一最

① 埃里克·霍布斯鲍姆：《如何改变世界》，吕增奎译，中央编译出版社2014年版，第109页。

高的思维形式”。再追根溯源，这部分则勾画出了辩证法从古希腊到近代的家谱。但是，与辩证法相对立的形而上学思维方式在这个过程中也发挥着影响，因此，了解辩证法也要相应地了解形而上学。

辩证法，有两重含义。其一是古代的“辩论术”，说得直白一点就是“诡辩”，所谓“白马非马”“鸡三足”是之。而真正意义上的辩证法则是一种以普遍联系、永恒发展的眼光认识世界的思维方法。除了辩证法，还有“形而上学”的思维方式，这为接下来讨论二者的对立埋下了伏笔。就辩证法这一体系，这里提到了亚里士多德、笛卡尔、斯宾诺莎，也提到了狄德罗的《拉摩的侄子》和卢梭的《论人间不平等的起源》，虽然这两本书并不是“本来意义”的哲学著作，但是其中也贯穿着辩证法的思维。

亚里士多德（前 384—前 322 年）不过是众多古希腊哲学家的一个代表人物。亚里士多德认为知识起源于感觉，由此他抛弃了他的老师柏拉图关于感觉不可能是真实知识的源泉的论断，使其思想包含了一些唯物主义的因素。他认为世界是由各种“形式”与“质料”和谐一致的事物所组成的：“质料”是事物组成的材料——相当于“内容”，“形式”则是每一件事物的个别特征。在具体事物中，没有无质料的形式，也没有无形式的质料，质料与形式的结合过程，就是潜能转化为现实的运动——这便是自发的辩证法的思想。亚里士多德在哲学上最大的贡献是创立了形式逻辑。他在研究方法上，习惯于对过去和同时代的理论持批判态度，提出并探讨理论上的盲点，使用演绎法推理，用三段论的形式论证。

笛卡尔（1596—1650 年），法国哲学家，被誉为现代哲学第一人。他的著名命题便是“我思故我在”。在他看来，所有物质的东西，都是为同一机械规律所支配的机器，甚至人体也是如此。同时他又认为，除了机械的世界外，还有一个精神世界存在，这种“二元论”的观点后来成了欧洲人的根本思想方法。而荷兰哲学家**斯宾诺莎**（1632—1677 年）则是“一元论”者或“泛神论”者。他认为宇宙间只有一种实体，即作为整体的宇宙本身，“上帝”和宇宙实际是一回事，不仅仅包括了物质世界，还包括了精神世界。“上帝”通过“自然法则”主宰世界，由此物质世界中发生的每一件事都有其必然性；世界上只有“上帝”拥有完全自由，人虽可以试图去除外在的束缚，但却永远无法获得自由意志。

狄德罗（1713—1784 年），法国启蒙思想家、唯物主义哲学家、作家，百科全书派的代表人物。他出身于朗格勒市的一个小资产阶级家庭，父亲是个技艺高超的制刀匠。他从小接受基督教教育，先后在朗格勒和巴黎的耶稣会学校读书。1729 年进入巴黎大学学习，并于 1732 年获得文学学士学位。在此期间，他半工半读学习，靠给牧师写讲道词赚钱维持生计。毕业后他也无固定职业，在巴黎从事著述。1746 年，他出版的《哲学思想录》被法院查禁，后来又因发表反对宗教的言论被投入监狱。出狱后狄德罗不余遗力地从事百科全书的编辑出版并成为百科全书派的领袖。《拉摩的侄子》又译为《拉摩的侄儿》，是狄德罗的一部对话体小说，创作于 1762 年，至 1799 年定稿，但在作者生前并未发表。据说黑格尔也很欣赏这部小说。拉摩的侄子在书中是个流浪汉、统治阶级的帮闲，因此低三下四，任人作践；但他又坦率耿直，无情地唾骂、鄙视醉生梦死的上层社会。在他身上，才智与愚蠢，高雅与庸俗，疯狂与沉静，正确思想与错误思想，卑鄙低劣与光明磊落奇怪地融为一体。然而，金钱是产生文化的一种力量，而拉摩的侄子为了获得社会的承认，成了财富的奴隶，经历了自我异化后，最终变成了一个守财奴。财富成了主人，而拉摩的侄子却沦为一个小丑。这是对早期资本主义社会产生的典型人物的嘲讽。作者对当时法国社会众生的刻画和辛辣的评论不仅反映了封建制度下人与人的真实关系，而且揭示了正在成长中的资产阶级社会的心理特征。卢梭的思想已简单介绍过，此处不再赘述。这里重点提及狄德罗和卢梭的著作，意在引导人们按照辩证法的思维去考察资本主义的发展，也为理解辩证法在唯物史观形成过程中所起的作用提供线索。刚才介绍的是哲学家，接下来叙述的是观点。

当我们通过思维来考察自然界或人类历史或我们自己的精神活动的时候，首先呈现在我们眼前的，是一幅由种种联系和相互作用无穷无尽地交织起来的画面，其中没有任何东西是不动的和不变的，而是一切都在运动、变化、生成和消逝。所以，我们首先看到的是总画面，其中各个细节还或多或少地隐藏在背景中，我们注意得更多的是运动、转变和联系，而不是注意什么东西在运动、转变和联系。这种原始的、素朴、但实质上正确的世界观是古希腊哲学的世界观，而且是由赫拉克利特最先明白地表述出来的：一切都存在而又不存在，因为一切都在流动，都在不断地变化，不断地生成和消逝。但是，这种观点虽然正确地把握了现象的总画面的一般性质，却不足以说明构成这幅总画面的各个细节；而我们要是不知道这些细节，就看不清总画面。为了认识这些细节，我们不得不把它们从自然的或历史的联系中抽出来，从它们的特性、它们的特殊的原因和结果等等方面来分别加以研究。这首先是自然科学和历史研究的任务；而这些研究部门，由于十分明显的原因，在古典时代的希腊人那里只占有从属的地位，因为他们首先必须为这种研究搜集材料。只有当自然和历史的材料搜集到一定程度以后，才能进行批判的整理和比较，或者说进行纲、目和种的划分。因此，精确的自然研究只是在亚历山大里亚时期的希腊人那里才开始，而后来在中世纪由阿拉伯人继续发展下去；可是，真正的自然科学只是从15世纪下半叶才开始，从这时起它就获得了日益迅速的进展。把自然界分解为各个部分，把各种自然过程和自然对象分成一定的门类，对有机体的内部按其多种多样的解剖形态进行研究，这是最近400年来在认识自然界方面获得巨大进展的基本条件。但是，这种做法也给我们留下了一种习惯：把各种自然物和自然过程孤立起来，撇开宏大的总的联系去进行考察，因此，就不是从运动的状态，而是从静止的状态去考察；不是把它们看做本质上变化的东西，而是看做固定不变的东西；不是从活的状态，而是从死的状态去考察。这种考察方式被培根和洛克从自然科学中移植到哲学中以后，就造成了最近几个世纪所特有的局限性，即形而上学的思维方式。

人类在由原始状态进入文明社会以后，也自觉地开始了对自然界和社会的思考。大到浩瀚无垠的宇宙苍穹，小到生活中的鸡毛蒜皮，再到人们的各种关系和思想，这些自然的、社会的和精神的现象无不引起人们的强烈好奇和兴趣。每天早晨醒来，人们都会看到一个大千世界，日月星辰、风雨雷电、河流山川，这些事物的存在状态便在人们的头脑中形成了一种观念：普遍联系，永恒发展。再用这种观念观察和认识事物就形成了辩证法的思维方式。但这只是一种原始朴素的辩证法。

这种方法在这部著作中追溯到了亚里士多德之前的古希腊的赫拉克利特。赫拉克利特，据文献记载，“是布吕孙的儿子，或者按照另一种传统说法，是爱非斯人赫拉贡德的儿子。他的鼎盛年约在第69届奥林匹亚赛会时”，即公元前504—前501年。[①] 先别管他是谁的儿子，柏拉图记载说，赫拉克利特在某个地方说，一切皆流，无物常住；他把万物比作一道川流，断言我们不能两次走下同一条河。艾修斯记载说，赫拉克利特否认宇宙间是静止和常住不变的，因为这种状态只有包含着死亡；他认为万物都在运动：永恒的事物永恒地运动着，暂时的事物暂时地运动着。亚里士多德也有记载说，任何人都不能设想同一事物既存在又不存在，像有些人认为赫拉克利

① 北京大学哲学系外国哲学史教研室编译：《古希腊罗马哲学》，生活·读书·新知三联书店1957年版，第14页。

特所主张的那样。[1] 这些说法在赫拉克利特的著作残片中找到了依据，比如他说太阳每天都是新的；我们走下而又不走下同一条河，我们存在而又不存在。[2] 这种思维方法在文明社会形成之际实际也为世界上每个民族所共有。比如在与此同时的古代中国的春秋战国时期，这种思维方法就已经达到了很高的水平。《易经》通篇贯穿着辩证法，“易”就是变。但是非常遗憾，由于不懂汉语，也许还有其他什么原因，恩格斯对此并没有提及。

辩证法讲究运动、转变和联系。可是一旦在头脑中形成了这些概念，就容易忘记是什么东西在运动、转变和联系。更重要的是，即使知道了是什么东西，也不能说明运动、联系和转变的细节和机理。苹果熟透了如果没人去摘，它肯定会自己掉下来，这个道理人人都懂，是生活常识。但它为什么会“掉”下来而不会“升”上去，不要说古人，就是今天如果没有一点物理学知识的人也不可能说出个所以然。当年——两千多年以前，有两孩童“辩日”，一小儿说，太阳早晨离我们最近，因为它又大又红；另一小儿说，是中午最近，因为它照得我们滚烫。官司打到了孔老夫子那里，结果老人家也不能断定谁是谁非。圣人既不是生而知之，更不是无所不知。由此便产生出科学研究的动力。但是真正的自然科学诞生于15世纪以来的科学革命中。科学革命是文艺复兴运动的组成部分。近代自然科学的产生，就是文艺复兴时期的一项伟大的成就，也是人类科学史上的一场革命，它突出体现为举起科学的旗帜反叛教会，不仅推动了生产力的发展，也为新的世界观和方法论的诞生提供了自然科学的依据。

说到科学研究，不论是自然科学还是社会科学，都要遵循三个步骤，即记述、分类、说明。其中记述是一切知识得以展开的基础。

---

① 北京大学哲学系外国哲学史教研室编译：《古希腊罗马哲学》，生活·读书·新知三联书店1957年版，第17页。

② 北京大学哲学系外国哲学史教研室编译：《古希腊罗马哲学》，生活·读书·新知三联书店1957年版，第27页。

因此可以说，历史学在史前时代就产生了——东汉许慎的《说文解字》云："史，记事者也。"——在文字产生之前便有了结绳记事的方法。马克思、恩格斯的说法更为准确："我们仅仅知道一门唯一的科学，即历史科学。"① 这个说法出自《德意志意识形态》的一个脚注，并没有在正文中出现，也许听起来比较武断或由于其他什么原因，被马克思和恩格斯给删掉了。但是，恩格斯在《卡尔·马克思〈政治经济学批判·第一分册〉》中再次重申了这个观点："凡不是自然科学的科学都是历史科学。"② 其实从人们观察研究方法的角度来说，自然科学也是历史科学。一句话，首先要"记述"，这就是材料的收集、知识的积累过程。只有在材料收集到一定的程度时，才能进行分门别类；在分门别类的基础上，再说明各门类的状态、性质以及相互关系等，从而深化对事物的认识。但是，正是因为有了"分类"，"类"便从"联系"和"过程"中被独立或抽象出来了：只见树木，不见森林。按照这个方法，对个别树种可以发表长篇大论，而对于森林的生态便无话可说了。这种方法是具体科学的研究方法，科学家只是在他的研究领域才是权威。一旦跨出自己熟悉的领域便会立刻成为"外行"。但是，如果把这种方法上升到哲学的高度，变成一种世界观和方法论，使其成为认识事物的普遍准则，那就具有局限性了。这种局限性来自"形而上学"的思维方式。

形而上学也有两重含义。其一是说"形上之学"，从这个角度说它是研究观念和信仰的一门学问。这里用的是它的第二种含义，即与辩证法相对立的一种思维方式。但是，没有分门别类就不可能有具体科学的产生。我要知道梨子的滋味就必须亲口尝一尝，为此就必须把它从树上摘下来，也只有这样才能对它有深入的了解。但这

---

① 马克思、恩格斯：《德意志意识形态》，《马克思恩格斯选集》第 1 卷，人民出版社 2012 年版，第 146 页。

② 恩格斯：《卡尔·马克思〈政治经济学批判·第一分册〉》，《马克思恩格斯选集》第 2 卷，人民出版社 2012 年版，第 8 页。

样一来，梨子在我的眼里就暂时脱离了和梨树的联系，以至于把它视为孤立之物；我没有吃完，把它放在了果盘里，以为它处在了静止的状态，怎么会想到它会随着地球的转动而“坐地日行八万里”呢?

在形而上学者看来，事物及其在思想上的反映即概念，是孤立的、应当逐个地和分别地加以考察的、固定的、僵硬的、一成不变的研究对象。他们在绝对不相容的对立中思维；“是就是，他们的说法是：不是就不是；除此以外，都是鬼话”。在他们看来，一个事物要么存在，要么就不存在；同样，一个事物不能同时是自身又是别的东西。正和负是绝对互相排斥的，原因和结果也同样是处于僵硬的相互对立中。初看起来，这种思维方式对我们来说似乎是极容易理解的，因为它是合乎所谓常识的。然而，常识在日常应用的范围内虽然是极可尊敬的东西，但它一跨入广阔的研究领域，就会碰到极为惊人的变故。形而上学的考察方式，虽然在相当广泛的、各依对象性质而大小不同的领域中是合理的，甚至必要的，可是它每一次迟早都要达到一个界限，一超过这个界限，它就会变成片面的、狭隘的、抽象的，并且陷入无法解决的矛盾，因为它看到一个一个的事物，忘记它们互相间的联系；看到它们的存在，忘记它们的生成和消逝；看到它们的静止，忘记它们的运动；因为它只见树木，不见森林。例如，在日常生活中，我们知道并且可以肯定地说，某一动物存在还是不存在；但是，在进行较精确的研究时，我们就发现，这有时是极其复杂的事情。这一点法学家们知道得很清楚，他们为了判定在子宫内杀死胎儿是否算是谋杀，曾绞尽脑汁去寻找一条合理的界限，结果总是徒劳。同样，要确定死亡的那一时刻也是不可能的，因为生理学证明，死亡并不是突然的、一瞬间的事情，而是一个很长的过程。同样，任何一个有机体，在每一瞬间都既是它本身，又不是它本身；在每一瞬间，它消化着外界供给的物质，并排泄出其他物质；在每一瞬间，它的机体中都有细胞在死亡，也有新的细胞在形成；经过或长或短的一段时间，这个机体的物质便完全更新了，由其他物质的原子代替了，所以，每个有机体永远是它本身，同时又是别的东西。在进行较精确的考察时，我们也发现，某种对立的两极，例如正和负，既是彼此对立的，又是彼此不可分离的，而且不管它们如何对立，它们总是互相渗透的；同样，原因和结果这两个概念，只有应用于个别场合时才有其本来的意义；可是，只要我们把这种个别的场合放到它同宇宙的总联系中来考察，这两个概念就交汇起来，融合在普遍相互作用的看法中，而在这种相互作用中，原因和结果经常交换位置；在此时或此地是结果的，在彼时或彼地就成了原因，反之亦然。

辩证法与形而上学的区别在于，前者讲联系，后者讲孤立；前者讲发展，后者讲静止。但是在人们的日常生活中，还确实离不开形而上学，否则便无法认识个别事物。“子在川上曰，逝者如斯夫。”这就是人不能同时踏进同一条河流的缘故，但人们在同一个地点只需架设一座桥梁足矣。其实也没有哪个哲学家公开宣称要用“孤立静止、一成不变”的眼光看待世界。只不过这种观念自觉或不自觉地隐藏在他们的研究过程中并体现在结论上而已。所以，“在进行较精确的研究时，我们就发现，这有时是极其复杂的事情”。辩证法和形而上学也没有清晰的界限，而且在研究具体事物时，辩证法和形而上学两种思维方法都能派上用场。但是要说到世界观，那就涉及对世界的总的看法和根本观点了。撇开自然科学不谈，假如说要把眼前的资本主义社会放在历史的长河中加以考察，则需要辩证法作为这种最高的思维形式了。认为资本主义从来就有，一成不变，和其他社会没有任何联系，显然说不过去，也和历史的事实产生了严重的冲突。认为它本身也处于辩证的运动过程之中，就是一种世界观；揭示出它的联系发展细节，就是具体科学——狭义的科学社会主义的任务。科学社会主义既然以资本主义生产方式为研究对象，必然要借助于辩证法这种思维方式。

所有这些过程和思维方法都是形而上学思维的框子所容纳不下的。相反，对辩证法来说，上述过程正好证明它的方法是正确的，因为辩证法在考察事物及其在观念上的反映时，本质上是从它们的联系、它们的联结、它们的运动、它们的产生和消逝方面去考察的。自然界是检验辩证法的试金石，而且我们必须说，现代自然科学为这种检验提供了极其丰富的、与日俱增的材料，并从而证明了，自然界的一切归根到底是辩证地而不是形而上学地发生的；自然界不是循着一个永远一样的不断重复的圆圈运动，而是经历着实在的历史。这里首先就应当提到达尔文，他极其有力地打击了形而上学的自然观，因为他证明了今天的整个有机界，植物和动物，因而也包括人类在内，都是延续了几百万年的发展过程的产物。可是，由于学会辩证地思维的自然科学家到现在还屈指可数，所以，现在理论自然科学中普遍存在的并使教师和学生、作者和读者同样感到绝望的那种无限混乱的状态，完全可以从已经发现的成果和传统的思维方式之间的这个冲突中得到说明。

尽管日常生活中既需要辩证法也需要形而上学，但二者确实属于相互对立的思维方式：普遍联系、永恒发展与孤立静止、一成不变难以调和。说“自然界是检验辩证法的试金石”，是指关于辩证法的观念不过是自然界本身存在状态在人们头脑中的反应，或者说，自然界自身就充满辩证法。这不是在用辩证法证明辩证法，而是说自然科学的最新成果在不断确证，关于联系、变化、运动和发展的观念和自然规律相符合。既然辩证法是对整个自然界状态的一种抽象，那么这种辩证法显然便是一种“物”的辩证法了。按照这个思路，再深入下去，就涉及“什么东西”在联系、转化和发展了。当然，自然界是否有“历史”的问题先按下不表。

因此，要精确地描绘宇宙、宇宙的发展和人类的发展，以及这种发展在人们头脑中的反映，就只有用辩证的方法，只有不断地注意生成和消逝之间、前进的变化和后退的变化之间的普遍相互作用才能做到。近代德国哲学一开始就是以这种精神进行活动的。康德一开始他的学术生涯，就把牛顿的稳定的太阳系和太阳系经过有名的第一推动后的永恒存在变成了历史的过程，即太阳和一切行星由旋转的星云团产生的过程。同时，他已经作出了这样的结论：太阳系的产生也预示着它将来的不可避免的灭亡。过了半个世纪，他的观点由拉普拉斯从数学上作出了证明；又过了半个世纪，分光镜证明了，在宇宙空间存在着凝聚程度不同的炽热的气团。

这里再一次用自然科学的最新成果证明了辩证法的科学性，即符合事物本身运动的法则。恩格斯在自然科学方面也具有深厚的造诣，他所列举的案例涉及近代天文学、物理学等诸多学科，对今天的专业工作者来说也许是常识或已被证伪了，但对大多数读者来说仍然会感到陌生。笔者没有这些方面的知识储备，更不具有将其通俗化的能力。我国北宋历史学家司马光主持撰写的《资治通鉴》也有这个特点，即涉及面之广使有些内容已超出一般读者的理解能力范围。宋元之际学者胡三省在为这部巨著所作的注释中，要求读者像饥渴者面对一条大河一样，“充其量”即可。对阅读这部著作也只能提出这个要求，只要有这个印象就足够了：辩证法是关于自然、社会和人们思维规律的科学。

这种近代德国哲学在黑格尔的体系中完成了。在这个体系中，黑格尔第一次——这是他的伟大功绩——把整个自然的、历史的和精神的世界描写为一个过程，即把它描写为处在不断的运动、变化、转变和发展中，并企图揭示这种运动和发展的内在联系。从这个观点来看，人类的历史已经不再是乱七八糟的、统统应当被这时已经成熟了的哲学理性的法庭所唾弃并最好尽快被人遗忘的毫无意义的暴力行为，而是人类本身的发展过程，而思维的任务现在就是要透过一切迷乱现象探索这一过程的逐步发展的阶段，并且透过一切表面的偶然性揭示这一过程的内在规律性。

格奥尔格·威廉·弗里德里希·黑格尔（1770—1831年），是19世纪德国唯心论哲学的代表人物之一，曾任柏林大学校长。他小圣西门10岁，所以和圣西门属于同代人。一般认为，黑格尔哲学体系的形成，标志着19世纪德国唯心主义哲学发展的顶峰，因此说“这种近代德国哲学在黑格尔的体系中完成了”。他的思想，对后世包括马克思主义在内的许多哲学流派都产生了重要的影响。他的伟大功绩是把世界理解为一个过程，并向人们昭示，人类历史能够为辩证法所正确理解，理性的曙光已经显现。有了辩证法，历史的轨迹将会清晰地展示在世人面前。但是，这里也显然为下文埋下伏笔：“企图揭示这种运动和发展的内在联系”只能说这是黑格尔创立辩证法体系的主观动机，“企图”一语道破，他并没有完成这个任务。也就是说，黑格尔只是提出了问题，并没有真正解决问题。但黑格尔则自认为解决了这个问题：“这种运动和发展的内在联系”不就是对立统一、量变质变、否定之否定吗？现在的问题是，“什么东西”对立统一、量变质变、否定之否定？提出问题便是解决问题的一半，即使没有解决，这个动机本身就有重要的解放思想意义。接下来的事情，就交给后人来做了。

马克思是黑格尔辩证法的继承者。但他在1872年第二版的《资本论》“跋”中指出：“我的辩证方法，从根本上来说，不仅和黑格尔的辩证方法不同，而且和它截然相反。在黑格尔看来，思维过程，即甚至被他在观念这一名称下转化为独立主体的思维过程，是现实事物的创造主，而现实事物只是思维过程的外部表现。我的看法则相反，观念的东西不外是移入人的头脑并在人的头脑中改造过的物质的东西而已。”“辩证法在黑格尔手中神秘化了，但这决没有妨碍他第一个全面地有意识地叙述了辩证法的一般运动形式。在他那里，辩证法是倒立着的。必须把它倒过来，以便发现神秘外壳中的合理内核。”① 美国学者诺曼·莱文认为，马克思的这个论述是说，他没有继承黑格尔的体系，而是继承了黑格尔的方法。他颠倒了黑格尔，“将黑格尔的主要原则从思想转换到了方法论，通过方法论去理解社会形态”。在《资本论》中，马克思完成了这个重要使命，即证明“合理内核”如何作为一种解释社会的方法论。② 为解释社会，马克思“从黑格尔那里借用一些特定的方法论范畴”，但是“他利用黑格尔这些范畴的目的与黑格尔使用这些范畴的目的是不同的，而这种不同正是马克思与黑格尔之间断裂的缘由之一”。西方学者所谓“断裂”，严格地说应该叫“扬弃”或“批判地继承”。这些说法其实也没有多少新意，所表述的观点不过是马克思本人的思想，或者是学术界的共识。但是，莱文的研究不止于此，而是非常具体地列举和讨论了马克思从黑格尔那里借用的众多范畴之中的八个范畴：生产方式、历史性、有机体、普遍性—特殊性、本质、内在发展、关系、抽象—具体。③ 对马克思来说，不仅仅是借用，更重要的是继承辩证法的革命思想并对此加以改造：“辩证法，在其合理形态上，引起资产阶级及其空论主义代言人的恼怒和恐怖，因为辩证法在对现存事物的肯定理解中同时包含对现存事物的否定的理解，即对现存事物必然灭亡的理解；辩证法对每一种既成的形式都是从不断运

---

① 马克思：《〈资本论〉1872年第二版跋》，《马克思恩格斯选集》第2卷，人民出版社2012年版，第93、94页。

② 诺曼·莱文：《马克思与黑格尔的对话》，周阳、常佩瑶、吴剑锋、任广璐译，中国人民大学出版社2016年版，第361页。

③ 诺曼·莱文：《马克思与黑格尔的对话》，周阳、常佩瑶、吴剑锋、任广璐译，中国人民大学出版社2016年版，第369页。

动中，因而也是从它的暂时性方面去理解；辩证法不崇拜任何东西，它是批判的和革命的。”①

即使马克思表达得非常清晰，就马克思和黑格尔之间思想观点的一致与对立仍然是学术界不断探讨的一个话题。德国学者伊林·费彻尔对此提出了四个论题，其中之一是“从现实出发来解释作为通向现实之道路的欧洲历史”。他认为，马克思和黑格尔的共同点是，他们对历史的阐释只有在他们所处的时代才成为可能，而不是归结于自己的远见卓识。对于黑格尔来说，这个时代的优越性在于，从此时开始，继莱布尼茨、康德、费希特和谢林之后，有可能把希腊哲学和基督教启示概括综合到一种“绝对知识”之中，这种综合使理性与现实的调和成为可能。对马克思而言，在这个时代，一方面工业资本主义按照历史发展趋势产生出了统一的世界市场、统一的世界文化和世界社会；另一方面世界范围内的、潜在的团结的阶级工业无产阶级形成了，这使得把迄今为止的世界历史解释为世界革命产生的先决条件成为可能。② 也可以这样说，黑格尔所说的“精神”，在马克思那里则转化成了“资本”。这里再一次涉及了“什么东西”运动和发展的问题。

列宁对辩证法尤其是马克思恩格斯的辩证法给予了高度的评价。他认为，就辩证法而言，它“是活生生的、多方面的（方面的数目永远增加着的）认识，其中包含着无数的各式各样观察现实、接近现实成分（包含着从每个成分发展成整体的哲学体系），——这就是它比起‘形而上学的’唯物主义来所具有的无比丰富的内容，而形而上学的唯物主义的根本缺陷就是不能把辩证法应用于反映论，应

---

① 马克思：《〈资本论〉1872 年第二版跋》，《马克思恩格斯选集》第 2 卷，人民出版社 2012 年版，第 94 页。

② 费彻尔：《马克思与马克思主义：从经济学批判到世界观》，赵玉兰译，北京师范大学出版社 2009 年版，第 9—10 页。

用于认识的过程和发展”。[①] 可见，在列宁心目中，只要是辩证法，就比形而上学的唯物主义要高明。就马克思恩格斯的辩证法而言，列宁认为，像发展观念、进化观念，“按马克思和恩格斯依据黑格尔哲学所作的表述，要比一般流行的进化观念全面得多，丰富得多。发展似乎是在重复以往的阶段，但它是另一种方式重复，是在更高的基础上重复（‘否定之否定’），发展是按所谓螺旋式，而不是按直线式进行的；发展是飞跃式的、剧变式的、革命式的；‘渐进的中断’；量转化为质；发展的内因来自对某一物体、或在某一现象范围内或某一社会内发生作用的各种力量和趋势的矛盾或冲突；每种现象的一切方面（而且历史在不断地揭示出新的方面）相互依存，极其密切而不可分割地联系在一起，这种联系形成统一的、有规律的世界运动过程，——这就是辩证法这一内容更丰富的（与通常的相比）发展学说的若干特征”。[②]

理解马克思和黑格尔辩证法之间差异的目的，在于理解马克思主义辩证法的唯物主义性质和彻底革命性。

黑格尔的体系没有解决向自己提出的这个任务，这在这里没有多大关系。他的划时代的功绩是提出了这个任务。这不是任何个人所能解决的任务。虽然黑格尔和圣西门一样是当时最博学的人物，但是他毕竟受到了限制，首先是他自己的必然有限的知识的限制，其次是他那个时代的在广度和深度方面都同样有限的知识和见解的限制。但是，除此以外还有第三种限制。黑格尔是唯心主义者，就是说，在他看来，他头脑中的思想不是现实的事物和过程的或多或少抽象的反映，相反，在他看来，事物及其发展只是在世界出现以

① 列宁：《谈谈辩证法问题》，《列宁选集》第 2 卷，人民出版社 2012 年版，第 559—560 页。

② 列宁：《卡尔·马克思》，《列宁选集》第 2 卷，人民出版社 2012 年版，第 422—423 页。

前已经以某种方式存在着的“观念”的现实化的反映。这样，一切都被头足倒置了，世界的现实联系完全被颠倒了。所以，不论黑格尔如何正确地和天才地把握了一些个别的联系，但由于上述原因，就是在细节上也有许多东西不能不是牵强的、造作的、虚构的，一句话，被歪曲的。黑格尔的体系作为体系来说，是一次巨大的流产，但也是这类流产中的最后一次。就是说，它还包含着一个无法解决的内在矛盾：一方面，它以历史的观点作为基本前提，即把人类的历史看做一个发展过程，这个过程按其本性来说在认识上是不能由于所谓绝对真理的发现而结束的；但另一方面，它又硬说它自己就是这种绝对真理的化身。关于自然和历史的无所不包的、最终完成的认识体系，是同辩证思维的基本规律相矛盾的；但是，这样说决不排除，相反倒包含下面一点，即对整个外部世界的有系统的认识是可以一代一代地取得巨大进展的。

至于黑格尔哲学体系为什么没有解决问题，原因有三。前两条很好理解，可以一带而过。但还是要补充几句。每个人的知识和能力固然有限，但这种知识和能力能否提高不仅取决于个人的天赋和努力程度，更受制于时代环境和历史条件。在一个“地球是宇宙的中心、太阳围绕地球旋转”俨然是一个“常识”的社会里，突然有人说：不对，恰恰相反！说这话的人一定会被认为是异教徒或神经病，那种观点显然是异端邪说，那人也必然要为此付出惨痛的代价——而这个社会的大多数人甚至不知道什么是宇宙。这种“限制”带来的后果是个性的压抑、人格的分裂和思想的僵化。因此，这两条提醒人们不仅个人即使是一个时代，其认识水平和知识都极为有限，思想的解放、理论的创新是一个永无止境的历史过程——“要为真理而斗争”。但这里重点讨论的是第三条，即黑格尔哲学体系的唯心性质：在他那里一切都被头足倒置了。辩证法强调联系和发展，但在唯物主义看来，物质决定意识，因此所谓联系和发展不过是

“物”的联系和发展，这些概念不过是对现实事物和过程的反映和抽象。而在黑格尔那里则恰恰相反：“观念”先于世界而存在。好像他的前辈费希特就有个说法，即大自然有一个隐秘的计划。问题产生了：“观念”是什么？这样，上帝的存在就有了预留的空间。说到上帝必然涉及宗教。作为一种文化，宗教教义也是早期社会主义的一种思想来源。许多早期社会主义者看似笃信宗教，但其内心世界的真实想法只有上帝才知道，这也许就是双重人格的表现。其实连资产阶级思想家都看得非常清楚，统治阶级的成员普遍不信仰宗教，但他们坚持一种观点，认为宗教对民众是必需的，任何企图在底层阶级中散布不信仰宗教的观点必须予以禁止。宗教被视为使穷人守秩序听指挥的一件宝贵工具。① 对于社会底层的群众来说，宗教信仰也只能说是一种无可奈何之举。说得客观些，宗教只是对唯物主义或科学所不能揭示的现象产生的原因的一种假说，以用来填补人们心中认识上的空白。黑格尔是否从内心深处信仰上帝也无人知晓，但是“观念”先于“世界”则是意识第一性、意识决定物质的另一种说法，是典型的唯心主义观念。正因为他所说的联系发展的实体不是现实的世界而是某种观念，因此他的辩证法便是唯心主义辩证法，是“观念”的辩证法而不是“物”的辩证法。当然，也不能把黑格尔想象得那样愚蠢，似乎在他看来人类的知识可以凭空产生或先天存在。黑格尔本人的学问也是通过教育所获得，也是人类知识的积累，或者说也是来源于实践经验的总结，作为伟大思想家他不会不意识到这一点。而据莱文的研究，其实黑格尔的某些思想已经接近唯物史观的边缘。但是，这种唯心主义的表现并不在于是否承认上帝的存在，而是说“观念”在黑格尔那里因已经完成了对世界的认识而固定化甚至僵化了，完全脱离了火热的社会生活。他的思想体系已经成为一种“思辨哲学”。按照辩证法的观念，时间和空间

---

① J. B. 伯里：《思想自由史》，周颖如译，商务印书馆 2012 年版，第 107 页。

的无限性决定了世界的永恒发展过程，所以只要有人类存在，对世界的认识就不会停息。迄今为止，人类社会的文明史也不过七八千年，即使人们完全认识了这个过程的发展规律，也不能说就一劳永逸地解决了今后七八千年的社会发展问题，何况还有没发现的其他星球的生命呢；即便人类已经达到了宇宙的边缘，那还有边缘以外呢。即使黑格尔的辩证法是绝对真理，也不过是无限之中的“有限”，不可能把无限的世界塞在他的有限的体系内。由此决定他的辩证法具有两重属性：“运动、变化、转变和发展”的观念具有革命性，而将其辩证法看做是最终完成的关于自然和历史的认识体系则具有保守性。如果“上纲上线”的话，导致这种两重性的原因在于黑格尔的政治立场：封建社会将和以前一切更早的社会制度一样被抛到垃圾堆里去，这是革命；而代替封建社会的资本主义将实现永恒，这是“历史的终结”，是保守。要克服黑格尔哲学体系的这种局限性，不仅要恢复辩证法这种最高思维形式，继承其革命性，更要恢复唯物主义的权威。那句被无数人引用过的话又回响在人们的耳边：“可是地球仍在转动啊!”

一旦了解到以往的德国唯心主义是完全荒谬的，那就必然导致唯物主义，但是要注意，并不是导致18世纪的纯粹形而上学的、完全机械的唯物主义。同那种以天真的革命精神简单地抛弃以往的全部历史的做法相反，现代唯物主义把历史看做人类的发展过程，而它的任务就在于发现这个过程的运动规律。无论在18世纪的法国人那里，还是在黑格尔那里，占统治地位的自然观都认为，自然界是一个沿着狭小的圆圈循环运动的、永远不变的整体，牛顿所说的永恒的天体和林耐所说的不变的有机物种也包含在其中。同这种自然观相反，现代唯物主义概括了自然科学的新近的进步，从这些进步来看，自然界同样也有自己的时间上的历史，天体和在适宜条件下生存在天体上的有机物种都是有生有灭的；至于循环，即使能够存在，其规模也要大得无比。在这两种情况下，现代唯物主义本质上都是辩证的，而且不再需要任何凌驾于其他科学之上的哲学了。一旦对每一门科学都提出要求，要它们弄清它们自己在事物以及关于事物的知识的总联系中的地位，关于总联系的任何特殊科学就是多余的了。于是，在以往的全部哲学中仍然独立存在的，就只有关于思维及其规律的学说——形式逻辑和辩证法。其他一切都归到关于自然和历史的实证科学中去了。

关于这段论述在哲学界争议比较多，它涉及的是马克思主义世界观的产生和表述问题。费彻尔认为，严格来说，自从恩格斯发表《反杜林论》以来，人们才谈到了一种关于无产阶级运动的“辩证唯物主义世界观”。[①] 和任何学说一样，马克思主义世界观也经历了一个萌芽、形成和发展的过程。按照刚刚讨论过的“辩证法”的思维，也不好说是从什么时候开始，这个世界观才真正形成，不过对它的研究总要有文本依据。从这个角度说，按时间顺序产生的《德意志意识形态》《共产党宣言》《〈政治经济学批判〉序言》《反杜林论》都是比较集中表达马克思主义世界观的重要著作。《德意志意识形态》虽然在作者生前没有发表，但不影响他们自身思想的发展。费彻尔的意思可能是，《反杜林论》把这种世界观“哲学”化、系统化了。后人一般把马克思主义哲学称作“辩证唯物主义和历史唯物主义”，然而马克思、恩格斯本人并没有“辩证唯物主义”这个说法。

斯大林在他的《论辩证唯物主义和历史唯物主义》中一开篇就为二者定下基调：“辩证唯物主义是马克思列宁主义党的世界观。它所以叫作辩证唯物主义，是因为它对自然界现象的看法、它研究自然界现象的方法、它认识这些现象的方法是辩证的，而它对自然界

① 费彻尔：《马克思与马克思主义：从经济学批判到世界观》，赵玉兰译，北京师范大学出版社 2009 年版，第 177—178 页。

现象的解释、它对自然界现象的了解、它的理论是唯物主义的。”值得注意的是，斯大林把“方法”和“理论”作了区分。“历史唯物主义就是把辩证唯物主义的原理推广去研究社会生活，把辩证唯物主义的原理应用于社会生活现象，应用于研究社会，应用于研究社会历史。”① 按照这个说法，从对象上看，辩证唯物主义是自然观，历史唯物主义是社会历史观；从起源上看，辩证唯物主义在先，历史唯物主义在后；从内容上看，辩证唯物主义涵盖了历史唯物主义。这个说法以往在我国教科书中被广泛引用，大体内容就是，马克思、恩格斯怎样先创立了辩证唯物主义，然后又用这种世界观和方法论去考察人类社会，创立了历史唯物主义，云云。老师这样教，学生这样背。但是，从马克思、恩格斯著作的目录上看，至少在他们的思想形成发展的初期并没有专门考察自然方面的篇目，甚至没有独立的哲学著作。马克思较早关注的是法国的政治斗争，而恩格斯关注的则是英国工人阶级状况。我在大学读书时使用的哲学教材中的说法，与此已经有了一些区别：“马克思和恩格斯在根本改造德国古典哲学的基础上，把辩证法和唯物主义有机地结合起来，创立了辩证唯物主义和历史唯物主义。”但是也不能理解为马克思主义哲学是辩证法和唯物主义的简单相加，而是在实践的基础上完成的一次哲学革命，不仅如此，“也是全面地综合和改造当时的英国古典政治经济学和法国空想社会主义的结果”。② 莱文认为，恩格斯虽然没有使用过“辩证唯物主义”这个表达方式，但从《路德维希·费尔巴哈和德国古典哲学的终结》《反杜林论》《自然辩证法》等重要著作看，他所提出的自然的形而上学的主要原则其实就是辩证唯物主义的内容，因此莱文把恩格斯说成是辩证唯物主义的创始人。他认为，

---

① 斯大林：《论辩证唯物主义和历史唯物主义》，《斯大林选集》下卷，人民出版社1979年版，第424页。

② 吉林省《马克思主义哲学原理》编写组：《马克思主义哲学原理》，吉林人民出版社1981年版，第29页。

辩证唯物主义把人类历史从属于自然法则之下，历史唯物主义抛弃了辩证唯物主义中的实证主义，代之以生产关系与生产方式之间的矛盾，其优点是将人类历史从其所隶属的自然的形而上学中解放出来。但是，这又使历史唯物主义沦为线性历史观。因此，他反对把马克思的理论作辩证唯物主义和历史唯物主义的理解，而是定义为一种社会解释方法论。马克思的方法论是用来理解社会有机体运行程序的，而不是用来规定关于历史运动的一般法则的。① 当然这只是莱文的一家之言，而且对马克思主义世界观和方法论的理解具有简单化的倾向。离开了唯物史观也就没有什么马克思的“社会解释方法论”了，二者实际是同义反复。但是有一点可以肯定，唯物史观不是《易》中的爻辞，不是用来规定“历史运动的一般法则”，而是用来认识社会法则规律的方法。说来说去，问题的实质是自然法则和社会法则是否统一，或者说社会历史运动是否处于自然法则的支配之下。这就说来话长了，这里没有讨论这个问题的必要。

再回过头来考察这一段。按字面理解，就是说人们一旦认识到意识决定物质的荒谬，那反过来一定以物质决定意识为科学。所谓“18 世纪的纯粹形而上学的、完全机械的唯物主义”虽然强调物质的第一性，但是在唯物主义哲学家看来这种“物质”并不是以运动、变化、转变和发展的形式存在，而是处于一种孤立静止、一成不变的状态；即使有“运动”也不过是“位移”，即便有“发展”也不过是量的变化。这就是“形而上学的、完全机械的”含义。而“现代唯物主义”则不同，它一方面强调物质的第一性因而“唯物”，另一方面认为“物”按照辩证法的法则而存在因而“辩证”——也叫“历史”。再说那个梨子：如果吃不了必须把它放在一个什么地方它才能存在，即不能孤立存在；它在形成果实前并不是梨子，一旦

---

① 诺曼·莱文：《马克思与黑格尔的对话》，周阳、常佩瑶、吴剑锋、任广璐译，中国人民大学出版社 2016 年版，第 375—376 页。

把它吃掉也就不成其为梨子了，这就是发展。既然世界的本体“物质”已经确定，而它“辩证”的存在方式也已经清楚，那么接下来人们就将按照形式逻辑和辩证法去从事特定的“物的”研究了，这便是各门具体科学的任务了。因此，和哲学囊括并代替一切具体科学的方法不同，在现代唯物主义看来，科学本身就成了哲学，或者说科学已不需要哲学，必须从哲学中解放出来——这就是所谓“实证主义”哲学。过去人们把它认为是资产阶级的观点。实际上马克思恩格斯也主张“消灭”过去那种思辨的哲学，但要用新的世界观和方法论取而代之，于是便有了马克思主义哲学的创立。从这个角度说，“辩证的”和“历史的”，“辩证唯物主义”和“历史唯物主义”，“马克思主义哲学”和“马克思主义”都是一回事、同义语，即一种新的世界观和方法论。其实，任何概念都不能完全覆盖它所反映的事物，重要的是理解它所具有的内涵。但如果把辩证唯物主义作为一种自然观、而把历史唯物主义作为一种社会历史观来对待的话，便大有商榷余地了。马克思、恩格斯理论工作的重点是解释社会进而改造社会，用不着先创立“辩证唯物主义”的自然观来解释历史。在他们之前的那些哲学家、思想家和科学家都没有那么笨，以至于连事物的辩证存在这点简单的道理都搞不清楚。其实在马克思、恩格斯生活的时代，人们在自然科学研究方面已经达到了很高的水平，今天的教科书中仍然少不了那个时代伟大科学家提出的各种定理。但是，他们虽然没有必要进行“重复劳动”，却并不妨碍对自然科学研究成果和思维方法的借鉴和运用。实际上，自然观的变革和历史观的变革几乎同时发生。既然自然观的变革要建立在实证的认识材料基础上，同样也要把唯物主义贯彻到社会历史研究领域，把历史观建立在“历史事实”的基础上。在这部著作中，这种思想变革的成果被表述为“唯物史观”的创立。

但是，自然观的这种变革只能随着研究工作提供相应的实证的认识材料而实现，而在这期间一些在历史观上引起决定性转变的历史事实却老早就发生了。1831年在里昂发生了第一次工人起义；在1838—1842年，第一次全国性的工人运动，即英国宪章派的运动，达到了高潮。无产阶级和资产阶级之间的阶级斗争一方面随着大工业的发展，另一方面随着资产阶级新近取得的政治统治的发展，在欧洲最先进的国家的历史中升到了重要地位。事实日益令人信服地证明，资产阶级经济学关于资本和劳动的利益一致、关于自由竞争必将带来普遍和谐和人民的普遍福利的学说完全是撒谎。所有这些事实都再也不能置之不理了，同样，作为这些事实的理论表现（虽然是极不完备的表现）的法国和英国的社会主义也不能再置之不理了。但是，旧的、还没有被排除掉的唯心主义历史观不知道任何基于物质利益的阶级斗争，而且根本不知道任何物质利益；生产和一切经济关系，在它那里只是被当做“文化史”的从属因素顺便提一下。

从“形而上学的、完全机械的唯物主义”到“辩证唯物主义”转变的基础是自然科学的发展和进步，而决定“唯心史观”到“唯物史观”转变的历史事实实际上也在同期发生了。第一句话即表明，前者对后者可能会产生影响，比如思维方式，但并不是后者的事实依据。后者所依据的事实是欧洲三大工人运动，即除了这里提到的两次以外，还有和第一次里昂工人起义合并为一个事件的第二次里昂工人起义以及1844年德国的西里西亚织工起义，当然后一次的重要性远不及前两次，这也许是此处没有提及的原因。三大工人运动就是社会主义应该“置于”其上的“现实的基础”，这是工业革命和资本主义发展的产物。据考证，工业革命一词在恩格斯的《英国工人阶级状况》中首次出现，它包括技术变革和社会变革两方面内容，前者推动了生产力的发展，后者导致生产关系的新变化，即社会日益划分为两大对立的阶级。它对社会主义发展的影响在于，直接导致了无产阶级和资产阶级矛盾的尖锐化。马克思和恩格斯在观察19世纪“饥饿的40年代”英国的情况时，不仅认为生产资料革命所造成的生产力的巨大增长丝毫也没有把日益增多的财富带给新工矿企业中的工人，恰恰相反，它给工人带来的无疑是深刻的痛苦和严重失业所造成的一种无保障状况。也正因如此，才产生了现代意义上的工人运动。

• 法国里昂工人起义

法国工人运动由来已久。早在16世纪，里昂的印刷伙计就曾爆发过一场大罢工，“规模与20世纪的那些罢工极为相似”。[①] 而在大资产阶级和工人师傅之间，冲突一直未停，时而隐蔽，时而尖锐。1830年，法国七月革命以后建立了金融贵族专政的“七月王朝”。在七月王朝统治下，法国工业革命迅速发展，资本主义生产方式得以巩固。但同时期也导致了无产阶级和资产阶级之间矛盾和斗争的加剧，多地工人起义暴动，1830—1839年，法国各个城市发生了一连串的共和主义和社会主义起义暴动事件，其中规模较大的也是发生在里昂的两次工人起义。1831年11月21日，里昂工人高举标有“不能劳动而生，毋宁战斗而死”的旗帜拿起武器举行起义，虽一度击败政府军，占据里昂城，但最终没有巩固胜利成果，于12月3日遭到镇压。这是法国里昂第一次工人起义。1834年4月9日，里昂工人又发动了第二次起义，提出了争取民主共和国的口号，在浴血奋战六昼夜以后也遭失败。19世纪30年代以前，工人起义和示威时都用黑旗，从1832年起，红旗代替了黑旗。尤其是里昂工人第二次起义失败后，红旗就成了世界无产阶级革命斗争的象征——里昂的许多无产阶级牺牲在插着红旗的街垒中。在此后的1837—1848年，法国逐渐成为产生各种社会主义思想和方案的肥沃土壤。资本主义

---

① 让·饶勒斯：《社会主义史法国革命》第1卷（上册），陈祚敏译，商务印书馆1989年版，第95页。

发展的结果，使社会上两个阶级的划分更为清晰。现代意义上的无产阶级概念也正是在这一时期形成。在1831—1848年，所谓“民主的人民政权”的口号已变成反对资产阶级的政治观念，即《共产党宣言》中所说的“争得民主”，就是指工人阶级的政治统治。当时所谓的“革命的政府”就已经是指无产阶级专政的制度了。从1830年8月到1839年5月，法国先后出现了四个有影响的秘密组织：“人民之友”、人权社、家族社和四季社。人民之友和人权社仍然保持着浓厚的资产阶级民主性质，主张共和主义和社会改良主义；家族社和四季社都是无产阶级的共产主义组织。

大体说来，从1833年开始，19世纪上半叶流行的社会民主党、工会主义、罢工、总罢工、资产阶级和无产阶级、政治、阶级斗争和阶级团结等名词，已为一般人们广泛运用了。

• 宪章运动

在近代无产阶级形成的过程中，经济革命在他们身上的影响并不一致。在无产阶级的不同阶层中，很多人留恋过去的行会时代；许多人虽然倾向革命，但主要是为民主主义、社会改革以及农业共产主义的设想而斗争；大多数人的态度是憎恨雇主和整个工厂的设施，以至于到19世纪中叶，还有受过高等教育的英国人把机械视作人类精神力量的病态产品，认为这是英国堕落的病症。由这种状况导致的英国工人运动的最初形式是卢德运动。这一运动以捣毁资本家的机器、破坏厂房为主要形式，并以捣毁机器的首倡者、半传说的人物卢德的名字来命名，在1811—1816年得到广泛发展。虽然运动属于无产阶级反对资产阶级的斗争，但具有落后或反动的性质。这种分散、自发的斗争不可能产生统一的无产阶级运动，也不可能产生理论化系统化的世界观，这是因为当破产的农民刚刚转化为雇佣工人时，无产者在精神面貌上仍然是小私有者。“这就是他们倾向于财产平均主义而不倾向于社会主义的原因，这就是他们对奴隶的处境漠不关心的原因。”再说，工人在城市和工厂中的境遇还是要比在农村的封建领主的庄园中好得多。“如果雇佣工人把自己的这种无产者的地位看成是永久的处境，他们定会废除奴隶劳动。但是雇佣工人还在希望成为独立的工匠，因此他们就对奴隶制度淡然置之。何况，他们在幻想未来自己的作坊时，也可能奢想有两三个自有的或共用的奴隶。”[①] 在现代资本主义社会，只要雇佣工人具有向有产者转变的机会，或者现实生活中有这种成功转变的先例，他们就不可能具有彻底革命的意识，无论社会主义者怎样进行宣传鼓动。所以，马克思和恩格斯都比较讨厌小私有者，指望随着资本主义的发展使其统统无产阶级化。关于土地公有的思想早已有之，机器和厂房公有制、社会化的思想只有在资本主义时代才会出现，而这才是真正意义上的社会主义思想，但早期的工人是否有这种思想则不得而知。一般认为，手工业者或小资产阶级，“在堕入无产阶级之前就认识到，无产阶级阶级斗争是他们的唯一出路”。[②] 但他们斗争的动机值得探讨，恐怕不是为了实现生产资料的全社会共同占有，而不过是维护自己的小私有制罢了。经过长期的阶级斗争，西方发达资本主义国家的中小企业并没有退出历史舞台，而且在许多国家地位巩固，说明小私有制的存在有其历史必然性——这是另一个话题。因此，从卢德运动中并没有产生无产阶级有组织地反对资产阶级的革命斗争，也没有产生出先进的理论。这表明，卢德运动也属于国际工人运动的“前史”。而且在 1812 年，英国议会通过了保护机器的法律，可以把参加卢德运动的人处以死刑。曾在上院反对这项法律的诗人拜伦认为这一运动是争取自由的运动，并在 1816 年 12 月间创作了卢德党歌：像大海那面“自由”之子那样/用血肉贱价换取

---

① 沃尔金：《论空想社会主义者》，中国人民大学编译室译，中国人民大学出版社 1959 年版，第 13 页。

② 弗·梅林：《德国社会民主党史》第 3 卷，青载繁译，生活·读书·新知三联书店 1965 年版，第 6 页。

他们的自由/我们人民的子孙/也要为自由的生活誓死争斗/打倒一切君主，让卢德作领袖！[1] 而民主主义者威廉·科贝尔的态度与拜伦完全不同。也是在同一时期，他认为，劳工阶级痛苦的根源不在机器，而在寡头统治，货币贬值，因巨额战费、抚恤金和干俸而造成的赋税重担，市镇议会议席的贩卖以及犹太股票交易所的舞弊行为等，这些罪恶只有民选的议会才能消除。[2] 只是在实践中，一些有觉悟的工人开始举行同盟罢工，组织工人或职工联合会（工联），从而使工人运动形式发生了新的变化。

随着工业革命的完成和无产阶级队伍的成长壮大，在 1837—1848 年，英国爆发了世界上第一次全国性的工人运动——宪章运动。但是，它还不能说是纯粹的社会主义运动，这个名词最好的解释就是“社会民主主义”，因为它结合着民主主义和社会主义的目的。[3] 这一运动始于 1837 年 6 月，标志是伦敦“工人协会”的成立，会员都是普通的工人，其领袖为细木工人威廉·洛维特。协会草拟了争取普选权的六点要求，被称为“人民宪章”——宪章运动由此得名，其主要内容是年满 21 岁的成年男子都有选举权，其余五条不过是“选举”的具体化。此后召开了好几次群众大会，并始终有意让工人主持会场，以便群众相信劳动阶级具有组织会议的才能。因为到那时为止，向来的惯例是，凡举行群众大会，总是要找显赫的政治家或议会“巨头”来做大会主席，伦敦工人协会却打破了这个惯例。这个举动曾轰动一时，主持会议本身比任何工人领袖最出色的演说更引人注意。一般舆论都认为这一行为是劳动阶级独立的宣告。曼彻斯特的工人效仿伦敦工人协会的先例，在英格兰南部、北部和中

---

① 马克斯·比尔：《英国社会主义史》（上卷），何新舜译，商务印书馆 1959 年版，第 122—123 页。

② 马克斯·比尔：《英国社会主义史》（上卷），何新舜译，商务印书馆 1959 年版，第 123 页。

③ 麦克斯·比尔：《社会主义通史》，嘉桃、启芳译，生活·读书·新知三联书店 1958 年版，第 475—476 页。

部几个城市先后建立了工人协会组织。宪章运动的信徒一般都是工人阶级中工资较优厚和思想较活跃的分子。1836—1842 年间的情形尤为如此，即这一运动并不是社会的最低阶层的运动，而是劳动群众中境遇比较好的成员的运动。宪章运动因是一种起源于人们经济困难但又缺乏任何明确的经济纲领的运动，所以它不可能有任何的理论基础，也没有思路清晰的理论领袖。[①] 但总体来看，改良主义是宪章运动理论的主流。当议会表示无意接受人民宪章时，运动本身立刻就分裂为“实力”和“道德力量”两大对立的派别，而摇摆于这两种对立方法之间的中间派人数更多。其中一派的见解是，在普选权问题未解决以前，探讨劳动和资本问题没有益处——这类似“工人革命的第一步是推翻资产阶级政治统治”的观点，但这里所提出的要求既不是革命，更没有涉及无产阶级专政，而是“普选”。也有人宣称，社会主义和宪章运动所追求的目的是相同的，不同的地方只是方法。欧文主义成为大部分工人阶级的信条，但欧文本人对宪章运动并不表示同情，甚至加以攻击。拥护宪章运动的劳动群众采纳了欧文主义的社会批判思想，而拒绝接受他的救世教条。而欧文却认为这些“教条”是他整个理论系统中最重要的部分，因此他把宪章运动看成是一个退化的步骤。欧文派社会主义者和宪章运动者除了分裂和争论之外，对于最终目的都保持缄默，这无疑是宪章运动的社会革命性有时被人误解的缘故。引起这种误解的另一个原因是工会的“做一天工，给一天钱”的要求。依照宪章运动者的见解，这一要求的必然结果就包含了废除资本主义和实行自然法则的理论，这就是说工人应取得其劳动的全部产品作为报酬。除了这一事实之外，宪章运动的导师也不容许任何人怀疑他有关实现这项要求的唯一道路是工人控制议会的意见，换句话说，他们应该运用政

---

① G. D. H. 柯尔：《社会主义思想史》第 1 卷，何瑞丰译，商务印书馆 1977 年版，第 146 页。

治力量来实现以无产阶级利益为依归的经济革命的目的，而且，如果劳动制度不加以改革，这个口号不可能实现，因而宪章运动的全部之义便隐藏在“普选权”中了。

宪章运动一开始就带有某种狭隘性。工人协会不让所有非劳动人民对它的事务享有发言权，它所依据的是“阶级排他主义”原则。[①] 伦敦工人协会的机关报《伦敦快讯》否定用暴力来实行改革的一切概念，它经常竭力使读者们牢记，只有通过和平途径才能实现人民的政治解放。它的文章多半含有温和的劝导语气，受众并不广泛。而另一份在利兹发行的《北极星报》则与《伦敦快讯》提出的道义力量的观点不同，它所强调的是一种完全对立的学说，认为凡是不带有暴力味道的文章，绝无被广大群众贪婪地阅读的任何可能性。[②] 可见，社会主义革命和改良两大派系在运动中也有体现。宪章运动中所达到的认识水平，可以以詹姆斯·布朗蒂尔·奥布赖恩的观点为代表。他认为，只要一切立法权仍然掌握在压迫者手中，人民为社会解放所作的努力必然都是徒劳无益的。但他同时又竭力向读者阐明，除非他们认识到社会的实际基础，否则即使拥有最大限量的政治优势也毫无用处，决不会使他们突破社会疾苦的樊笼；他力图把对工人阶级具有根本性的巨大祸患追溯到两大可怕的根源：地主制和高利贷制以及他们千变万化的各种形态。[③] 他竭力要使财产私有权和劳动阶级应享受的最公正原则一致起来。[④] 宪章派的另一代表人物斯蒂芬斯则举出圣经中第八诫为他的立场提供论证。他声称，第八诫“不可偷盗”，对所有的人同样有约束力，同样有道德的义务，并尽力证明，在掠夺行为中，富人才是真正的侵略者，他们利用合法方式来抢劫穷人辛勤的果实，因此推论，他认为从这些阶级

① R. G. 甘米奇：《宪章运动史》，苏公隽译，商务印书馆 1979 年版，第 14 页。
② R. G. 甘米奇：《宪章运动史》，苏公隽译，商务印书馆 1979 年版，第 17—19 页。
③ R. G. 甘米奇：《宪章运动史》，苏公隽译，商务印书馆 1979 年版，第 83 页。
④ R. G. 甘米奇：《宪章运动史》，苏公隽译，商务印书馆 1979 年版，第 84 页。

手中夺回剩余的不义之财，是一种合乎道义上公正原则的行动，不过是借此收回应得的正当的利益罢了。① 为了解决分歧，1843 年 8 月 12 日，工厂区的代表们在曼彻斯特举行会议，358 名代表出席。会议讨论了下列问题：群众仅仅为了增加工资而继续罢工呢，还是应当坚持要求实现人民宪章而继续罢工。320 名代表赞同后一内容。15 日，代表们又举行了一次会议，通过一项宣言，号召全国工人阶级为上述目标通力合作。② 但是工人的要求不过是"直到一天合理的工作可以换取一天合理的工资，而且宪章成为国家的法律为止"。③ 在宪章运动中，工人的罢工除停工造成的损失外，并未使财产蒙受其他严重损失，而且许多实例证明，罢工工人即使对这种损失也严加防范。④ 到了运动的后期，宪章运动团体已毫无生气，老一套的政策不会使它复活，在工人阶级面前只有两条路可走，一条是通过暴力，另一条是通过与中产阶级的联合。关于第一条道路，有的领导人认为他们不见得比 1839 年和 1848 年更有准备。因此，唯一出路是第二条。就工人团体所采纳的合作制度，一派观点认为，合作事业决不能顺利实现，除非人民首先取得政治权力；另一派则认为应依靠人民的议会。

随着资本主义的发展和统治阶级政策的调整，宪章运动终于在 19 世纪 40 年代末偃旗息鼓，不了了之。从这些情况来看，宪章运动主要反映的是民主主义倾向，共产主义倾向并不占有优势。它既不是一个纯粹的无产阶级运动，也不包括工人阶级的一切进步分子。⑤ 但是无论如何，宪章运动是现代无产阶级夺取政权，使它为自己的利益服务的第一次尝试。19 世纪 50 年代英国工业和商业的一切部门

---

① R. G. 甘米奇：《宪章运动史》，苏公隽译，商务印书馆 1979 年版，第 101 页。

② R. G. 甘米奇：《宪章运动史》，苏公隽译，商务印书馆 1979 年版，第 237 页。

③ R. G. 甘米奇：《宪章运动史》，苏公隽译，商务印书馆 1979 年版，第 240 页。

④ R. G. 甘米奇：《宪章运动史》，苏公隽译，商务印书馆 1979 年版，第 247 页。

⑤ 弗·梅林：《德国社会民主党史》第 1 卷，青载繁译，生活·读书·新知三联书店 1963 年版，第 25 页。

迅速增长，工业加强了垄断。资产阶级垄断的超额利润使得它有可能分出颇大的数目来收买工人阶级的上层，以及提高劳动人民基本群众的工资。国内工业的增长而带来的英国工人阶级物质利益的某些提高，是宪章运动革命火焰衰落、各个阶级“合作共享”的情绪慢慢地但不断流行、工联主义比宪章主义逐渐占上风的主要原因。[①]但是，宪章运动也带来了积极的后果，即通过了一系列有利于劳动群众的法案：言论出版自由法（1836 年），保护妇幼的矿场法（1842 年），废除谷类税法令（1846 年），解除禁止政治组织的集会结社法（1846 年），每天 10 小时工作法（1847 年）。这些法令在一定程度上体现了工人阶级的利益。宪章运动也给工人留下了生产合作制度、成功的工会组织和国际意识，并使工人阶级“走进文学和政治经济学里面”。[②] 宪章运动实际上成了一种工人阶级革命的社会主义研究院和实验区，因而它缺乏一贯的思想和有系统的政策，它以初步的阶级斗争形式出现，在英勇的起义和冷淡的消沉、热情洋溢的精辟见解和可怜而又空虚的陈词滥调之间起伏不定。它所明确的和竭力争取的似乎只有它的直接目的——夺取政权。然而，由于缺乏全国性的组织和宣传教育的普及，它始终没有成为一种持久和胜利的运动。从历史的眼光来看，它是社会主义者力求提高工人物质待遇、道德和知识地位而进行的英勇顽强的斗争。由于它是试验性的，总的来说又是一种实践性的运动，因而对于社会革命和社会改造的最高形式不可能取得统一的见解。[③]

---

① 米·伊·米哈伊洛夫：《共产主义者同盟》，汤润千译，生活·读书·新知三联书店 1976 年版，第 210—211 页。

② 麦克斯·比尔：《社会主义通史》，嘉桃、启芳译，生活·读书·新知三联书店 1958 年版，第 477 页。

③ 马克斯·比尔：《英国社会主义史》（上卷），何新舜译，商务印书馆 1959 年版，第 252—253 页。

• 德国西里西亚织工起义

早期的德国共产主义者基本上通过法国的共产主义组织认识了共产主义。19 世纪初期，德国资本主义也有了一定程度的发展，随之而来的无产阶级与资产阶级的矛盾也日益尖锐。到了 40 年代初，企业主为了和英国的商品竞争，不断压低工人的工资、延长工时。官方报告承认，西里西亚3.6 万名织工中有1/6 死于饥饿。1844 年6 月4 日，这里的工人唱着《血腥的大屠杀》这首自编的歌曲通过资本家的门前，声讨资本家对工人的剥削，要求发放拖欠的工资，但遭到毒打和逮捕。第二天，3000 工人举行起义，6 月6 日惨遭镇压。这就是1844 年“西里西亚织工起义”。但由于德国资本主义落后，工人运动还没有明显的共产主义特征。因此有人说，在起义中，连普鲁士警察的锐利的眼睛也没有发现任何共产主义倾向，它急忙利用在希尔施贝克山谷发现共产主义密谋的叫嚣弥补了这一缺陷。[①] 也许因为它的影响比较小，故在这本著作中没有提及，但这个实践也是引起历史观决定性转变的“历史事实”——它使德国的“社会问题”进入了青年马克思和恩格斯的视野。

这些事实说明：无产阶级和资产阶级之间的阶级斗争在欧洲发达国家上升到重要地位，在其影响下，至少在法国“1848 年2 月后，无产阶级走上历史舞台，他们提出了自己的要求，要求在政治上和经济上，取得他们的权力”。[②] 这些事实还说明，两大阶级之间的斗争不可避免。为了驳斥资产阶级学者的说法，真正提高工人阶级的觉悟，就必须对这种不可避免的原因予以说明，以论证无产阶级反对资产阶级革命斗争的历史必然性，这就需要引入“阶级斗争”和

---

① 弗·梅林:《德国社会民主党史》第1卷，青载繁译，生活·读书·新知三联书店1963年版，第254页。

② 麦克斯·比尔:《社会主义通史》，嘉桃、启芳译，生活·读书·新知三联书店1958年版，第494页。

“物质利益”的概念了。

新的事实迫使人们对以往的全部历史作一番新的研究，结果发现：以往的全部历史，除原始状态外，都是阶级斗争的历史；这些互相斗争的社会阶级在任何时候都是生产关系和交换关系的产物，一句话，都是自己时代的经济关系的产物；因而每一时代的社会经济结构形成现实基础，每一个历史时期的由法的设施和政治设施以及宗教的、哲学的和其他的观念形式所构成的全部上层建筑，归根到底都应由这个基础来说明。黑格尔把历史观从形而上学中解放了出来，使它成为辩证的，可是他的历史观本质上是唯心主义的。现在，唯心主义从它的最后的避难所即历史观中被驱逐出去了，一种唯物主义的历史观被提出来了，用人们的存在说明他们的意识，而不是像以往那样用人们的意识说明他们的存在这样一条道路已经找到了。

“新的事实”即三大工人运动。三大工人运动本质是阶级斗争。用联系和发展的眼光看待这个新的事实，应该把它置于历史的进程中，认识它的前因后果。后果暂且不论，透过这个事实回溯过去，则发现历史上也是充满着阶级斗争。值得注意的是，回顾过去是从“新的事实”而不是从“新的理论”出发，按照历史学研究方法是“论从史出”而不是“以论带史”。后者是按图索骥的方法，按照某种理论寻找与之相对应的事实，这样串起来的历史线索不是客观存在，而是主观臆造，从中得出的结论不过是虚假的意识形态。唯物主义的方法则是着眼于事实，三大工人运动是无产阶级和资产阶级的阶级斗争，是活生生的客观存在。透过这个事实发现的历史的基本线索是：“以往的全部历史，除原始状态外，都是阶级斗争的历史”。这个观点早在《共产党宣言》中就已经被表述出来，只不过当时显得比较粗糙，还没有“除原始状态外”这个界定。虽然这里是对思想发展过程的陈述，并不是对某种观点的论证，但是这个表述还是显得有些绝对。社会可以简化为“人与人”，社会关系始终有两重属性，即合作与冲突。为了生存，人与人必然要通过分工合作从事生产活动，获取生活资料；但是在生产力水平比较低、物质匮乏的条件下必然要拉帮结伙，组成不同的社会集团，进行瓜分有限生活资料必需品的斗争。恩格斯在《自然辩证法》中指出："自然界中无生命的物体的相互作用既有和谐也有冲突；有生命的物体的相互作用则既有有意识的和无意识的合作，也有有意识的和无意识的斗争。因此，在自然界中决不允许单单把片面的'斗争'写在旗帜上。"① 当然，恩格斯所说的"斗争"主要指"生存斗争"，而在社会领域，"把历史看做一系列的阶级斗争，比起把历史单纯归结为生存斗争的一些没有多大差异的阶段，内容丰富得多，而且深刻得多"。② 看来，恩格斯也认为社会发展规律与自然规律并不完全等同，几千年文明史的事实说明不同阶级在相互斗争的同时也有和谐合作。封建社会并非是农民战争的历史，资本主义条件下的工人也不是每天都在罢工。正是封建地主和农民、资本家和雇佣工人之间相互合作的一面推动了生产力的发展。否则就难以理解封建的和资本主义的生产关系为什么能够长期稳定存在的问题。但是，说明这一点并不是否认阶级斗争的存在，也不影响对阶级关系和阶级斗争的考察。对这个客观事实，即使资产阶级历史学家也能接受和承认——阶级斗争恰恰为资产阶级历史学家所发现。现在的问题是，对导致这些社会阶级和阶级斗争产生的原因的认识不同，得出的结论就会有重大差别，直接关系到无产阶级所采取的态度。因而，正是在这个问题的分析上出现了世界观的分野。如果说在对自然界的认识方面因自然科学的发展而使唯物主义或"辩证唯物主义"已经居于主导地位的话，那么以往在社会历史研究领域占统治地位的历

① 恩格斯：《自然辩证法》，《马克思恩格斯选集》第3卷，人民出版社2012年版，第986—987页。

② 恩格斯：《自然辩证法》，《马克思恩格斯选集》第3卷，人民出版社2012年版，第988页。

史观仍然是唯心主义。按照这样的历史观研究阶级斗争，或者会否认它的存在，或者将其看成是意识形态的冲突，或者从伦理道德的角度去谴责历史上统治阶级、批判现代资产阶级。现在，历史上的阶级斗争和三大工人运动的爆发说明，斗争无非是围绕“物质利益”而展开，这就为找到“用人们的存在说明他们的意识，而不是像以往那样用人们的意识说明他们的存在这样一条道路”提供了客观依据：“人们的存在”就是工人阶级的状况，“这样一条道路”就是唯物史观的思想路线。唯心主义和旧唯物主义一样不能说明自然界，同样也不能再用来解释社会历史了。

因此，社会主义现在已经不再被看做某个天才头脑的偶然发现，而被看做两个历史地产生的阶级即无产阶级和资产阶级之间斗争的必然产物。它的任务不再是构想出一个尽可能完善的社会制度，而是研究必然产生这两个阶级及其相互斗争的那种历史的经济的过程；并在由此造成的经济状况中找出解决冲突的手段。可是，以往的社会主义同这种唯物主义历史观是不相容的，正如法国唯物主义的自然观同辩证法和近代自然科学不相容一样。以往的社会主义固然批判了现存的资本主义生产方式及其后果，但是，它不能说明这个生产方式，因而也就不能对付这个生产方式；它只能简单地把它当做坏东西抛弃掉。它越是激烈地反对同这种生产方式密不可分的对工人阶级的剥削，就越是不能明白指出，这种剥削是怎么回事，它是怎样产生的。但是，问题在于：一方面应当说明资本主义生产方式的历史联系和它在一定历史时期存在的必然性，从而说明它灭亡的必然性；另一方面应当揭露这种生产方式的一直还隐蔽着的内在性质。这已经由于剩余价值的发现而完成了。已经证明，无偿劳动的占有是资本主义生产方式和通过这种生产方式对工人进行的剥削的基本形式；即使资本家按照劳动力作为商品在商品市场上所具有的全部价值来购买他的工人的劳动力，他从这种劳动力榨取的价值仍然比他对这种劳动力的支付要多；这种剩余价值归根到底构成了有产阶级手中日益增加的资本量由以积累起来的价值量。这样就说明了资本主义生产和资本生产的过程。

社会主义起源于资本主义生产方式，是无产阶级反对资产阶级革命斗争的产物，在这种斗争中代表了无产阶级的利益。但是，对于两大阶级为什么要斗争、为什么不能和谐相处、为什么不能通过协商的办法调节相互之间关系的问题，特别是在二者斗争尖锐激烈的时期必须给予科学的回答。资产阶级可以恶人先告状，把责任推给工人阶级，认为这是他们无知、粗野、道德堕落的结果。工人阶级义愤填膺，认为这是吃不饱、穿不暖、工资低、待遇差使然。宗教的说法好像不大起作用了，于是资产阶级对工人说，这种情况乃天经地义，我们家祖祖辈辈，省吃俭用，积攒了一些家产，没有把它浪费掉，而是把它作为资本投入生产过程，当然要获得利润，但同时也提高了生产力水平，为国家交了税，还为社会创造了就业机会，所以你们才有活干；我还得从利润中拿出一部分，作为地租付给地主；你们为我劳动也不是白干，我已经按照市场行情付给你们报酬了，公平合理。资本获得利润、土地获得地租、劳动获得工资，这叫要素价值论，三位一体。于是，工人阶级无话可说了，只能提出“做一天公平的工作、得一天公平的工资”这种低级要求，所谓“公平”，则是公说公有理婆说婆有理。空想社会主义者也看到了这一点，虽然对工人阶级的处境给予极大的同情，对资本主义的批判也极其尖刻，但是他们没有看到问题的实质，而是把这种现象归结为资本家的道德问题，用“好”“坏”作为判断是非的标准，这是典型的唯心史观。现在唯物史观产生了，用它来观察资本主义生产方式，则看到了导致阶级斗争的决定意义的因素“物”——资本主义条件下庞大的商品堆积，都是工人阶级的劳动所创造——《国际歌》唱道：“是谁创造了人类世界，是我们劳动群众”，这叫“劳动价值论”；既然如此，那就应该“一切归劳动者所有，哪能容得寄生虫！”但是恰恰在资本主义生产方式条件下，“最可恨那些毒蛇猛兽吃尽了我们的血肉”，即这些成果并没有完全归劳动者所有，大部分落入了资本家的腰包，这就是建立在劳动价值论基础上的“剩余价值学说”。两个阶级之间这种物质利益的冲突就是阶级斗争的经济根源。在反对资产阶级的革命斗争中，无产阶级得出结论：“一旦把他们消灭干净，鲜红的太阳照遍全球！”这就是科学社会主义彻底革命的意识。

如果说唯物史观是考察人类社会的望远镜的话，那么剩余价值学说便是剖析资本主义生产方式的显微镜，不过，这种显微镜要用唯物史观的眼光去观察。换句话说，剩余价值学说是用唯物史观研究资本主义生产方式得出的结论。这就把资本主义生产方式置于历史的进程之中了。但是资产阶级不甘心，还在争辩他的家产是祖上所传，因此唯物史观和剩余价值学说不仅分析了现在，也回顾了历史，对资本主义生产方式的起源和发展进行了历史考察，证明那些资本不过是由剩余价值转化而来；资产阶级说即便如此我不是也推动了生产力的解放和发展吗？唯物史观和剩余价值学说并没有否认这一点，它反问资产阶级，当初你为什么要推翻封建贵族的统治？资产阶级一不留神说漏了嘴，因为封建主义的生产关系阻碍了生产力的解放和发展。现在轮到无产阶级说话了：正是因为你解放和发展了生产力，也使你的生产关系变得狭隘了。要继续推进生产力的解放和发展，也要变革资本主义生产关系。这个方向就是全社会共同占有生产资料，不仅仅要适应每个人而且是要适应所有人自由全面发展的要求。既然资产阶级不可能自愿放弃通过剥削而积累起来的物质财富，受生产力发展的驱使，无产阶级必然要组织起来通过暴力革命对此加以剥夺——这就是无产阶级实现自身解放的道路。即使如此，资产阶级也不会承认有“剩余价值”的存在，资产阶级的经济学家承担着为其提供辩护的义务。同时还有一个问题，同样在资本主义生产方式条件下，为什么有的时候两大阶级的冲突激烈而有时却缓和了呢？剩余价值不是一直存在吗？因此这个问题还不完全是个理论问题：在两个阶级的争论和斗争中，唯物史观和剩余价值学说代表的是无产阶级的利益，这就是科学社会主义的阶级性所在。因此，马克思主义的经济学叫政治经济学，这个“政治”就是无产阶级利益的概括，他“与传统的正统派经济学之间的根本区别在于，首先，正统派经济学家把资本主义制度看作是永恒的自然秩序的一部分，而马克思则把它看作是从过去封建经济过渡到未来的社会主义经济中的一个短暂阶段。其次，正统派经济学家主张社会的不同利益之间的调和，而马克思认为，在经济生活领域中，不从事劳动的财产所有者和不占有财产的劳动者之间存在利益冲突”。[①] 至于这个斗争是激烈还是缓和，则不取决于意识形态，而是取决于阶级力量的对比和时代特征。

剩余价值学说的创立是马克思作出的划时代的功绩。它使社会主义者早先像资产阶级经济学者一样在深沉的黑暗中摸索的经济领域，得到了明亮的阳光的照耀。科学社会主义从此开始，以此为中心发展起来。这就是说，无产阶级反对资产阶级革命斗争具有历史必然性——夺回劳动果实；社会主义具有历史必然性——劳动成果归全社会共同占有。当然，在社会主义制度下完全像在资本主义制度下一样，必须把当前的工业生产分为三部分 C + V + S——按照柯尔的说法仍然沿用了资本主义条件下的概念即不变资本、可变资本、剩余价值——但是这时的 S，其中一部分可能要用来提供新的资本，一边在社会所有制之下维持“扩大再生产”的过程；另一部分将付给老年人和丧失劳动能力的人，或者用于儿童福利，或者为全体人民而用于社会服务事业，而不再付给地主或资本家。在社会主义经济制度下，有必要保证不会以新的形式重新出现资本主义制度下所

① 琼·罗宾逊：《论马克思主义经济学》，邬巧飞译，商务印书馆 2019 年版，第 18 页。

存在的矛盾。马克思的“核算范式”在这里就用上了：赋予S以新的含义，就可以把它变成社会主义社会的核算范式。在V和S都为集体所控制以后，就不再需要寻找国外市场来平衡国内需求量的不足了。国际贸易也就能够具有正确的形式，富有成果地交换产品，互通有无。① 这就是说，剩余价值在社会主义条件下已经失去了资本主义生产关系属性，当然关于这部分“物质”在社会主义条件下的名称问题到目前还存有争议，但肯定不能叫“剩余价值”了。

这两个伟大的发现——唯物主义历史观和通过剩余价值揭开资本主义生产的秘密，都应当归功于马克思。由于这两个发现，社会主义变成了科学，现在首先要做的是对这门科学的一切细节和联系作进一步的探讨。

“两个伟大的发现”，就是“唯物史观”和“剩余价值学说”。恩格斯很谦虚，将其归功于马克思了，实际上他本人也为此作出了独立的贡献。现在，既然社会主义已经变成了科学，那么科学社会主义又有哪些主张，这就需要探讨它本身的细节和联系了。正是对这些“细节和联系”的说明构成了科学社会主义的基本原理。

三、基本原理篇

这一章是关于科学社会主义基本原理的阐发。开篇第一自然段叙述了研究科学社会主义的唯物史观。

---

① G. D. H. 科尔：《社会主义思想史》第3卷（上），何瑞丰译，商务印书馆1981年版，第527—528页。

唯物主义历史观从下述原理出发：生产以及随生产而来的产品交换是一切社会制度的基础；在每个历史地出现的社会中，产品分配以及和它相伴随的社会之划分为阶级或等级，是由生产什么、怎样生产以及怎样交换产品来决定的。所以，一切社会变迁和政治变革的终极原因，不应当到人们的头脑中、到人们对永恒的真理和正义的日益增进的认识中去寻找，而应当到生产方式和交换方式的变更中去寻找；不应当到有关时代的哲学中去寻找，而应当到有关时代的经济中去寻找。对现存社会制度的不合理性和不公平、对“理性化为无稽，幸福变成苦痛”的日益觉醒的认识，只是一种征兆，表示在生产方法和交换形式中已经不知不觉地发生了变化，适合于早先的经济条件的社会制度已经不再同这些变化相适应了。同时这还说明，用来消除已经发现的弊病的手段，也必然以或多或少发展了的形式存在于已经发生变化的生产关系本身中。这些手段不应当从头脑中发明出来，而应当通过头脑从生产的现成物质事实中发现出来。

马克思在1859年出版的《〈政治经济学批判〉序言》中，把他所得到的，并且一经得到就用于指导他的研究工作的总的结果，简要地表述如下：“人们在自己生活的社会生产中发生一定的、必然的、不以他们的意志为转移的关系，即同他们的物质生产力的一定发展阶段相适合的生产关系。这些关系的总和构成社会的经济结构，即有法律的和政治的上层建筑树立其上并有一定的社会意识形式与之相适应的现实基础。物质生活的生产方式制约着整个社会生活、政治生活和精神生活的过程。不是人们的意识决定人们的存在，相反，是人们的社会存在决定人们的意识。社会的物质生产力发展到一定阶段，便同它们一直在其中运动的现存生产关系或财产关系（这只是生产关系的法律用语）发生矛盾。于是这些关系便由生产力的发展形式变成生产力的桎梏。那时社会革命的时代就到来了。随着经济基础的变更，全部庞大的上层建筑也或慢或快地发生变革。”

这就是唯物史观所揭示的社会发展运动的机理。这一基本原理说明，特定的生产力、生产关系、上层建筑构成社会有机体；但社会的物质生产力是“自变量”，而其他要素则是“因变量”；生产力量的积累和质的飞跃导致生产关系和上层建筑的变革和社会的变迁。社会的发展方向也只有随着社会矛盾的不断展开和成熟才日见清晰，为人们所认识并成为人们追求的目标。“所以人类始终只能提出自己能够解决的任务，因为只要仔细考察就可以发现，任务本身，只有在解决它的物质条件已经存在或者至少是在生成过程的时候，才会产生。”① 这些观点就是唯物史观的基本原理。

恩格斯晚年又为唯物史观增添了许多新的内容。他在 1890 年 9 月 21 日致约·布洛赫的信中指出：“历史过程中的决定性因素归根到底是现实生活的生产和再生产。”但是，“历史是这样创造的：最终的结果总是从许多单个的意志的相互冲突中产生出来的，而其中每一个意志，又是由于许多特殊的生活条件，才成为它所成为的那样。这样就有无数互相交错的力量，有无数个力的平行四边形，由此就产生出一个合力，即历史结果，而这个结果又可以看做一个作为整体的、不自觉地和不自主地起着作用的力量的产物”。“每个意志都对合力有所贡献，因而是包括在这个合力里面的。”② 在 1894 年 1 月 25 日致瓦·博尔吉乌斯的信中，恩格斯又指出：“我们把经济条件看做归根到底制约着历史发展的东西。”但他认为这里有两点不应当忽视：“政治、法、哲学、宗教、文学、艺术等的发展是以经济发展为基础的。但是，它们又都互相作用并对经济基础发生作用。这并不是说，只有经济状况才是原因，才是积极的，其余一切都不过是消极的结果，而是说，这是在归根到底不断为自己开辟道路的

---

① 马克思：《〈政治经济学批判〉序言》，《马克思恩格斯选集》第 2 卷，人民出版社 2012 年版，第 2—3、3 页。

② 《恩格斯致约·布洛赫》（1890 年 9 月 21—22 日），《马克思恩格斯选集》第 4 卷，人民出版社 2012 年版，第 604—606 页。

经济必然性的基础上的互相作用。”“人们自己创造自己的历史，但是到现在为止，他们并不是按照共同的意志，根据一个共同的计划，甚至不是在一个有明确界限的既定社会内来创造自己的历史。他们的意向是相互交错的，正是因为如此，在所有这样的社会里，都是那种以偶然性为其补充和表现形式的必然性占统治地位。在这里通过各种偶然性来为自己开辟道路的必然性，归根到底仍然是经济的必然性。”① 这些表述和马克思的观点不存在差异，基本精神完全一致，但可以视为对唯物史观基本原理的一种补充。马克思着眼于整体，恩格斯更着眼于细节；马克思着眼于结果，恩格斯更着眼于过程；马克思强调“作用”，恩格斯并没有忘记“反作用”；从马克思的论述中可以看到阶级或整体的利益，从恩格斯的论述中能够发现个体的愿望。当然，每个“意志”的分量和对合力的贡献并非等同，在社会发展的每个时代都会产生伟大的历史人物，他们的作用将对“合力”的方向产生重要的影响。因此，不能因为唯物史观强调经济因素便把它看做是“线性发展论”或“经济决定论”，至少把马克思和恩格斯的论述统一起来加以考察得不出这个结论。况且，隋唐英雄、梁山好汉也总得排个座次，因此把经济因素置于首要地位也没有错，毕竟不能把它和其他次要因素相提并论。虽然恩格斯晚年的这些观点在写作《反杜林论》时还没有提出，唯物史观的基本原理早已形成，也正是在这个基础上实现了社会主义从空想到科学的发展。因此，这里对唯物史观基本原理的叙述带有“总结”的特征，即向读者介绍运用唯物史观研究社会主义的方法和经验。

既然科学社会主义以唯物史观为理论基础，那么就先教你如何使用唯物史观这个工具吧。你不是要研究资本主义社会吗，那就先不要去看它的上层建筑，更不要听启蒙思想家说些什么，而是到它

① 《恩格斯致瓦·博尔吉乌斯》（1894 年 1 月 25 日），《马克思恩格斯选集》第 4 卷，人民出版社 2012 年版，第 649 页。

的工厂企业、生产车间、商品市场看看人们在生产什么、怎样生产、怎样交换产品，——这些才是一切社会制度的基础。不过你可能还没有到市场，就发现了两个群体进行斗争，那你对此也不要大惊小怪，不仅是资本主义社会，原始社会解体以来的历史上依次出现的各种社会——古希腊罗马的、中世纪的社会不都这样吗？这是一种常态现象，叫阶级斗争。社会成员划分为不同的等级或阶级，既不是“国家”所为，也不是按照意识形态划线，而是取决于生产方式和交换方式。对两个阶级的斗争进行一段时间的观察你可能会有一种印象：资产阶级已毫无生气，和资本主义兴起之初的情况大为不同，而无产阶级则斗志旺盛，大有必胜的趋势。看来，不仅历史上有封建社会代替奴隶社会、资本主义社会代替封建社会的革命，也会有更高级的社会形态代替资本主义社会的革命，这个革命将由无产阶级来完成。通过这种观察，人们就会认识到，“社会变迁和政治变革”都是生产方式和交换方式的变革的产物，而并不是人们认识水平提高带来的结果。看来以往的那种认识方法——唯心史观本末倒置了，考察历史的发展不能依据“思辨哲学”，而要研究时代的经济。工人阶级要变革资本主义社会不能依靠抽象的“理性”“正义”，而是要运用物质手段去摧毁维护资本主义的物质力量。这个手段就存在于“生产的现成物质事实中”，只要用唯物史观来考察就能通过头脑把它发现出来。

那么，照此看来，现代社会主义是怎么回事呢？

“此”就是唯物史观。运用这个方法研究资本主义必然会得出不同于“空想社会主义”的结论，现代社会主义是怎么回事的问题也将迎刃而解。

唯物史观是一种新世界观。世界观是哲学的研究对象，是对世界的总的看法和根本观点。在马克思主义看来，哲学的基本问题是物质和意识的关系问题。凡是主张物质第一性、意识第二性的哲学派别都属于唯物主义阵营，反之则属于唯心主义阵营。也有调和二者之间关系的“二元论”，因这个派别也把意识理解为第一性的东西而把它归入唯心主义的阵营。在这个问题上，马克思主义哲学最坚决最彻底。但不管唯物主义还是唯心主义，目的无非是要“解释世界”，只不过方式不同而已。迄今为止，两大体系实际上都没有最终完成对世界的认识，也不可能完成。像宇宙的起源、生命的起源、智力的起源问题仍然是自然科学面临的难题。人们说世界是物质的，物质第一性，这已为宇宙中所充满的天体所证实。但人们对宇宙的认识都相当有限，至于宇宙之外还存在着什么就更难以说清了。说宇宙最初是个拳头大小的东西，瞬间发生大爆炸，便崩出了日月星辰，这便是宇宙的起源，那么，那个拳头大小的东西又从何而来？唯物主义无能为力了。唯心主义趁机登场了。宗教的一句话就回答了所有的问题：那是上帝的创造。可是，上帝又是从哪里来的？教会发怒了：谁敢问这个问题，上帝早在十八层地狱中给他安排好了位置。不要说这样的“高大上”问题，就是日常生活中的许多现象，不论唯物主义还是唯心主义都不能做出令人满意和信服的解释。既然如此，现在的问题是，为什么马克思主义者尤其是共产党人强调要按照唯物主义的思想路线去认识世界而不是相反？

唯物主义最贴近实际，这就是答案。把社会主义置于现实的基础之上才叫“科学”。西方有“上帝”的观念，有“原罪”“世界末日”之说，而古代中国本土文化则没有这些说法。孔子编辑《春秋》，依据的是“所见、所闻、所传闻”，忌讳“怪、力、乱、神”这些字眼。按照儒家的观念，人类的未来是美好的大同社会，虽然所描绘的景象即使今天也没有完全成为现实，但毕竟是一个世俗的社会。佛教传入中国以后，便有了“前世”“现世”“来世”等观念。无论信仰多么虔诚，至今也没有关于“前世”和“来世”的确切消息。因此绝大多数中国人非常注重“现世”，信仰也没有那么专一，都是临时抱佛脚。我们从哪里来不知道，到哪里去也说不清，但这并不影响“现世”的生活，而为了能够创造历史首先要能够生活，这一点非常清楚。为此就要结成社会，通过分工协作与自然之间进行能量交换和新陈代谢。为达此目的，就要尊重所认识到的规律和在长期实践中形成的生活准则；违背这些规律和准则就会遭到惩罚，这些都实实在在。如果受到惩罚，估计上帝也没有好的办法，只能提供一点心理安慰。故孔子主张“敬鬼神而远之”，这是因为“未能事人，焉能事鬼?”“未知生，焉知死?”毕竟“天道远，人道迩”。这大概就是最朴素的唯物主义。18 世纪英国唯物主义的产生机理也有类于此。这种哲学不是求救于宗教信仰就是求救于经验。“休谟的怀疑论今天仍然是英国一切非宗教的哲学推理的形式。持这种看法的人声称：我们无法知道上帝是否存在；即使上帝存在，他也不可能和我们有任何交往；因此，我们不妨按照上帝并不存在这一假定来安排自己的实践活动。我们无法知道，灵魂是否能同肉体分开，灵魂是否不死；因此我们就按照这辈子是我们仅有的一生这个想法来生活，而不用那些超出我们的理解力的事物来折磨自己。简单地说，这种怀疑论在实践上恰好是法国的唯物主义；但是，它由于无法明确作出判断，因而仍停留于形而上学的理论。”① 超出人们经验以外的东西不可知，这就是唯物主义的观点。没想到孔子的几句话让英国人说得这么复杂。

其实对于最广大的工人阶级和劳动群众来说，有这点“形而上学的理论”就已经足够了。唯物主义是很朴实的东西，那些阐述深奥的哲学原理的著作只适用于少数专业人员。无产阶级在资本主义条件下是受苦受难最为深重的阶级。宗教对他们来说不过是一种精神上的鸦片，使之能在幻想中谴责前世的“原罪”，遨游来世的“天堂”。一旦他们觉悟了，受到启发了，就会看穿统治阶级意识形态的虚假本质，找到造成这种生活状况的经济根源。上帝既然仁慈

① 恩格斯：《英国状况·十八世纪》，《马克思恩格斯文集》第 1 卷，人民出版社 2009 年版，第 91 页。

又全能，为什么不能为工人阶级安排和资产阶级一样的生活？我们不再等待来世，今生今世就要追求美好生活。“从来就没有什么救世主，也不靠神仙皇帝；要创造人类幸福，全靠我们自己！”——《国际歌》回响在耳边，共产主义的幽灵在欧洲上空游荡。我们所创造的物质财富足以满足我们的需要，只是应该把它从资本家手里夺回来。为此，就必须把我们的思想和运动建立在现实的反对资产阶级革命斗争的基础之上。科学社会主义说的就是这个道理。

现在大家几乎都承认，现存的社会制度是由现在的统治阶级即资产阶级创立的。资产阶级所固有的生产方式（从马克思以来称为资本主义生产方式），是同封建制度的地方特权、等级特权以及相互的人身束缚不相容的；资产阶级摧毁了封建制度，并且在它的废墟上建立了资产阶级的社会制度，建立了自由竞争、自由迁徙、商品占有者平等的王国，以及其他一切资产阶级的美妙东西。资本主义生产方式现在可以自由发展了。自从蒸汽和新的工具机把旧的工场手工业变成大工业以后，在资产阶级领导下造成的生产力，就以前所未闻的速度和前所未闻的规模发展起来了。但是，正如从前工场手工业以及在它影响下进一步发展了的手工业同封建的行会桎梏发生冲突一样，大工业得到比较充分的发展时就同资本主义生产方式对它的种种限制发生冲突了。新的生产力已经超过了这种生产力的资产阶级利用形式；生产力和生产方式之间的这种冲突，并不是像人的原罪和神的正义的冲突那样产生于人的头脑中，而是存在于事实中，客观地、在我们之外，甚至不依赖于引起这种冲突的那些人的意志或行动而存在着。现代社会主义不过是这种实际冲突在思想上的反映，是它在头脑中，首先是在那个直接吃到它的苦头的阶级即工人阶级的头脑中的观念上的反映。

既然现代社会主义以资本主义生产方式为研究对象，那么这个学说首先要说明资本主义的起源。如果资本主义从来就有，永世长存，那社会主义理论就没有任何意义了。所以，必须把它作为一个历史范畴加以考察。《共产党宣言》的第一章便是“资产者和无产者”。这部著作的第三章关于科学社会主义基本原理的叙述也是从资本主义生产方式的兴起为切入点。

资本主义这个概念来自“资本”一词。据考证，现代意义上的“资本”这个词大约出现于1630年。《牛津英语词典》为这个词下了一条简明的定义：“用于再生产的财富积累”。这是有关资本的中性描述。从这个意义上说，不论在哪个时代，只要剩余产品用于再生产就都具有资本的属性。有西方学者认为，“资本主义”这个词比“资本”一词更新，直到19世纪中叶作为“社会主义”的反义词才出现，——顺便补充一句，也有学者指出，马克思、恩格斯著作中的“资本主义”严格地说是指“资产阶级的”——我们至少可以说，资本主义制度建立在市场经济基础之上，强调私有制、创业机会、技术革新、契约的神圣不可侵犯、以货币形式支付劳动报酬以及信贷。也就是说，它必须有市场经济；其法律体系必须维护私有财产和契约的不可侵犯性；商品和服务的价值不能取决于诸如“公平价格”等外在观念，其价值取决于别人愿意为之付出多少；财产应该是可转让的；工资必须以货币支付；企业家创业以及技术进步应受到鼓励。一个国家必须具备这些因素才能称为“资本主义”。资本主义体系依靠对投资的信任，资本主义的实质是一种面向未来的心理学问——对财富和收入的追求既是为了今天也是为了明天。[①] 这些说法可以看作是对资本主义轮廓的一个大致的描绘。如果将“资本”发展成“资本主义”，那就涉及生产关系的变革了。“资本”这个词在资本主义条件下体现的是资本主义生产关系。

---

① 托马斯·K. 麦格劳：《现代资本主义》，赵文书、肖锁章译，江苏人民出版社2000年版，第4、591页。

一般关于资本主义历史起源的描述是：14—15 世纪欧洲地中海沿岸今之意大利北部的一些城市，如米兰、威尼斯、热那亚、佛罗伦萨等地，在纺织、造船、冶金等行业中，产生了早期的资本家和雇佣工人，“稀疏”地出现了资本主义的萌芽。用马克思、恩格斯的话说，“从中世纪的农奴中产生了初期城市的城关市民；从这个市民等级中发展出最初的资产阶级分子；从这个市民等级中发展出最初的资产阶级分子。”① 看来，资产阶级也是劳动人民出身。事实也是这样。他们基本上是封建庄园里的手工业者、“师傅”，因不满封建领主的压榨而逃往城市，或聚集在渡口、交通要道形成城市，在西欧的那种封建制度下，领主们对他们往往无能为力。于是他们在城市逐渐成了气候。为了躲避封建贵族的骚扰，他们一般都住进城堡里——弗莱堡、萨尔茨堡、海德堡之“堡”，故称为“堡民”，法语“资产阶级”这个名词就是由此演变而来。这种生产方式具有强烈的扩张性质。那时的欧洲实行金本位，为得到发展商品经济所需要的黄金白银、开拓原料产地和商品市场，欧洲国家以西班牙、葡萄牙为据点兴起了一股航海热和探险热，试图打通东西方之间的海上航线。随着 1500 年前后新航路的开辟，真正的资本主义时代开始了。自那以后，资本主义的“世界历史”即所谓“全球化”逐步形成。而在此之前，“人类基本上生活在彼此隔绝的地区中。各种族集团实际上以完全与世隔绝的方式散居各地。直到 1500 年前后，各种族集团之间才第一次有了直接的交往”。因此，“严格的全球意义上的世界历史直到哥伦布、达·伽马和麦哲伦进行远航探险时才开始。在这以前，只有各民族相对平行的历史，而没有一种统一的人类历史”。② 随着新航路的开辟，资本主义的中心也从地中海沿岸转移到

---

① 马克思、恩格斯：《共产党宣言》，《马克思恩格斯选集》第 1 卷，人民出版社 2012 年版，第 401 页。

② 斯塔夫里阿诺斯：《全球通史 1500 年以后的世界》，吴象婴、梁赤民译，上海社会科学出版社 1999 年版，第 3 页。

了大西洋沿岸。有一种观点认为，中亚地区兴起的奥斯曼土耳其帝国中断了欧洲和远东地区的商业交往，迫使欧洲人不得不面向大西洋，以通过开辟新航路绕过非洲好望角到达印度，或者向西跨越大西洋直达东方，或者从北冰洋经白令海峡绕到东方。事实上，欧洲航海家也是按照这三条路径进行探险，但只有前两条航线得以成功开辟，而第三条航线的开辟则因环境极其恶劣而以失败告终。但是从世界历史的进程看，奥斯曼土耳其帝国的崛起不过是个偶然因素，新航路的开辟则是资本主义兴起的必然产物。结果是，“美洲的发现、绕过非洲的航行，给新兴的资产阶级开辟了新天地。东印度和中国的市场、美洲的殖民化、对殖民地的贸易、交换手段和一般商品的增加，使商业、航海业和工业空前高涨，因而使正在崩溃的封建社会内部的革命因素迅速发展。”① 但是商品生产所蕴含的私人劳动和社会需求之间的矛盾必然导致小商品生产者之间的分化。尤其是他们之间的剧烈竞争促进了生产资料向少数人手里集中，而多数人因破产而沦为无产者，只有向少数资本家出卖劳动力得以维持生计，资本家和雇佣工人之间的雇佣关系由此形成和发展。最初的无产者由行会的帮工、农奴转化而来，而随着分化的加剧，无产阶级从中间等级的下层居民中得到了补充。从根本上说，资本主义是生产方式和交换方式变革的产物，最终通过资产阶级的思想革命、政治革命和产业革命确立了自己的阶级统治和生产方式。

关于资本主义起源的理论可谓精彩纷呈。即使在马克思主义理论界，也存在着争议和许多不同的说法。美国学者罗伯特·布伦纳认为，关于封建主义向资本主义过渡问题，马克思先后提供了两种解释模式。第一种模式出现在马克思早期著作《德意志意识形态》、《哲学的贫困》和《共产党宣言》中。该模式认为，分工直接代表

① 马克思、恩格斯：《共产党宣言》，《马克思恩格斯选集》第1卷，人民出版社2012年版，第401页。

的是生产力发展水平，因市场的扩张而变，并继而决定了社会财产和阶级关系。根据该模式的基本描述，由封建主义向资本主义的过渡，指的是一个发展中的资本主义社会的成熟，它发源于封建社会内部，并从不断发展的世界贸易中汲取营养。该模式的落脚点是资产阶级革命，即认为通过这一革命进程，新兴资产阶级社会打破旧社会的束缚，从而为其持久的自我发展打下基础。第二种模式出现在《政治经济学批判大纲》《资本论》以及其他一些晚期著作中，但却从未得到马克思的充分完善。该模式的核心是“生产方式论”。基于这个理论，封建主义向资本主义的过渡从具有冲突性的再生产开始，即一方面是农民生产者阶级直接通过非市场化渠道拥有其自身再生产资料，另一方面则是地主统治阶级和剥削阶级借助于超经济强制手段从农民生产者身上榨取剩余以进行其自身再生产。该模式的最终目的旨在解释“所谓的原始积累”，从这一视角来看，后者指的是构成封建生产方式的基本财产关系被封建社会本身的行为所打破和改造的系列社会进程。① 两种模式其实代表的是一个问题的两个方面，生产力的发展、分工的细化和生产资料向少数资本家手中积累，共同构成商品生产得以发展的原因和资本主义产生的历史前提。

马克思的理论研究显然以英国的资本主义为典型。传统观点认为，英国都铎王朝时期（1485—1603 年）是英国大变革时期。其标志是，政治制度上建立起了专制主义的统治，经济上资本主义不断成长壮大，文化上更属于欧洲的文艺复兴时期，由此呈现出一派繁荣景象。但是近年来的研究对上述的许多说法都提出了疑问。马克思在《资本论》中所构筑的英国资本主义产生的历史在世界历史中的典型性已经大受怀疑。圈地运动使小农破产进而形成两极分化的

① 罗伯特·布伦纳：《马克思社会发展理论新解》，张秀琴等译，中国人民大学出版社 2016 年版，第 1—2 页。

说法是否成立，在实证上和理论上都有许多争论，成为世界史上的难题。[①] Bourgeoie 这个词，中国原来把它译成“资产阶级”，现在资产阶级在资产阶级革命前的存在与理论也是大有争议的问题。但是无论如何，不能否认资本主义已经在欧洲破土而出的事实。我国学者马克垚认为，在 17—18 世纪，法国的资产阶级有一定的成长，逐渐积累了力量。这里包括金融家，从事海外贸易、批发业务等的大商人，以及开办手工业工场的手工业主。[②] 而英国革命发生时，其资本主义成分还相当低。16 世纪圈地运动规模比较小，没有造成大批的农业无产者。工商业中的资本主义因素很少，主要活动的是商人、包税人、冒险家等。直到 18 世纪的工业革命，尤其是瓦特蒸汽机被发明、使用、推广，使西欧生产力飞快发展，社会各方面发生变化，才是工业革命的标志。资本主义性质的工厂在英国建立起来。[③] 事实上，从莫尔的《乌托邦》发表到 18 世纪英国产业革命之间的资本主义自身发展细节的叙述，在理论上似乎还不够清晰。

如果撇开细节，用辩证法的眼光看待资本主义的发展就会发现，资本主义经历了一个从封建社会母体内部萌芽发展到破土而出，再到确立自己的统治地位的过程，今天资本主义的“事实”迫使人们对以往的资本主义历史进行一番新的研究，则它从 14 世纪就开始其历史进程，这大体符合实际。到马克思和恩格斯生活的时代，它的发展大体经历了三个阶段，即简单协作、工场手工业、机器大工业。产业革命于 18 世纪中叶首先发生在英国，起点是机器的发明和使用。尤其是蒸汽机的发明和使用结束了资本主义工场手工业的状态，使资本主义进入机器大工业的阶段。到了 19 世纪 30 年代末期，英国基本完成产业革命，实现了资本主义工业化。此后，美国、法国、德国等国从 19 世纪初开始，步英国之后尘先后开始了产业革命。因

① 马克垚：《古代专制制度考察》，北京大学出版社 2017 年版，第 114—115 页。
② 马克垚：《古代专制制度考察》，北京大学出版社 2017 年版，第 140 页。
③ 马克垚：《古代专制制度考察》，北京大学出版社 2017 年版，第 151 页。

已经有了英国的样板和经验，进展则更为迅猛。大体上说，美国于50年代、法国于60年代末期、德国于70年代末期实现了工业化。只是在机器大工业形成的社会化大生产的基础上，资产阶级的政治统治和资本主义生产方式才站稳了脚跟。但是，社会化大生产一经形成，资本主义的矛盾也随即暴露出来。这种矛盾在无产阶级的头脑中的反映就是社会主义观念——无产阶级的那种“社会存在”必然决定那种“社会意识”。

那么，这种冲突表现在哪里呢？

这单独一句话构成了一个自然段，起到了承上启下的作用。资本主义生产方式已经历史地产生了。至于它如何产生暂且搁置一旁，这并不影响它自身矛盾的客观存在，需要的是说明它的细节，揭示这种冲突的表现。

在资本主义生产出现之前，即在中世纪，普遍地存在着以劳动者私人占有生产资料为基础的小生产：小农的即自由农或依附农的农业和城市的手工业。劳动资料——土地、农具、作坊、手工工具——都是个人的劳动资料，只供个人使用，因而必然是小的、简陋的、有限的。但是，正因为如此，它们也照例是属于生产者自己的。把这些分散的小的生产资料加以集中和扩大，把它们变成现代的强有力的生产杠杆，这正是资本主义生产方式及其承担者即资产阶级的历史作用。资产阶级怎样从15世纪起经过简单协作、工场手工业和大工业这三个阶段历史地实现了这种作用，马克思在《资本论》第四篇中已经作了详尽的阐述。但是，正如马克思在那里所证明的，资产阶级要是不把这些有限的生产资料从个人的生产资料变为社会化的即只能由一批人共同使用的生产资料，就不能把它们变成强大的生产力。纺纱机、机械织机和蒸汽锤代替了纺车、手工织机和手工锻锤；需要成百上千的人进行协作的工厂代替了小作坊。同生产资料一样，生产本身也从一系列的个人行动变成了一系列的社会行动，而产品也从个人的产品变成了社会的产品。现在工厂所出产的纱、布、金属制品，都是许多工人的共同产品，都必须顺次经过他们的手，然后才变为成品。他们当中没有一个人能够说：这是我做的，这是我的产品。

冲突就是矛盾。按照唯物史观，生产力、生产关系和上层建筑三者之间的矛盾普遍存在。远的不说，资本主义从中世纪的封建社会中脱胎而出。要了解资本主义生产方式的独特特征，必然要把它和封建的生产方式加以对比。关于“封建社会”也是一个有争议的问题。从狭义上说，“封建”就是一种“分封建制”的等级制度，从广义上说就是以自耕农手工劳动为主的传统农业社会。当然，这里所谓封建社会特指欧洲中世纪的那种状态。不论是自给自足还是从事商品生产，封建社会的生产方式都属于小生产，即以个体、家庭或庄园的私人劳动为主。这种生产的技术方式要求劳动者个体私人占有生产资料。即使在资本主义的简单协作和工场手工业阶段，生产的技术方式也没有完全摆脱中世纪这种小生产的性质。“工场”基础上的手工业本质上仍然是个体行为，因此工人也从未摆脱“行会”的束缚。产业革命带来了机器大工业。“所有发达的机器都由三个本质上不同的部分组成：发动机，传动机构，工具机或工作机。”① 正是因为这三个部分组成一个有机的整体，资本主义生产的技术方式才由“工场”变成了“工厂”。大机器生产造成生产的集中，因而促进了大企业和工业中心的形成。而“工厂”则代替了“工场”，消除了个体劳动的属性，造成了众多工人分工协作、共同使用“机器”的局面，这就是生产资料使用的社会化；这种情况也造成了高度发达的社会分工，产品的制造要经过若干道工序、经过

① 马克思：《资本论》，《马克思恩格斯选集》第2卷，人民出版社2012年版，第217页。

众多工人的手将其完成，这便是劳动过程的社会化；在这个过程中制造的劳动产品已不像个体生产条件下打上“张记”“李记”的烙印，而是由某某厂、某某公司“荣誉出品”，即使独立的厂家也不过是分工协作生产链条上的一个环节，这就是劳动产品的社会性质。这一切正是产业革命带来的后果，概括地说，就是实现了生产的社会化或社会化大生产。这正是由于机器的使用发展了劳动过程的集体形式，把大量零碎的和合资独立的个体劳动过程变成了联合劳动的过程。既然生产实现了社会化生产资料、生产过程的管理，劳动成果的支配也应该具有社会化的形式——全社会共同占有生产资料、共同管理生产过程，共同支配劳动成果。但在资本主义条件下，这一切又和中世纪的生产方式一样打上了私人的烙印——生产资料仍然由资本家私人占有，生产过程由资本家管理，劳动产品大部分以剩余价值的形式被资本家所攫取——工人所得不过是劳动力的价格，于是资本主义生产方式的矛盾在“生产”和“交换”领域爆发了。

但是，在自发的、无计划地逐渐形成的社会内部分工成了生产的基本形式的地方，这种分工就使产品具有商品的形式，而商品的相互交换，即买和卖，使个体生产者有可能满足自己的各式各样的需要。中世纪的情况就是这样。例如，农民把农产品卖给手工业者，从他们那里买得手工业品。在这种个体生产者即商品生产者的社会中，渗入了一种新的生产方式。它在整个社会中占支配地位的自发的无计划的分工中间，确立了在个别工厂里的有组织的有计划的分工；在个体生产旁边出现了社会化生产。两者的产品在同一市场上出卖，因而价格至少大体相等。但是，有计划的组织要比自发的分工有力量；采用社会化劳动的工厂里所制造的产品，要比分散的小生产者所制造的便宜。个体生产在一个又一个的部门中遭到失败，社会化生产使全部旧的生产方式发生革命。但是它的这种革命性质并不为人所认识，结果它反而被用来当作提高和促进商品生产的手段。它的产生，是同商品生产和商品交换的一定的已经存在的杠杆即商人资本、手工业、雇佣劳动直接联系着的。由于它本身是作为商品生产的一种新形式出现的，因此商品生产的占有形式对它也保持着全部效力。

资本主义建立在商品生产基础之上，但商品生产不等于资本主义，它在前资本主义社会中就已存在，比如这里说的中世纪。似乎还不能说中世纪的商品生产具有“自发”和“无计划”的性质，“农民把农产品卖给手工业者，从他们那里买得手工业品”，千百年来基本是这样，小生产者之间自然地达成默契，并没有生产过剩的情况发生，反之，生产不足却是常态。“行会”本身就是计划组织。随着生产力的发展，简单劳动变成了复杂劳动，劳动生产率的提高必然带来更多的剩余产品，结果促进了社会分工和交换的发展。在这种情况下，中世纪那种“田园诗”般的社会生活必然被商品生产的大潮所冲毁。劳动过程的集中造成了生产的社会化，社会化的生产又造成了远高于分散的小生产的劳动生产率，即产品更“便宜”。建立在个体所有制基础上的小生产必然遭到排挤，它们之间的分化也在加剧。但是，这个分化过程并没有把生产资料集中在“社会”手里，而是仍然被私人所占有，只不过这个“私人”已经不叫封建主、师傅、个体户了，变成了一个叫资本家的阶级。人与人之间的关系变成了赤裸裸的金钱关系。这表明，生产力的发展已经达到了一种新的境界，必然要突破小生产的框框，以资本主义的形式为自己开辟道路。反过来，资本主义生产方式又使商品生产得到了充分的发展。既然还是商品生产，这就意味着，生产虽然逐步社会化了，生产资料的私有制仍然是资本主义生产方式的经济基础。

在中世纪得到发展的那种商品生产中，劳动产品应当属于谁的问题根本不可能发生。当时个体生产者通常都用自己所有的、往往是自己生产的原料，用自己的劳动资料，用自己或家属的手工劳动来制造产品。这样的产品根本用不着他去占有，它自然是属于他的。因此，产品的所有权是以自己的劳动为基础的。即使利用过别人的帮助，这种帮助通常也是次要的，而且往往除工资以外还得到别的报酬：行会的学徒和帮工与其说是为了吃饭和挣钱而劳动，不如说是为了自己学成手艺当师傅而劳动。后来生产资料开始集中在大的作坊和手工工场中，开始变为真正社会化的生产资料。但是，这些社会化的生产资料和产品还像从前一样仍被当作个人的生产资料和产品来处理。从前，劳动资料的占有者占有产品，因为这些产品通常是他自己的产品，别人的辅助劳动是一种例外，而现在，劳动资料的占有者还继续占有产品，虽然这些产品已经不是他的产品，而完全是别人劳动的产品了。这样，现在按社会化方式生产的产品已经不归那些真正使用生产资料和真正生产这些产品的人占有，而是归资本家占有。生产资料和生产实质上已经社会化了。但是，它们仍然服从于这样一种占有形式，这种占有形式是以个体的私人生产为前提，因而在这种形式下每个人都占有自己的产品并把这个产品拿到市场上去出卖。生产方式虽然已经消灭了这一占有形式的前提，但是它仍然服从于这一占有形式。赋予新的生产方式以资本主义性质的这一矛盾，已经包含着现代的一切冲突的萌芽。新的生产方式越是在一切有决定意义的生产部门和一切在经济上起决定作用的国家里占统治地位，并从而把个体生产排挤到无足轻重的残余地位，社会化生产和资本主义占有的不相容性，也必然越发鲜明地表现出来。

在中世纪的商品生产中，个体生产的分散性客观上要求生产者私人占有生产资料。无论是农业还是手工业，只要以手工劳动为基础，一个人或一家一户就能完成一件产品的生产过程，就用不着把土地或什么铁匠炉“归大堆”，小生产者在头脑中也不可能产生出生产资料公有制的想法。即使那些学徒帮工也指望有朝一日能上升到师傅，而且这极具现实可能性。师傅和学徒的关系也具有和谐的性质，许多师傅还把自己的女儿嫁给学徒或帮工，以便传承家业和手艺。用理论术语来表述，这就是生产力与生产关系的基本适应。正是因为适应，所谓中世纪的封建社会在欧洲至少维持了一千年。而且中世纪也不像启蒙思想家所说的那么“黑暗”，恰恰相反，它既保存了古希腊罗马的文化，又推动了生产力的发展，由此开启了资本主义的征程。但是，现在情况变了，“生产资料和生产实质上已经社会化了”，那么从逻辑上说，生产资料就应该归“社会”占有，就应该消除商品生产这种形式，使社会生产直接满足社会需要。但恰恰资本主义生产方式还是以生产资料的私有制为基础，尤其在社会化大生产已经把个体生产排斥到无足轻重的残余地位的条件下，生产力与生产关系之间的矛盾便以“社会化生产和资本主义占有的不相容性”越发鲜明地表现出来。这个表述揭示的是资本主义生产方式矛盾的经济根源。既然提到“矛盾”，就要指出首先是“谁”和“谁”之间的矛盾，这就要求到资本主义生产方式造成的社会关系领域去寻找它的表现形式。

如上所述，最初的资本家就已经遇到了现成的雇佣劳动形式。但是，那时雇佣劳动是一种例外，一种副业，一种辅助办法，一种暂时措施。不时出去打短工的农业劳动者，都有自己的几亩土地，不得已时单靠这些土地也能生活。行会条例是要使今天的帮工明天可以成为师傅。但是，生产资料一旦变为社会化的生产资料并集中在资本家手中，情形就改变了。个体小生产者的生产资料和产品变得越来越没有价值；他们除了受雇于资本家就没有别的出路。雇佣劳动以前是一种例外和辅助办法，现在成了整个生产的通例和基本形式；以前是一种副业，现在成了工人的唯一职业。暂时的雇佣劳动者变成了终身的雇佣劳动者。此外，由于同时发生了封建制度的崩溃，封建主扈从人员被解散，农民被逐出自己的家园等，终身的雇佣劳动者大量增加了。集中在资本家手中的生产资料和除了自己的劳动力以外一无所有的生产者彻底分离了。社会化生产和资本主义占有之间的矛盾表现为无产阶级和资产阶级的对立。

资本主义生产方式的产生离不开雇佣劳动关系。为了维持和不断再生产出这种关系，就需要生产资料向少数资本家的手里集中，以至于资本家能够凭借对生产资料的私人占有“雇”来人；还需要众多的手工业者和农民通过“破产”失去生产资料只能“受雇于”资本家。所以，农民无产阶级化的程度越高，资本主义的发展就越充分。这两个条件的形成过程就是所谓的“原始积累”。这还不够，与此同时还要消灭封建社会的生产关系，使手工业者和农民摆脱行会和封建领主的人身束缚，成为“自由的”劳动者。这些条件通过资本主义自身的发展都已经实现了，结果“无产阶级和资产阶级的对立”上升为社会的主要矛盾。资本主义社会的主角“谁和谁”找到了。他们之间的对立反映的是“社会化生产和资本主义占有之间的矛盾”——这也是关于资本主义生产方式矛盾的正宗的表述。

我们已经看到，资本主义生产方式渗入了商品生产者即通过自己产品的交换来实现社会联系的个体生产者的社会。但是，每个以商品生产为基础的社会都有一个特点：这里的生产者丧失了对他们自己的社会关系的控制。每个人都用自己偶然拥有的生产资料并为自己的特殊的交换需要而各自进行生产。谁也不知道，他的那种商品在市场上会出现多少，究竟需要多少；谁也不知道，他的个人产品是否真正为人所需要，是否能收回它的成本，到底是否能卖出去。社会生产的无政府状态占统治地位。但是，商品生产同任何其他生产形式一样，有其特殊的、固有的、和它分不开的规律；这些规律不顾无政府状态、在无政府状态中、通过无政府状态而为自己开辟道路。这些规律在社会联系的唯一继续存在的形式即交换中表现出来，并且作为竞争的强制规律对各个生产者发生作用。所以，这些规律起初连这些生产者也不知道，只是由于长期的经验才逐渐被他们发现。所以，这些规律是在不经过生产者并且同生产者对立的情况下，作为他们的生产形式的盲目起作用的自然规律而为自己开辟道路。产品支配着生产者。

私人劳动和生产的社会属性始终存在着矛盾。小生产者只能支配自己那点可怜的生产资料，但也正因为他们本身都具有相对独立性而不可能成为“人与人”之间社会关系的主宰，或者说只能在这种关系中处于盲目服从的地位。他的生产和交换由此便受到瞬息万变的市场力量所支配，他的命运被占统治地位的“无政府状态”所捉弄而不能掌握在自己的手中，这样一来就随时随地处在破产的威胁中。这就是所谓的“产品支配着生产者”，用《共产党宣言》的话表述就是“过去支配现在”，也就是早年被马克思所描述过的“异化”现象。一旦他们的生产受到拥有雄厚财力的大资本家所支配，其历史命运就是沦落为雇佣劳动者。

在中世纪的社会里，特别是在最初几世纪，生产基本上是为了供自己消费。它主要只是满足生产者及其家属的需要。在那些有人身依附关系的地方，例如在农村中，生产还满足封建主的需要。因此，在这里没有交换，产品也不具有商品的性质。农民家庭差不多生产了自己所需要的一切：食物、用具和衣服。只有当他们在满足自己的需要并向封建主交纳实物贡赋以后还能生产更多的东西时，他们才开始生产商品；这种投入社会交换即拿去出卖的多余产品就成了商品。诚然，城市手工业者一开始就必然为交换而生产。但是，他们也自己生产自己所需要的大部分东西；他们有园圃和小块土地；他们在公共森林中放牧牲畜，并且从这些森林中取得木材和燃料；

妇女纺麻、纺羊毛等。以交换为目的的生产，即商品生产，还只是在形成中。因此，交换是有限的，市场是狭小的，生产方式是稳定的，地方和外界是隔绝的，地方内部是统一的；农村中有马尔克，城市中有行会。

商品生产的前提早在原始社会向文明社会过渡之际就已具备。无非就是有了一定的剩余产品用于交换，有了社会分工使交换成为必要，有了生产资料的私有制使生产者之间能够支配自己的产品实现等价交换。但是在漫长的传统农业社会中，甚至在中世纪——一般称作封建社会——之初，自给自足的自然经济一直占统治地位，像在我国是农业和家庭手工业紧密结合，商品生产反倒是自然经济的一种“补充”。自然经济本身没有生产的无政府状态这个特征，“清明忙种麦，谷雨种大田”这样的谚语表明生产不违农时，计划周密。商品生产的有限性导致封建社会的生产方式处于稳定状态。农村的“马尔克”即类似“公社”那样的组织，城市的“行会”相当于“计划委员会”和“经济委员会”合署。不过，这一切都被资本主义生产方式所打破，小生产的眷恋之情和行会意识也随之在产业革命的机器轰鸣中被粉碎。

但是，随着商品生产的扩展，特别是随着资本主义生产方式的出现，以前潜伏着的商品生产规律也就越来越公开、越来越有力地发挥作用了。旧日的束缚已经松弛，旧日的壁障已经突破，生产者日益变为独立的、分散的商品生产者了。社会生产的无政府状态已经表现出来，并且越来越走向极端。但是，资本主义生产方式用来加剧社会生产中的这种无政府状态的主要工具正是无政府状态的直接对立物：每一单个生产企业中的生产作为社会化生产所具有的日益加强的组织性。资本主义生产方式利用这一杠杆结束了旧日的和平的稳定状态。它在哪一个工业部门被采用，就不容许任何旧的生产方法在那里和它并存。它在哪里控制了手工业，就把那里的旧的手工业消灭掉。劳动场地变成了战场。伟大的地理发现以及随之而来的殖民地的开拓使销售市场扩大了许多倍，并且加速了手工业向工场手工业的转化。斗争不仅爆发于地方的各个生产者之间；地方性的斗争又发展为全国性的，发展为17世纪和18世纪的商业战争。最后，大工业和世界市场的形成使这个斗争成为普遍的，同时使它具有了空前的剧烈性。在资本家和资本家之间，在工业部门和工业部门之间以及国家和国家之间，生死存亡都取决于天然的或人为的生产条件的优劣。失败者被无情地淘汰掉。这是从自然界加倍疯狂地搬到社会中来的达尔文的个体生存斗争。动物的自然状态竟表现为人类发展的顶点。社会化生产和资本主义占有之间的矛盾表现为个别工厂中生产的组织性和整个社会中生产的无政府状态之间的对立。

商品生产并非资本主义所独有，但资本主义建立在商品生产的基础上并把它发展到极致。与经济“全球化”相伴随，商品生产的内在矛盾和规律也在资本主义世界体系中充分表现出来并发挥着作用，它首先表现为世界市场中的剧烈竞争。这种竞争体现在阶级内部、阶级之间、国家之间，简单地说，即“人与人”之间。人类又仿佛退回到动物界的那种“物竞天择、适者生存”，一切人反对一切人战争的自然状态。这种状况都来源于资本主义生产方式矛盾的另一个表现，即“个别工厂中生产的组织性和整个社会中生产的无政府状态之间的对立”。到此为止，已经找到了“社会化生产和资本主义占有的不相容性”的两种表现形式了。这两种表现形式正是“现代社会主义”的考察对象。第一章第一自然段的第一句话在这里得以再现。这种不相容性造成的矛盾必然带来一系列后果。

资本主义生产方式在它生而具有的矛盾的这两种表现形式中运

动着，它毫无出路地处在早已为傅立叶所发现的“恶性循环”中。诚然，傅立叶在他那个时代还不能看到：这种循环在逐渐缩小；更确切地说，运动沿螺线行进，并且必然像行星的运动一样，由于同中心相碰撞而告终。社会的生产无政府状态的推动力使大多数人日益变为无产者，而无产者群众又将最终结束生产的无政府状态。社会的生产无政府状态的推动力，使大工业中的机器无止境地改进的可能性变成一种迫使每个工业资本家在遭受毁灭的威胁下不断改进自己的机器的强制性命令。但是，机器的改进就造成人的劳动的过剩。如果说机器的采用和增加意味着成百万的手工劳动者为少数机器劳动者所排挤，那么，机器的改进就意味着越来越多的机器劳动者本身受到排挤，而归根结底就意味着造成一批超过资本雇工的平均需要的、可供支配的雇佣劳动者，一支真正的产业后备军（我早在 1845 年就这样称呼他们），这支后备军在工业开足马力工作的时期可供随意支配，而由于随后必然到来的崩溃又被抛到街头，这支后备军任何时候都是工人阶级在自己同资本进行生存斗争中的绊脚石，是把工资抑制在合乎资本家需要的低水平上的调节器。这样一来，机器，用马克思的话来说，就成了资本用来对付工人阶级的最强有力的武器，劳动资料不断地夺走工人手中的生活资料，工人自己的产品变成了奴役工人的工具。于是，劳动资料的节约，一开始就同时成为对劳动力的最无情的浪费和对劳动发挥作用的正常条件的剥夺；机器这一缩短劳动时间的最有力的手段，变成了使工人及其家属一生的时间转化为可以随意用来增殖资本的劳动时间的最可靠的手段；于是，一部分人的过度劳动成了另一部分人失业的前提，而在全世界追逐新消费者的大工业，却在国内把群众的消费限制到忍饥挨饿这样一个最低水平，从而破坏了自己的国内市场。“使相对过剩人口或产业后备军同资本积累的规模和能力始终保持平衡的规律把工人钉在资本上，比赫斐斯塔司的楔子把普罗米修斯钉在岩石上钉得还要牢。这一规律制约着同资本积累相适应的贫困积累。因此，在一极是财富的积累，同时在另一极，即在把自己的产品作为资本来生产的阶级方面，是贫困、劳动折磨、受奴役、无知、粗野和道德堕落的积累。”（马克思：《资本论》，第671页）而期待资本主义生产方式有另一种产品分配，那就等于要求电池的电极和电池相联时不使水分解，不在阳极放出氧和在阴极放出氢。

资本主义生产方式矛盾的两种表现形式造成了“恶性循环”，使工人阶级“直接吃到它的苦头”，给他们带来的后果一是失业，二是贫困即机器排挤工人和两极分化。

机器本来是先进生产力的体现。大工业中机器无止境地改进本来是科学技术进步和生产力发展的产物，但是，这一切发生在生产的无政府状态下，使劳动生产率的提高以工人的失业为代价。由此，便造成劳动力过剩，形成一支“产业后备军”。产业后备军由失业的工人组成，完全受资本运行规律的支配。它的存在对在岗的工人造成巨大的竞争压力，资本家可以把这些工人的工资压低到最大限度，反过来抑制了消费的需求，使供求关系失衡。这并不是机器的过错，而是在于机器的资本主义应用方式，而且资本家为了剥夺更多的剩余价值，也有意维持这样一支产业后备军队伍。

劳动生产率的提高在促进资本积累的同时也导致了贫困的积累，这就是人们常说的“两极分化”。据说，西斯蒙第是第一个提出资本主义发展过程中社会两极分化和无产阶级形成的经济学家。这种分化恰好发生在资产阶级和无产阶级之间。在资产阶级那一极是财富的积累，而在无产阶级这一极，积累的是“贫困、劳动折磨、受奴役、无知、粗野和道德堕落”。其实“无知、粗野和道德堕落”并非无产阶级的“本性”，而是“贫困、劳动折磨、受奴役”的伴生物或衍生物，根源在于资本主义生产方式和由此形成的社会环境。就无产阶级反对资产阶级的革命斗争而言，在阶级矛盾尖锐化的条件下，斗争的方式肯定极为“粗野”；而在矛盾有所缓和的情况下，则表现得比较“文明”。“产业后备军”的存在又加剧了这种分化。资本主义生产方式本身无法解决这个问题。不仅如此，周期性的经济危机又使工人阶级的状况雪上加霜。

我们已经看到，现代机器的已经达到极高程度的改进的可能性，怎样由于社会中的生产无政府状态而变成一种迫使各个工业资本家不断改进自己的机器、不断提高机器的生产能力的强制性命令。对资本家来说，扩大自己的生产规模的单纯的实际可能性也变成了同样的强制性命令。大工业的巨大的扩张力——气体的膨胀力同它相比简直是儿戏——现在在我们面前表现为不顾任何反作用力而在质量上和数量上进行扩张的需要。这种反作用力是由大工业产品的消费、销路、市场形成的。但是，市场向广度和深度扩张的能力首先是受完全不同的、力量弱得多的规律支配的。市场的扩张赶不上生产的扩张。冲突成为不可避免的了，而且，因为它在把资本主义生产方式本身炸毁以前不能使矛盾得到解决，所以它就成为周期性的了。资本主义生产造成了新的“恶性循环”。

机器大工业的确立促进了劳动生产率的提高和生产力的发展。具体地说，就是表现为庞大的商品“堆积”。按理说生产也将产生需求、刺激消费，但需求和消费反过来并不是完全取决于生产本身，而是要受到其他因素的支配：比如商品琳琅满目，但消费者囊中羞涩，或者说“有效需求不足”——在资本主义条件下，“剩余价值”和“产业后备军”的存在把群众的消费限制到忍饥挨饿这样一个最低水平，结果便是“市场的扩张赶不上生产的扩张”。这就是生产方式和交换方式矛盾的具体表现。正是这个矛盾在资本主义生产方式条件下不可能得到解决，又使经济危机周期发作，恶性循环。

事实上，自从1825年第一次普遍危机爆发以来，整个工商业世界，一切文明民族及其野蛮程度不同的附属地中的生产和交换，差不多每隔十年就要出轨一次。交易停顿，市场盈溢，产品大量滞销积压，银根奇紧，信用停止，工厂停工，工人群众因为他们生产的生活资料过多而缺乏生活资料，破产相继发生，拍卖纷至沓来。停滞状态持续几年，生产力和产品被大量浪费和破坏，直到最后，大批积压的商品以或多或少压低了的价格卖出，生产和交换又逐渐恢复运转。步伐逐渐加快，慢步转成快步，工业快步转成跑步，跑步又转成工业、商业、信用和投机事业的真正障碍赛马中的狂奔，最后，经过几次拼命的跳跃重新陷入崩溃的深渊。如此反复不已。从1825年以来，这种情况我们已经历了整整五次，目前（1877年）正经历着第六次。这些危机的性质表现得这样明显，以致傅立叶把第一次危机称为 crise pléthorique［多血症危机］，即由过剩引起的危机时，就中肯地说明了所有这几次危机的实质。

1825年爆发的资本主义第一次经济危机发生在英国。这次危机是从货币危机开始，首先是股票行情猛烈下跌，到1826年初造成的损失约达1400万英镑；接着便是信用关系的破坏，导致银行纷纷破产，1825—1826年达70多家。1825年底，英格兰银行的黄金储备从1824年底的1070万镑降至120万镑。金融危机的后果是实体经济危机，1826年达到高潮，商品滞销，物价暴跌，倒闭的工商企业达到3500多家。对外贸易也受到严重影响，1824—1826年，棉布出口从3.45亿码降为2.67亿码，即减少了约23%。整个社会经济处于极度的恐慌和混乱之中。此后，平均大约每隔10年，就要发生一次这样的经济危机，依次为1837年、1847年、1857年和1866年。经济危机表现形式是生产过剩，而实质则是生产的无政府状态，一方面是生产与需求严重脱节，另一方面是广大工人和劳动群众购买力水平下降，根源则是工人阶级的相对贫困化甚至绝对贫困化。正是在第一次经济危机爆发这一年，圣西门去世，而傅立叶还健在。傅立叶不仅揭示了危机的实质，也指出了“富裕造成贫困”这个现象。如果说“恶性循环”在傅立叶那里还只是一种预测的话，那么现在回过头来看已经周期发作了。经济危机要经历四个阶段，即危机——“交易停顿，市场盈溢，产品大量滞销积压，银根奇紧，信用停止，工厂停工，工人群众因为他们生产的生活资料过多而缺乏生活资料，破产相继发生，拍卖纷至沓来”；萧条——“停滞状态持续几年，生产力和产品被大量浪费和破坏”；复苏——“直到最后，大批积压的商品以或多或少压低了的价格卖出，生产和交换又逐渐恢复运转”；高涨——“步伐逐渐加快，慢步转成快步，工业快步转成跑步，跑步又转成工业、商业、信用和投机事业的真正障碍赛马中的狂奔，最后，经过几次拼命的跳跃重新陷入崩溃的深渊”。“周期性”就过个十来年再来一次。危机产生的根源恰恰不是物资紧缺，而是生产过剩。这就是“矛盾”本身。

在危机中，社会化生产和资本主义占有之间的矛盾剧烈地爆发出来。商品流通暂时停顿下来；流通手段即货币成为流通的障碍；商品生产和商品流通的一切规律都颠倒过来了。经济的冲突达到了顶点：生产方式起来反对交换方式。

资本主义生产方式的矛盾贯穿资本主义生产的整个过程，但是在经济危机时期表现得最为剧烈。它已不再仅仅体现个别工厂中资本家和工人的对立了，也不仅仅是不同行业之间的竞争，冲突的实质是“生产方式起来反对交换方式”。这里所说的“生产方式”指的是资本主义条件下的机器大工业或社会化大生产，主要就生产力的社会性质和“生产的技术方式”而言；而“交换方式”，主要是指商品交换以及由此决定的资本家和工人之间的雇佣劳动关系。在马克思看来，资本家靠所有权生活，工人靠出卖劳动力谋生。资本家出钱购买的是工人的劳动力，“工资”不过反映的是劳动力的

“价格”而不是全部价值。“劳动价值”中的一部分“工资”由工人获得，另一部分即“剩余价值”则被资本家无偿占有。这种“交换方式”不仅再生产出资本，也不断再生产出雇佣劳动关系：资本家除了把剩余价值的一部分用作自己的消费、维持自己“体面”的生活以外，还有一部分又被投入到生产过程之中，剩余价值转化为资本即积累，通过资本的积累实现了财富在资本家一极的积累，使自己及子孙后代永远是资本家。而工人得到的报酬仅能满足自己和家庭的最低需求，既不能有足够的积蓄用作投资，更谈不上以此为凭借实现自由全面发展；不仅改变不了自己的身份和受雇佣的地位，子子孙孙也要被抛向无产阶级阵营。尽管可能有个别的无产者上升为资本家，个别资本家沦为无产者，但这种现象只是个案，丝毫改变不了无产阶级和资产阶级两大阶级的划分状况以及“两极分化”的趋势。当代法国学者皮凯蒂发表了一部长篇巨著，即《21 世纪资本论》，其中大量的篇幅和收集到的材料只是证明了一点：从 18 世纪以来，资本的收益始终高于劳动的收入，且有扩大趋势。因此，“生产方式起来反对交换方式”的含义就是，社会化的生产反对商品经济的交换，工人阶级的劳动反对资产阶级的剥削，社会性的生产力要求消除生产资料的私人占有。简而言之，就是生产力与生产关系发生了冲突。

工厂内部的生产的社会化组织，已经发展到同存在于它之旁并凌驾于它之上的社会中的生产无政府状态不能相容的地步。资本家自己也由于资本的猛烈积聚而感觉到这一事实，这种积聚是在危机期间通过许多大资本家和更多的小资本家的破产实现的。资本主义生产方式的全部机制在它自己创造的生产力的压力下失灵了。它已经不能把这大批生产资料全部变成资本；生产资料闲置起来，因此，产业后备军也不得不闲置起来。生产资料、生活资料、可供支配的工人——生产和一般财富的一切因素，都过剩了。但是，“过剩成了贫困和匮乏的源泉”（傅立叶），因为正是这种过剩阻碍生产资料和生活资料变为资本。因为在资本主义社会里，生产资料要不先变为资本，变为剥削人的劳动力的工具，就不能发挥作用。生产资料和生活资料的资本属性的必然性，像幽灵一样横在这些资料和工人之间。唯独这个必然性阻碍着生产的物的杠杆和人的杠杆的结合；唯独它不允许生产资料发挥作用，不允许工人劳动和生活。因此，一方面，资本主义生产方式暴露出它没有能力继续驾驭这种生产力；另一方面，这种生产力本身以日益增长的威力要求消除这种矛盾，要求摆脱它作为资本的那种属性，要求在事实上承认它作为社会生产力的那种性质。

生产力和生产关系始终处于辩证运动状态。资本主义生产方式矛盾带来的后果说明，资本主义生产关系从促进生产力解放和发展的因素变成了阻碍和束缚生产力发展的障碍了。既然这种矛盾的根源在于社会化生产和资本主义占有的不相容性，那么消除这种矛盾便有两种途径：一是变社会化大生产为小生产，许多空想社会主义者尤其是傅立叶持有这种主张，但这是历史的倒退。生产力不可遏止的发展态势也不允许出现这种状况：农民既然已经进了城，实现了向非农产业的转化，就决不会同意把自己再束缚到农村的土地上去从事手工劳动，对傅立叶的“佛朗吉”和欧文的公社也没有什么兴趣。那就只有第二种途径了，即变革资本主义的生产关系，不是让生产力去适应生产关系，而是让生产关系适应生产力解放和发展的需要。这种途径不是来自工人阶级的主观意志，而是来自生产力本身日益增长的威力；使生产力摆脱资本的属性就是消灭资本家的私人占有；“在事实上承认它作为社会生产力的那种性质”就是实现生产资料全社会的共同占有。这样，以生产的社会化为代表的“生产力”便和以全社会共同占有生产资料为特征的“生产关系”实现了统一，在这个基础上，交换方式也真正消除了“商品交换”的性质，实现了生产方式与交换方式的统一和相互适应，从而使资本主义生产方式矛盾得到解决。这样一来则意味着资本主义生产方式本身的灭亡，但资产阶级决不会轻易退出历史舞台。

猛烈增长着的生产力对它的资本属性的这种反作用力，要求承认生产力的社会本性的这种日益增长的压力，迫使资本家阶级本身在资本关系内部可能的限度内，越来越把生产力当作社会生产力看待。无论是信用无限膨胀的工业高涨时期，还是由大资本主义企业的破产造成的崩溃本身，都使大量生产资料不得不采取像我们在各种股份公司中所遇见的那种社会化形式。某些生产资料和交通手段一开始规模就很大，它们，例如铁路，排斥任何其他的资本主义经营形式。在一定的发展阶段上，这种形式也嫌不够了；国内同一工业部门的大生产者联合为一个“托拉斯”，即一个以调节生产为目的的联盟；他们规定应该生产的总产量，在彼此间分配产量，并且强制实行预先规定的出售价格。但是，这种托拉斯一遇到不景气的时候大部分就陷于瓦解，正因为如此，它们就趋向于更加集中的社会化：整个工业部门变为一个唯一的庞大的股份公司，国内的竞争让位于这一个公司在国内的垄断；例如还在 1890 年，英国的制碱业就发生了这种情形，现在，这一行业在所有 48 个大工厂合并后转到一个唯一的、统一管理的、拥有 12000 万马克资本的公司手中了。

资本主义生产方式的矛盾事实上也威胁到了资产阶级和资本主义生产方式的统治地位。但是，资本家出于自身的阶级利益不可能把生产资料真正交给社会。也许个别资本家可能会做到，而作为一个阶级必须执行资本的职能。为了维护自己的阶级统治，减少经济危机对生产经营活动造成的冲击，资本家也“在资本关系内部可能的限度内，越来越把生产力当作社会生产力看待”——由此引申出资产阶级的改良措施和改良运动。19 世纪 70 年代以后，资本主义出现了一些新的变化，开始由自由竞争向垄断过渡。这种情况在这部著作中也得以体现。股份公司作为适应生产社会化的一种企业经营组织形式得到了发展。尤其是托拉斯的出现，使得垄断的趋势有所加强。

在托拉斯中，自由竞争转变为垄断，而资本主义社会的无计划生产向行将到来的社会主义社会的计划生产投降。当然，这首先还是对资本家有利的。但是，在这里剥削变得这样明显，以致它必然会被废除。任何一个民族都不会容忍由托拉斯领导的生产，不会容忍由一小撮专靠剪息票为生的人对全社会进行如此露骨的剥削。

自由竞争转变为垄断只限于托拉斯内部，但这种组织绝不是无政府状态。在这里，生产的组织性和计划性更为突出地体现出来，本身就具有社会主义的特征，尤其按照圣西门的观点来看更是如此。如果将这种“计划生产”推广到全社会，那无疑便是社会主义的生产方式。但问题在于，托拉斯本身仍然是资本家的托拉斯，是资本家对生产资料的垄断而不是全社会共同占有生产资料，因而不能说托拉斯就是社会主义的生产组织，它仍然建立在生产资料私有制基础之上。正因为资本主义的性质没有改变，只是私有者个人转变成了私有者组织，垄断就必然遭到全社会的抵制。在这种情况下，“国家”就被推到风口浪尖上了。

无论在任何情况下，无论有或者没有托拉斯，资本主义社会的正式代表——国家终究不得不承担起对生产的管理。这种转化为国家财产的必要性首先表现在大规模的交通机构，即邮政、电报和铁路方面。

国家承担对生产的管理，意味着取代了私人资本家的一部分职能；不仅如此，垄断的趋势是国家垄断取代私人垄断，由此便产生了资本主义的国有化，即国家不仅要对生产实行“国营”，还要对生产资料实行“国有”。

如果说危机暴露出资产阶级没有能力继续驾驭现代生产力，那么，大的生产机构和交通机构向股份公司、托拉斯和国家财产的转变就表明资产阶级在这方面是多余的。资本家的全部社会职能现在由领工薪的职员来执行了。资本家除了拿红利、持有剪息票、在各种资本家相互争夺彼此的资本的交易所中进行投机以外，再也没有任何其他的社会活动了。资本主义生产方式起初排挤工人，现在却在排挤资本家了，完全像对待工人那样把他们赶到过剩人口中去，虽然暂时还没有把他们赶到产业后备军中去。

资本主义生产方式的主角是资本家——资本家占有生产资料，承担着管理生产过程的职能。一旦国家承担起了对生产的管理，所有权与经营权实现了分离，甚至国家也成了所有者，资本家就只是个“股东”而不是“经理”了，因被排挤而变得多余了。如果按照这个势头发展下去，资本家也将被“买断”，社会主义会自然产生，正如改良主义所希望的那样。但问题是，这个“国家”是谁的“国家”？

但是，无论向股份公司和托拉斯的转变，还是向国家财产的转变，都没有消除生产力的资本属性。在股份公司和托拉斯的场合，这一点是十分明显的。而现代国家也只是资产阶级社会为了维护资本主义生产方式的一般外部条件使之不受工人和个别资本家的侵犯而建立的组织。现代国家，不管它的形式如何，本质上都是资本主义的机器，资本家的国家，理想的总资本家。它越是把更多的生产力据为己有，就越是成为真正的总资本家，越是剥削更多的公民。

工人仍然是雇佣劳动者、无产者。资本关系并没有被消灭，反而被推到了顶点。但是在顶点上是要发生变革的。生产力归国家所有不是冲突的解决，但是这里包含着解决冲突的形式上的手段、解决冲突的线索。

无论如何，在资本主义生产方式条件下，国家始终是资产阶级的国家，而“工人无祖国”——这是《共产党宣言》中的基本观点。它一方面是说，无产阶级是一个整体。马克思的“具体劳动”和“抽象劳动”的划分，不仅说明的是包含在商品中使用价值和价值的来源，从中也可以认识到无产者个体和无产阶级之间的关系。具体劳动使他们之间存在着分工和竞争，抽象劳动则使他们成为一个阶级，换句话说，马克思通过抽象劳动抽象出一个无产阶级整体。它在世界历史中存在，在资本主义的世界体系中处于受剥削受压迫的地位，不论到哪个国家都摆脱不了这种命运。另一方面是说，无产阶级虽然也有国籍，但并不掌握国家政权。国家是一个阶级统治另一个阶级的暴力工具。19 世纪欧洲的国家，本质上都是资产阶级国家，是资产阶级统治无产阶级的工具。生产资料向国家财产的转变并没有实现其社会占有，而是私有制形态的变化。因此，资产阶级的改良并没有触动资本主义的生产关系，反而使资产阶级国家以“总资本家”的身份和以无产者为主体的全体人民发生了冲突。阶级斗争从社会关系领域扩展到国家政权层面上了。

资本主义的这种新变化自然引起了社会主义者的关注和探讨，当时在思想理论领域就发生了争论。传统观念认为，按照资本主义的概念即按照自由和经济法则，国家应该放手不管，但这种观念也受到了挑战。柯尔介绍说，听任资本主义不受限制地发展的概念，在法国总是遭到哲学家的强烈反对，他们赞扬国家的职能，认为国家是人民精神至高无上的代表。经济学家中反对资本主义理论的也不乏其人。1872 年，这些经济学家在爱森纳赫召开了一次德国经济学家代表大会，大会宣布赞成某种“国家社会主义”，当然不是赞成社会民主主义。[①] 德国社会民主党成员格奥尔格·冯·福尔马尔1892年在《白色评论》上发表了一篇论“国家社会主义”的文章，在攻击俾斯麦反动的“国家社会主义”之后，接着说，这番话不仅适用于俾斯麦的“国家社会主义”，而且也适用于“我们自己应该要求实行的若干项措施”，“人们可以把一切国家化的事业都叫作‘国家社会主义’，也就是把每一个从事剥削的企业从私人业主手中转入现有国家机构手中都叫作‘国家社会主义’”。他指出，社会党人曾投票赞成铁路国有化，也曾投票赞成建立各种新型的公共企业；他们这样做是正确的，因为这是走上改善社会条件的道路所必须迈出的一步。他说，社会党人决不能仅仅因为反对现存国家的阶级性，就连自己明知本来就很可取的国家活动也反对予以扩大。在接着发生的争论中，福尔马尔说国家尽管有阶级性，但在实践中仍然不得不考虑它对公众所负的但又为私人资本主义所完全忽视的某些职责。“在私营企业中起作用的为个人谋取眼前利益的动机在国营企业中大都消失了。”[②] 因此他要求组成一个主张立即进行社会改良的政党；这个党应该成为一个宣传国有化政策的党。这个论点引起了一场轩然大波，因为在德国早就有一批学院式的国家社会主义者，他们谴责阶级斗争，否认国家必须进行革命以改变其性质。当这个问题在1892年的柏林党代表大会上提出时，李卜克内西激烈地驳斥了福尔马尔的理论，他说，“当现存的国家接管企业，实行国有化的时候，国家并没有改变本身的性质，只是作为雇主取代了私人企业家的地位，工人并无所获，倒是国家加强了本身进行镇压的权力和能力”。他宣称，“这种所谓的国家社会主义实际上是国家资本主义。在这种

① G. D. H. 柯尔：《社会主义思想史》第2卷，何瑞丰译，商务印书馆1978年版，第258页。

② G. D. H. 科尔：《社会主义思想史》第3卷（上），何瑞丰译，商务印书馆1981年版，第287页。

制度下，经济奴役会扩大和加深政治奴役，而政治奴役反过来也是对经济奴役起同样的作用”。[①] 但是仅仅过了三年，李卜克内西的观点就开始了右转。

不过当时李卜克内西的观点就是来自马克思主义的分析：“生产力归国家所有不是冲突的解决，但是这里包含着解决冲突的形式上的手段，解决冲突的线索。”这里的“国家”当然是资产阶级国家。但是，“国家资本主义”不可能解决资本主义生产方式的矛盾，因为国家以私人资本家的身份占有生产资料并没有改变所有制的性质。而“解决冲突的形式上的手段，解决冲突的线索”则说明，它为解决矛盾提供了思路：“形式”是国有化，实质是私有制就行不通；“形式”是国有化，而国家政权由无产阶级执掌，就会实现对资本主义的变革。沿着这条线索，无产阶级和资产阶级将围绕国家政权进行“最后的斗争”了。

这种解决只能是在事实上承认现代生产力的社会本性，因而也就是使生产、占有和交换的方式同生产资料的社会性质相适应。而要实现这一点，只有由社会公开地和直接地占有已经发展到除了适于社会管理之外不适于任何其他管理的生产力。现在，生产资料和产品的社会性质反过来反对生产者本身，周期性地突破生产方式和交换方式，并且只是作为盲目起作用的自然规律强制性地和破坏性地为自己开辟道路，而随着社会占有生产力，这种社会性质就将为生产者完全自觉地运用，并且从造成混乱和周期性崩溃的原因变为生产本身的最有力的杠杆。

资本主义生产方式矛盾的解决就是使生产力与生产关系相适应。

---

① G. D. H. 科尔：《社会主义思想史》第3卷（上），何瑞丰译，商务印书馆1981年版，第287—288页。

从这个观点出发，生产资料不仅不能归资产阶级国家占有，也不能归无产阶级国家占有——“国家社会主义”这个概念本身就充满矛盾——而是应该归全社会共同占有和经营，这是矛盾的最终解决。届时，将彻底消除生产资料私有制造成的经济危机，生产力将在生产资料全社会共同占有的基础上得到解放和发展。这并不是出自某个社会集团的主观意志，而是生产力自身的客观要求；也不是来自事先构造的社会主义观念，相反，社会主义不过是对这种矛盾和要求的反映。历史将遵循“物”的必然趋势而不是按照“观念”的逻辑向前发展。这种必然性不以人们的主观意志为转移，但是完全可以为人们所认识和运用，这也是社会主义理论研究的目的所在。在传统的农业社会，生产力基本是个常量，本身没有“质”的飞跃；也正是这一点造成了传统社会没有“历史”的现象，正所谓“天不变道亦不变”。统治阶级的改朝换代虽然从经济基础上看是由土地占有方式的变化所决定，归根结底也是经济因素在起作用，但人们更愿意和注重从政治制度、道德伦理甚至偶然事件中去总结经验教训，这就造成了唯心史观在历史研究领域的统治地位。而且那时也不需要唯物史观——农民起义失败的原因在于没有工人阶级的领导，先不说这个观点本身是否合乎唯物史观，重要的是那时根本就没有工人阶级。不是说历史上的农民起义都失败了，但取得胜利的农民即使用“唯物史观”武装了头脑，也不会在封建王朝的废墟上确立起社会主义的制度。即使确立资本主义制度，也得由资本家出面牵头。资本主义生产方式推动了社会生产从手工劳动到机器大工业的转变，从而也带来了崭新的社会制度，这才使人们认识到了“物”的巨大力量和在这种发展中所发挥的影响。因此，正是“物”——生产力的自身逻辑导致了社会的变革和更替。

社会力量完全像自然力一样，在我们还没有认识和考虑到它们的时候，起着盲目的、强制的和破坏的作用。但是，一旦我们认识了它们，理解了它们的活动、方向和作用，那么，要使它们越来越服从我们的意志并利用它们来达到我们的目的，就完全取决于我们了。这一点特别适用于今天的强大的生产力。只要我们固执地拒绝理解这种生产力的本性和性质（而资本主义生产方式及其辩护士正是抗拒这种理解的），它就总是像上面所详细叙述的那样，起违反我们、反对我们的作用，把我们置于它的统治之下。但是，它的本性一旦被理解，它就会在联合起来的生产者手中从魔鬼似的统治者变成顺从的奴仆。这里的区别正像雷电中的电的破坏力同电报机和弧光灯的被驯服的电之间的区别一样，正像火灾同供人使用的火之间的区别一样。当人们按照今天的生产力终于被认识了的本性来对待这种生产力的时候，社会的生产无政府状态就让位于按照社会总体和每个成员的需要对生产进行的社会的有计划的调节。那时，资本主义的占有方式，即产品起初奴役生产者而后又奴役占有者的占有方式，就让位于那种以现代生产资料的本性为基础的产品占有方式：一方面由社会直接占有，作为维持和扩大生产的资料；另一方面由个人直接占有，作为生活资料和享受资料。

变革资本主义社会的目的就是真正赋予生产力的社会性，或者说按照社会本性对待生产力。恰恰在资本主义条件下，社会化的生产力被控制在私人手中。因此必须把它从少数资本家的控制下解放出来，对社会生产实行有计划的调节，消除它的盲目性，使之掌握在劳动者联合控制之下，真正用来满足每个社会成员的需要。生产力的发展本身产生了这种客观要求，但同时也只有在人们真正认识到这种要求的时候才会产生变革生产关系的动力。无产阶级反对资产阶级的革命斗争需要科学理论的指导。按照科学社会主义的要求必须变革生产关系：社会占有生产资料，社会成员占有生活资料——这也是马克思所说的“重建个人所有制”的含义。

资本主义生产方式日益把大多数居民变为无产者，从而就造成一种在死亡的威胁下不得不去完成这个变革的力量。这种生产方式日益迫使人们把大规模的社会化的生产资料变为国家财产，因此它本身就指明完成这个变革的道路。无产阶级将取得国家政权，并且首先把生产资料变为国家财产。但是这样一来，它就消灭了作为无产阶级的自身，消灭了一切阶级差别和阶级对立，也消灭了作为国家的国家。到目前为止在阶级对立中运动着的社会，都需要有国家，即需要一个剥削阶级的组织，以便维护这个社会的外部生产条件，特别是用暴力把被剥削阶级控制在当时的生产方式所决定的那些压迫条件下（奴隶制、农奴制或依附农制、雇佣劳动制）。国家是整个社会的正式代表，是社会在一个有形的组织中的集中表现，但是，说国家是这样的，这仅仅是说，它是当时独自代表整个社会的那个阶级的国家：在古代是占有奴隶的公民的国家，在中世纪是封建贵族的国家，在我们的时代是资产阶级的国家。当国家终于真正成为整个社会的代表时，它就使自己成为多余的了。当不再有需要加以镇压的社会阶级的时候，当阶级统治和根源于至今的生产无政府状态的个体生存斗争已被消除，而由此二者产生的冲突和极端行动也随着被消除了的时候，就不再有什么需要镇压了，也就不再需要国家这种特殊的镇压力量了。国家真正作为整个社会的代表所采取的第一个行动，即以社会的名义占有生产资料，同时也是它作为国家所采取的最后一个独立行动。那时，国家政权对社会关系的干预在各个领域中将先后成为多余的事情而自行停止下来。那时，对人的统治将由对物的管理和对生产过程的领导所代替。国家不是“被废除”的，它是自行消亡的。应当以此来衡量“自由的人民国家”这个用语，这个用语在鼓动的意义上暂时有存在的理由，但归根结底是没有科学根据的；同时也应当以此来衡量所谓无政府主义者提出的在一天之内废除国家的要求。

生产关系的变革不会自然而然地发生。不是说生产力发展到一定程度就会自然产生出与之相适应的生产关系。它只是提出了这个要求，推动这个变革需要认识到这种必然性的社会力量的存在。这种力量也正是被资本主义的自身发展所创造出来的，即现代无产阶级。资本主义生产方式矛盾运动的趋势是使生产资料不断集中化，即首先集中在资产阶级“国家”的手中，国家的资产阶级属性决定了生产资料私有制的性质。无产阶级要夺回劳动成果，首先必须夺取国家政权，由此便引申出实现变革资本主义生产关系的道路。科学社会主义之“科学”主要体现在置于“现实”——无产阶级有组织地反对资产阶级的革命斗争——的基础之上。狭义的科学社会主义，就是无产阶级革命和无产阶级专政理论。这一理论建立在马克思主义阶级斗争学说的基础上。

阶级的最早概念出现于18世纪政治经济学的时期，特别是在亚当·斯密和大卫·李嘉图的著作中。斯密的《国民财富的性质和原因的研究》（《国富论》，1776年）把社会划分为三个阶级——地主、资本家和工人，进而又区分了生产工人与非生产工人，并论述了他们和资本主义的关系。李嘉图的《政治经济学与赋税原理》（1817年）则认为，地主阶级的高额地租阻碍了资本主义利润的实现。空想社会主义者圣西门、法国资产阶级历史学家基佐等都认识到了阶级斗争。在基佐看来，现代欧洲就是从社会各阶级的斗争中诞生的。各主要阶级之间相互斗争和让步的交替进行的必要性、相异的利益的追求、有征服之心和无独霸之力等因素交织在一起，产生了欧洲文明发展中最强劲和丰富的动力。阶级之间的斗争不断，相互憎恶，它们的处境、利益和习俗的迥异在它们之间造成敌对意气；然而，这些阶级逐渐接近，达成谅解而相互同化。每个欧洲国家都见到某种普及全体的精神，一种利益、思想和感情方面的一致性在国家内部深处诞生和发展。[①] 有西方学者指出了18世纪以来“阶级”的三

① 基佐：《欧洲文明史》，程洪逵、沅芷译，商务印书馆2005年版，第142—143页。

种用法：阶级是由拥有财产数量所界定的人群，是行使或不行使权力或权威的人群，是在履行剩余劳动或占用剩余劳动力方面具有共同社会地位的人群。他们提出阶级可以根据这三种思想——财产、权力和剩余——的结合来加以设想。[①] 但是，马克思主义之前的"这种解释属于对行为最初级的心理学分析，普通人对此都会体会得到。而我们离马克思主义对社会阶级的概念还很遥远"，原因在于"没有参照任何生产模式，生产、交换体系的结构及其转变"[②]。至于阶级的定义，列宁的概括在马克思主义学界被广为接受："所谓阶级，就是这样一些大的集团，这些集团在历史上一定的社会生产体系中所处的地位不同，同生产资料的关系（这种关系大部分是在法律上明文规定了的）不同，在社会劳动组织中所起的作用不同，因而取得归自己支配的那份社会财富的方式和多寡也不同。所谓阶级，就是这样一些集团，其中一个集团能够占有另一个集团的劳动。"[③]

马克思主义虽然贯穿着阶级分析法，并且把"阶级"与特定的生产关系和交换关系结合起来，但在马克思、恩格斯浩如烟海的著作中，对各阶级及其相互关系的集中论述仅见于《资本论》第三卷最后一章，这一章一开篇马克思就指出："单纯劳动力的所有者、资本的所有者和土地的所有者——他们各自的收入源泉是工资、利润和地租——，也就是说，雇佣工人、资本家和土地所有者，形成建立在资本主义生产方式基础上的现代社会的三大阶级。"[④] 令人遗憾的是，在简短的几段论述之后"手稿到此中断"。从《共产党宣言》的论述中可能会体察到其中的原因："我们的时代，资产阶级时代，

---

① 参见罗纳德·H. 奇尔科特：《比较政治经济学理论》，高铦、高戈译，社会科学文献出版社2001年版，第104—105页。

② 安托万·普列斯特：《历史学十二讲》，王春华译，北京大学出版社2012年版，第193页。

③ 列宁：《伟大的创举》，《列宁选集》第4卷，人民出版社2012年版，第11页。

④ 马克思：《资本论》第3卷，《马克思恩格斯选集》第2卷，人民出版社2012年版，第654页。

却有一个特点：它使阶级对立简单化了。整个社会日益分裂为两大敌对的阵营，分裂为两大相互直接对立的阶级：资产阶级和无产阶级。”① 既然两大阶级的身份一目了然，他们之间的界线泾渭分明，那就没有专门讨论的必要了。有西方学者指出：除《共产党宣言》外，“在马克思的其他著作中，阶级这个词被限定于现代工业社会内部以等级划分的集团”②。也有西方学者认为，马克思所说的阶级斗争只是资本主义社会独有的现象。这些说法不一定准确，但有一点，都强调马克思、恩格斯理论工作的重点是研究现代资本主义生产方式。社会主义学说作为一种对资本主义社会的批判，当然也表现在对待资产阶级的态度上。在这个问题上，马克思、恩格斯的观点可以用他们的三句话来表达。一是“资本来到世间，从头到脚，每个毛孔都滴着血和肮脏的东西”③。空想社会主义者也有类似的说法。这是对资本主义生产方式矛盾和由此带来的弊端的深刻揭露。正是因为“滴着血和肮脏的东西”，资本主义的生产方式一经产生就孕育出与之相对立的思想——社会主义；不仅受到社会主义思想家的无情谴责，也受到自由主义思想家中的有识之士的尖锐批判。二是“资产阶级在历史上曾经起过非常革命的作用”④。这种革命作用归结为一点就是解放和发展了社会生产力。没有这种革命作用，资本主义就不可能实现对封建制度的取代。这个说法在空想社会主义者那里不多见。一方面“滴着血和肮脏的东西”，另一方面“起过非常革命的作用”，正是这种两面性构成了资本主义的矛盾运动，孕育出推动资本主义社会向更高形态演进的内在动力，对这种矛盾运动

---

① 马克思、恩格斯：《共产党宣言》，《马克思恩格斯选集》第 1 卷，人民出版社 2012 年版，第 401 页。

② 雷蒙·阿隆：《阶级斗争》，周以光译，译林出版社 2003 年版，第 15 页。

③ 马克思：《资本论》第 1 卷，《马克思恩格斯选集》第 2 卷，人民出版社 2012 年版，第 297 页。

④ 马克思、恩格斯：《共产党宣言》，《马克思恩格斯选集》第 1 卷，人民出版社 2012 年版，第 402 页。

趋势的考察便得出了社会主义历史必然性的基本结论。三是“资产阶级的灭亡和无产阶级的胜利是同样不可避免的”①。这句话在空想社会主义者那里表现得很不彻底。这样，历史运动的辩证法将把人类社会引导到一个更高级的发展阶段，形成一个全新的社会。为了使这种趋势成为现实，“无产阶级将取得国家政权，并且首先把生产资料变为国家财产”。

无产阶级革命的最高形式是夺取国家政权。一旦夺取了国家政权便意味着建立了无产阶级专政。这个观点在《共产党宣言》中被表述为“争得民主”。但这里有一个不可或缺的前提：无产阶级上升为统治阶级，否则，“民主”也可以理解为资产阶级民主，或无产阶级在资产阶级统治下取得的有限权力。从这个角度说，“无产阶级专政”和“无产阶级民主”是同义语。“专政”可以译为“独裁”，这个译法可能更为准确也更好理解，但顾名思义，它是一个阶级而不是一个人的专政或独裁，即一个阶级独掌国家政权。而且马克思、恩格斯为其设置了前提条件：“在当前同资产阶级对立的一切阶级中，只有无产阶级是真正革命的阶级。其余的阶级都随着大工业的发展而日趋没落和灭亡。无产阶级却是大工业本身的产物。”② 在这种情况下，无产阶级革命的目的就是要推翻资产阶级的政治统治，既不可能继续让它掌权，也不可能与它分享政权，从逻辑上来说必然只有无产阶级一个阶级实行“独裁”统治。但是，工人阶级不是为了夺取政权而夺取政权，更不是以权谋私，而是要利用无产阶级专政国家政权的力量“把生产资料变为国家财产”。接下来，无产阶级专政国家掌握生产资料决不是使无产阶级成为私有者，也不是抓在手里把持不放，而是要把它“转交给”全社会。一旦完成了这个

---

① 马克思、恩格斯：《共产党宣言》，《马克思恩格斯选集》第 1 卷，人民出版社 2012 年版，第 413 页。

② 马克思、恩格斯：《共产党宣言》，《马克思恩格斯选集》第 2 卷，人民出版社 2012 年版，第 410—411 页。

任务，就意味着消灭了私有制，消灭了资产阶级和资产阶级产生的经济前提；资产阶级被消灭了，它的对立面无产阶级也就失去了存在的依据，自然也被消灭了；阶级消灭了，作为一个阶级统治另一个阶级的暴力工具的国家因成为多余的了而“自行消亡”。因此，无产阶级专政国家采取的第一个独立行动——把生产资料转变为国家财产——也是它的最后一个行动。完成这个任务它就消亡了。但这“第一个行动”或“最后一个行动”并非一天完成，要经过一个过程。从无产阶级夺取国家政权到生产资料归全社会共同占有，这个过程在科学社会主义中被称为“过渡时期”，无产阶级专政只是一种过渡状态。“那时”，就是无产阶级专政国家自行消亡之时；“对人的统治将由对物的管理和对生产过程的领导所代替”，是指国家失去了阶级属性和镇压职能。即使“那时”还有“国家”这个名称，那也只能就它的社会管理职能而言，只不过是一个管理生产和劳动产品的机构。正因如此，该段的最后一句话起到了补充说明的作用：前半句是说“人民国家”等说法只是一个宣传口号，并不是科学概念，只要是“国家”，就是哪个阶级的国家，就应该从国家权力的阶级属性上提出问题；后半句是说国家的消亡是一个过程：无产阶级推翻资产阶级国家的统治要经过无产阶级革命，无产阶级专政国家的消亡要经过“过渡时期”。当然，无政府主义者说的也没有那么简单，这个有些夸张的表述不过是要说明科学社会主义与无政府主义在对待国家态度上的区别而已。事实上，是因为无政府主义者不仅反对资产阶级国家而且也反对无产阶级专政才受到科学社会主义的批驳。

如果把无产阶级革命和无产阶级专政理论看作狭义的科学社会主义的基本原理的话，那么马克思本人曾把他的贡献概括为三个要点：阶级的存在仅仅同生产发展的一定历史阶段相联系。阶级斗争必然导致无产阶级专政。这个专政不过是达到消灭一切阶级和进入无阶级社会的过渡。[1] 1850 年 4 月，共产主义者同盟的领袖同宪章运动左翼领袖和革命的法国流亡者的代表谈判，缔结了建立世界共产主义者协会的协定。代表共产主义者签字的是马克思、恩格斯和维利希，代表布朗基主义者的是亚当和维迪尔，代表宪章派的是乔·哈尼。第一章宣称："协会的宗旨是推翻一切特权阶级，使这些阶级受无产阶级专政的统治，为此采取的方法是支持不断革命，直到人类社会制度的最后形式——共产主义得到实现为止。"协定是国际工人运动史上使用"无产阶级专政"这一术语的第一个正式文件。[2] 如果非要概括出科学社会主义的"精髓"的话，那么毫无疑问，列宁的理解最为准确："把马克思主义局限于阶级斗争学说，就是阉割马克思主义，歪曲马克思主义，把马克思主义变为资产阶级可以接受的东西。只有承认阶级斗争、同时也承认无产阶级专政的人，才是马克思主义者。"[3] 阶级斗争是资本主义社会的客观事实，对此很少有人加以否定。但是研究这个事实的立场观点和方法的不同，从中得出的结论就会大相径庭。空想社会主义、资产阶级改良主义、科学社会主义之间的区别最集中地表现在对这个问题的看法上。列宁的这个论述说到了问题的实质，不能因时代发生了变化而认为"过时"或要"再认识"。列宁说的没错，但如何把握这个精髓并将其付诸实践，则需要在新的历史条件下加以探索。

无产阶级革命和无产阶级专政建立在阶级斗争的基础之上。但是关于"阶级"问题，后人一般认为马克思、恩格斯将其简单化了。匈牙利理论家卢卡奇认为，"马克思的论述使一切形式的资本主义性质达于极点，由于把社会描写为'与理论相符'，即只包括资本家和无产者的彻底资本主义化了的社会，就创造了一种使这种经济形式

---

① 参见马克思：《马克思致约瑟夫·魏德迈》（1852 年 3 月 5 日），《马克思恩格斯选集》第 4 卷，人民出版社 2012 年版，第 426 页。

② 米·伊·米哈伊洛夫：《共产主义者同盟》，汤润千译，生活·读书·新知三联书店，1976 年版，第 179 页。

③ 列宁：《国家与革命》，《列宁选集》第 3 卷，人民出版社 2012 年版，第 139 页。

能以最纯粹形式存在的思想环境"①。水不导电，但前提是必须排除其中的一切杂质，使其只剩下纯粹的氢氧化合物，研究这样状态下的水的物理性质，肯定会得出这个结论。卢卡奇的意思是，马克思排除了资本主义社会的"杂质"或曰非本质现象，因为在马克思看来，"资本主义生产方式的经常趋势和发展规律，是使生产资料越来越同劳动分离，使分散的生产资料越来越大量聚集在一起，从而，使劳动转化为雇佣劳动，使生产资料转化为资本。另外，适应于这种趋势，土地所有权同资本和劳动相分离而独立，换句话说，一切土地所有权都转化为同资本主义生产方式相适应的土地所有权形式"。② 因此，就农村而言，封建土地所有制已经消灭，地主已经让位于农业资本家。实际情况是，不仅后来就是当时"中等阶级"也没有消失，反而随着资本主义的发展而更加壮大了。马克思的传记作者英国学者戴维·麦克莱伦也发现："马克思的很多期望还没有实现。有两种情况尤为明显。马克思低估了工联后来的作用，以及无产阶级在不诉诸革命的情况下境况得到改善的种种可能性。他以之为起点的两个阶级模式以及随之而来的阶级斗争的观念，由于旧的中间阶级的持续存在以及新阶级（例如技术人员和经理）的出现，已经被证明是过于简单化了。由于工人阶级中缺少对革命性政见的支持，马克思主义领导人面临着两难处境：要么表达个人的心声，制定冲淡马克思主义的改革政策；要么远离或高于自己声称要代表的那些人的观点，以保持马克思主义的革命精神。第二，马克思低估了民族主义的存在和发展。虽然马克思在他那个时代对民族感情很敏感，但他认为阶级的分化将会比民族的分化更强烈。1914 年 8 月是一个关键的时期：世界上最大的马克思主义政党（在德国）在民族主义浪潮中被席卷而去，这使马克思主义者改变了自己的策略。

① 卢卡奇：《历史与阶级意识》，杜章智等译，商务印书馆 1996 年版，第 56 页。

② 马克思：《资本论》第 3 卷，《马克思恩格斯选集》第 2 卷，人民出版社 2012 年版，第 654—655 页。

在所有马克思主义的革命中都有强大的民族主义因素。列宁本人就擅长利用沙俄帝国中非俄罗斯人的民族主义。南斯拉夫、中国、古巴以及越南这些国家的革命都带有强烈的民族主义色彩。”[①] 资本主义发展初期，阶级斗争的形式也比较简单，为了共同的利益无产阶级本能地感觉到要团结起来。德国学者耶克在总结第一国际的经验时指出，在政治土壤上进行较复杂的集中斗争的情况下，这种态度则只能是分析和思考的结果。换言之，在民族范围内进行的政治斗争，不仅削弱了同总委员会的关系，而且这种斗争本身中也隐藏着民族之间相互疏远的原因。[②] 这一切都说明，马克思、恩格斯生活的时代，阶级关系就没有那么简单，而随着资本主义的发展不是更简单而是日益复杂化了。实际上，马克思主义者承认无产阶级内部的变化，但是，这些变化并不损害无产阶级作为革命的唯一执行者的身份。如果这个阶级不存在，就是说，不是作为一个阶级来行动，那么社会主义革命也就不存在了。[③] 发展马克思主义阶级理论的任务是，描述新的历史条件下无产阶级的面貌，探索无产阶级革命和无产阶级专政的新的形式。当然，这已超出了本书的范围。

阶级关系的新变化也使“无产阶级专政”问题日趋复杂化，即使在马克思主义理论界也发生了激烈的争执。马克思、恩格斯因没有经历过成功的社会主义革命而对无产阶级专政的研究缺少案例，只有巴黎公社一个样板。因此，他们的论述都表现为一种原则而非具体的行动方案。总的看来，在他们心目中，无产阶级专政存在的时间比较短暂。1848 年，马克思、恩格斯就已论证了社会主义代替资本主义的历史必然性，认为很快就会看到欧洲社会主义革命的曙

① 戴维·麦克莱伦：《卡尔·马克思传》，王珍译，中国人民大学出版社 2005 年版，第 433—434 页。

② 耶克：《第一国际史》，张文焕译，生活·读书·新知三联书店 1964 年版，第 124—125 页。

③ 赫伯特·马尔库赛：《苏联的马克思主义——一种批判的分析》，张翼星、万人俊译，中国人民大学出版社 2012 年版，第 15 页。

光。一直到生命的最后岁月，恩格斯仍然坚信无产阶级夺取国家政权指日可待，尽管取得政权的方式在他看来会出现变化。随着资本主义的发展变化导致的阶级关系复杂化，无产阶级专政的客观依据也在发生改变。但是，从理论上看，马克思在《法兰西内战》中的“专政”就是“民主”，二者之间没有对立，也不存在哪个思想占更大比重问题。巴黎公社采取的各项措施，既是无产阶级专政的行动，也是无产阶级民主的体现，是一个问题的两个方面。这些问题仍需要通过理论和实践探索予以说明。现在要说的是，生产资料被全社会共同占有的目标只能通过无产阶级革命和无产阶级专政来实现。

自从资本主义生产方式在历史上出现以来，由社会占有全部生产资料，常常作为未来的理想隐隐约约地浮现在个别人物和整个派别的头脑中。但是，这种占有只有在实现它的实际条件已经具备的时候，才能成为可能，才能成为历史的必然性。正如其他一切社会进步一样，这种占有之所以能够实现，并不是由于人们认识到阶级的存在同正义、平等等相矛盾，也不是仅仅由于人们希望废除这些阶级，而是由于具备了一定的新的经济条件。社会分裂为剥削阶级和被剥削阶级、统治阶级和被压迫阶级，是以前生产不大发展的必然结果。只要社会总劳动所提供的产品除了满足社会全体成员最起码的生活需要以外只有少量剩余，就是说，只要劳动还占去社会大多数成员的全部或几乎全部时间，这个社会就必然划分为阶级。在这被迫专门从事劳动的大多数人之旁，形成了一个脱离直接生产劳动的阶级，它掌管社会的共同事务：劳动管理、国家事务、司法、科学、艺术等。因此，分工的规律就是阶级划分的基础。但是，这并不妨碍阶级的这种划分曾经通过暴力和掠夺、欺诈和蒙骗来实现，这也不妨碍统治阶级一旦掌握政权就牺牲劳动阶级来巩固自己的统治，并把对社会的领导变成对群众加紧剥削。

国家的消亡要经历一个过程，全社会共同占有生产资料也只有在条件具备时才能实现。这一切都不取决于人们的主观愿望，而受经济条件尤其是生产力发展水平的制约。这就是说，阶级的存在仅仅同生产力发展的一定水平相联系。因此，以往社会存在的所谓“非理性”“不正义”的现象都可以由此来说明，或者说这是历史的必然。如果没有社会分工导致的阶级划分，人类可能至今还会处于原始社会状态，尽管那时没有私有制，也不存在剥削压迫现象。历史上的任何社会都有其存在的依据，因为它确实存在过；但是，它又处于不断运动中，总是要发展，因此任何社会都要成为历史。

但是，如果说阶级的划分根据上面所说具有某种历史的理由，那也只是对一定的时期、一定的社会条件才是这样。这种划分是以生产的不足为基础的，它将被现代生产力的充分发展所消灭。的确，社会阶级的消灭是以这样一个历史发展阶段为前提的，在这个阶段上，不仅某个特定的统治阶级的存在，而且任何统治阶级的存在，从而阶级差别本身的存在，都将成为时代错乱，成为过时现象。所以，社会阶级的消灭是以生产高度发展的阶段为前提的，在这个阶段上，某一特殊的社会阶级对生产资料和产品的占有，从而对政治统治、教育垄断和精神领导地位的占有，不仅成为多余的，而且在经济上、政治上和精神上成为发展的障碍。这个阶段现在已经达到了。资产阶级的政治和精神的破产甚至对他们自己来说也未必是一种秘密了，而他们的经济破产则有规律地每十年重复一次。在每次危机中，社会在它自己的而又无法加以利用的生产力和产品的重压下奄奄一息，面对着生产者没有什么可以消费是因为缺乏消费者这种荒谬的矛盾而束手无策。生产资料的扩张力撑破了资本主义生产方式所加给它的桎梏。把生产资料从这种桎梏下解放出来，是生产力不断地加速发展的唯一先决条件，因而也是生产本身实际上无限增长的唯一先决条件。但是还不止于此。生产资料由社会占有，不仅会消除生产的现存的人为障碍，而且还会消除生产力和产品的有形的浪费和破坏，这种浪费和破坏在目前是生产的无法摆脱的伴侣，并且在危机时期达到顶点。此外，这种占有还由于消除了现在的统治阶级及其政治代表的穷奢极欲的挥霍而为全社会节省出大量的生产资料和产品。通过社会化生产，不仅可能保证一切社会成员有富足的和一天比一天充裕的物质生活，而且还可能保证他们的体力和智力获得充分的自由的发展和运用，这种可能性现在第一次出现了，但它确实是出现了。

从宏观的历史进程来看，生产力的运动和发展是社会发展的基本线索。生产的不足使社会划分为阶级，从而使人类摆脱原始状态进入文明社会；正是生产力在“文明社会”中尤其是在资本主义条件下的巨大发展，反而为阶级的消灭创造了物质前提；而只有在这个基础上消灭了阶级的划分，生产力才能实现加速发展。这就是历史发展的辩证法。在前资本主义社会，生产力水平低下，多数社会成员只能忍受少数人的统治和压迫，这种命运很难改变。资本主义社会创造了大量的社会财富，但是资本主义的生产关系又使社会生产力遭到了极大的浪费和破坏。一旦变革了这种生产关系，实现了生产资料被全社会共同占有，也便真正实现了所有人的解放。无产阶级从资本的统治下解放出来，资本家因消除了自身的阶级属性也变成了自食其力的劳动者，也从压迫别的阶级的状态中解放出来，这就是消灭私有制的后果。因此——

一旦社会占有了生产资料，商品生产就将被消除，而产品对生产者的统治也将随之消除。社会生产内部的无政府状态将为有计划的自觉的组织所代替。个体生存斗争停止了。于是，人在一定意义上才最终地脱离了动物界，从动物的生存条件进入真正人的生存条件。人们周围的、至今统治着人们的生活条件，现在受人们的支配和控制，人们第一次成为自然界的自觉的和真正的主人，因为他们已经成为自身的社会结合的主人了。人们自己的社会行动的规律，这些一直作为异己的、支配着人们的自然规律而同人们相对立的规律，那时就将被人们熟练地运用，因而将听从人们的支配。人们自身的社会结合一直是作为自然界和历史强加于他们的东西而同他们相对立的，现在则变成他们自己的自由行动了。至今一直统治着历史的客观的异己的力量，现在处于人们自己的控制之下了。只是从这时起，人们才完全自觉地自己创造自己的历史；只是从这时起，由人们使之起作用的社会原因才大部分并且越来越多地达到他们所预期的结果。这是人类从必然王国进入自由王国的飞跃。

阶级消灭了，国家自行消亡了，但社会成员还健在，只不过已经不再被划分为不同的阶级，也不再属于某个特定的“国家”了。结局便是，社会成员不仅摆脱了资产阶级的政治统治，也失去了自身的“阶级”身份，转变成了真正的“人”，自由的人，实现了从“国家”到“社会”回归，组成了“自由人联合体”。

由“一旦”引出的一句话是一个条件从句，它所表述的内容显然至少在当时还不是现实，而是根据资本主义生产方式的矛盾运动推导出来的历史趋势和社会远景。商品生产存在的前提是有剩余劳动产品，有社会分工，而且生产资料归属于不同的主体。一旦社会占有了生产资料，就使得“主体”相同了。旧社会束缚人们个性和自由全面发展的分工也将被消除，不会再生产出不同的社会阶级了。因此，商品生产也就随着它前提的消失而消除了。而剩余产品也就失去了它蕴含的资本主义生产关系，将和生产资料一样受社会成员的支配和控制，用于满足每个人的自由而全面发展。在这种情况下，劳动者与其产品相“异化”的现象也就得到真正的消除，人们创造历史的动机因合乎历史发展规律而和历史的结局实现了最大限度的吻合。这就是由必然王国到自由王国的转变。这就是一幅关于未来社会主义或共产主义社会的美好图景。顺便说几句，科学社会主义和共产主义在马克思、恩格斯的著作中是同义语，没有本质差别，但作为一种代替资本主义的社会形态有“第一阶段”和“高级阶段”的划分。在列宁以及一些同时代的马克思主义者那里，“第一阶段”被称作“社会主义”，“高级阶段”则被称作“共产主义”。马克思、恩格斯并没有见过这个社会，更没有亲身参加过这个社会建设的实践，所以只能采用一个条件从句，对这个社会的轮廓作一大致的勾画。

这里所谓“有计划的自觉的组织”并非指“计划经济”。按照通常的用法，计划经济与市场经济相对应。据说马克思、恩格斯的著作中并没有“市场经济”这个概念，至少这部著作中没有，而此处明显是相对生产的无政府状态而言，简而言之，就是“有组织”取代“无政府”。因此，有关共产主义的图景并不是计划经济的模型。据考证，关于中央计划的社会主义经济的最早理论并不是由社会主义者提出的，而是 1908 年由意大利的非社会主义经济学家恩里克·巴罗内提出的。[①] 圣西门也有这个思想，但他恰恰具有资产阶级倾向。其实，计划经济模型在 19 世纪 40 年代就已经呈现出来：理想社会的政府机关应该力求使社会上没有穷人，并且力求使一切人都用自己的劳动来促进共同的福利。为了维持这两项任务，法国空想社会主义者劳蒂耶尔认为首先应该把一切劳动工具都集中起来，把土地、自然界所赐予的原料和人们所制造的工具都集中起来，把土地交给个别农夫和种植葡萄的人去耕种。这些“国家的佃农”必须把全部农产品交给公共仓库。国家也是手工业工厂的所有主。这些工厂的厂长（实业家）由政府任命，政府根据某一计划来指导经济活动。因此需要有足够的农夫，而不需要有过多的作家。[②] 国家按

---

① 埃里克·霍布斯鲍姆：《如何改变世界》，吕增奎译，中央编译出版社 2014 年版，第 8 页。

② 维·彼·沃尔金：《法国空想共产主义》，郭一民编译，商务印书馆 1980 年版，第 188 页。

照一定的制度和办法将产品分配给协作社社员。在后来社会主义实践中，计划经济的主体也是“国家”。显然，这和国家自行消亡的状态不符。在社会占有生产资料、国家自行消亡的基础上，调节社会生产的组织是“自由人联合体”。

我在授课的过程中经常会被问及这样的问题：未来共产主义社会到底有哪些特征，能否概括出几条？这里也可能会让读者失望了，至少在专门论述未来社会的这一段里没有发现有“几条”的概括，在马克思、恩格斯的其他著作中也没有这样的表述方法。再说一遍，这只是恩格斯对未来社会的“推测”。如果非要从中提炼出“几条”的话，那只能用三个概念来表述，即公有制、产品经济和联合劳动。公有制是指生产资料归全社会共同占有，产品经济是指生产的目的是为了满足社会成员的需要而不是为了交换，联合劳动就是指在人与人的关系中消除了资本家和工人之间的雇佣劳动性质。这些就是所谓两大对立的阶级“同归于尽”或者受到革命性改造的含义。如果这个概括合乎原义的话，也可能又会有新的问题产生：对未来社会的描述为什么只有经济特征？道理很简单，阶级的消灭，不仅导致资产阶级国家的消亡，同时也导致无产阶级专政和无产阶级政党的消亡；“民主”已不再是一种“政治制度”或“国家制度”，只是一种风俗习惯；社会成员已经成为全新的“人”。

科学社会主义有对资本主义的批判，有对变革资本主义社会道路的探索，但不像空想社会主义那样热衷于对未来社会的设计。由此可以看出，马克思恩格斯对未来社会没有做过“几条”的概括，还不仅仅是因为他们没有目睹过这个社会，更没有经过这个社会的实践；恐怕还有一个原因，即他们并没有把“共产主义”作为一种“理想”。早年，他们在《德意志意识形态》中就表达了这样的一个观点，即共产主义对他们来说“不是应当确立的状况，不是现实应当与之相适应的理想”。他们“所称为共产主义的是那种消灭现存状况的现实的运动。这个运动的条件是由现有的前提产生的"[①]。与其说由科学社会主义指导的共产主义运动是"目标导向型"，不如说是"问题导向型"。关于这一点，恩格斯晚年在对《费加罗报》记者的采访中又旧话重提。记者问："你们德国社会党人给自己提出什么样的最终目标呢？"记者接着描述道："恩格斯对我注视了一会儿，然后说"，下面就是恩格斯所说，"我们没有最终目标。我们是不断发展论者，我们不打算把什么最终规律强加给人类。关于未来社会组织方面的详细情况的预定看法吗？您在我们这里连它们的影子也找不到"。这一观点在马克思和恩格斯的思想发展进程中前后一贯。但紧接着他又说道："当我们把生产资料转交到整个社会的手里时，我们就会心满意足了，但我们也清楚地知道，在目前的君主联邦制政府的统治下，这是不可能的。"[②] 无论在旧版的《马克思恩格斯全集》还是在新版的《马克思恩格斯文集》中，这篇访谈都没有列为正式文稿，而是收在附录里，据说是因为没有经过恩格斯的审阅。但恩格斯在一封通信中提到过这篇访谈，他认为，"像任何访问记一样，一些说法转述得有些走样，整个叙述有缺陷，但总的意思是表达得正确的"[③]。这表明，恩格斯已经肯定了他的基本观点。那么问题就是，怎样使生产资料由全社会占有成为"可能"？恩格斯已经不需回答了，那就是"消灭现存状况"。科学社会主义的基本观点是，在资本主义得到充分发展的基础上，通过无产阶级革命和无产阶级专政完成这个共产党人的"最近目的"。至于全社会共同占有生产资料以后的事情，则由一代新人去考虑和解决。

英国历史学家爱德华·霍列特·卡尔曾把俄国十月革命以后的

---

① 马克思、恩格斯：《德意志意识形态》，《马克思恩格斯选集》第1卷，人民出版社2012年版，第166页。

② 恩格斯：《弗·恩格斯1893年5月11日对法国〈费加罗报〉记者的谈话》，《马克思恩格斯文集》第4卷，人民出版社2009年版，第561—562、562页。

③ 恩格斯：《恩格斯致弗里德里希·阿道夫·佐尔格》（1893年5月17日），《马克思恩格斯文集》第10卷，人民出版社2009年版，第653页。

共产主义运动的特征概括为“目的意识性”或“自我意识性”，认为这是与此前的资产阶级革命重要的不同之处。其实资产阶级革命也经过了长期的思想革命的准备，“自由、平等、博爱”就是“目的”本身，从这个角度说两种革命并没有什么“不同”。说到十月革命以后的共产主义运动，与马克思、恩格斯生活时代的无产阶级运动相比，则有了新的特点，这大概就是所谓“目的意识性”或“自我意识性”。这是因为一方面有了科学社会主义的广泛传播，另一方面有了十月革命的胜利，从而使共产党人更加坚定了共产主义必将实现的信念，于是共产主义就作为一种理想而成为共产党人领导无产阶级和劳动群众自觉创造历史的目标导向和精神动力。但是，在经济文化相对落后的国家，实现共产主义（也包括共产主义的“第一阶段”）的条件远不充分，甚至“最近目的”也难以达到，那就只能首先按照已经认识到的基本国情和社会发展规律确定一个“最低纲领”，“最高纲领”则成为“远大理想”。一旦实现了这个理想，无产阶级及其政党也将随着历史使命的完成而消亡——这就是“最高”的含义。

至于人类社会的发展则没有最高境界。历史不会终结于资本主义，也不会终结于社会主义。但是，按照辩证法，人类社会也有生有灭。所以傅立叶认为人类社会有上升期，也有下降期。对于这个观点，恩格斯也持肯定态度。他认为自然科学已经预言，“人类历史不仅有上升的过程，而且有下降的过程。无论如何，我们离社会历史开始下降的转折点还相当遥远。我们也不能要求黑格尔哲学去研究当时还根本没有被自然科学提到日程上来的问题”①。正是因为还“相当遥远”，因此人类还有很大的进步空间。既然恩格斯对黑格尔哲学都没有提出那样的要求，今天也不能对马克思主义提出当时因

① 恩格斯：《路德维希·费尔巴哈和德国古典哲学的终结》，《马克思恩格斯选集》第4卷，人民出版社2012年版，第223—224页。

“最近目的”还没有实现就要解决未来社会问题的要求了。

最后，我们把上述的发展进程简单地概述如下：

一、中世纪社会：个体的小生产。生产资料是供个人使用的，因而是原始的、笨拙的、小的、效能很低的。生产都是为了直接消费，无论是生产者本身的消费，还是他的封建领主的消费。只有在生产的东西除了满足这些消费以外还有剩余的时候，这种剩余才拿去出卖和进行交换。所以，商品生产刚刚处于形成过程中，但是这时它本身已经包含着社会生产的无政府状态的萌芽。

二、资本主义革命：起初是工业通过简单协作和工场手工业实现的变革。先前分散的生产资料集中到大作坊中，因而它们就由个人的生产资料转变为社会化的生产资料，这种转变总的说来没有触及交换形式。旧的占有形式仍然起作用。资本家出现了：他是生产资料的所有者，当然就占有产品并把它们变为商品。生产已经成为社会的活动；而交换以及和它相伴随的占有，仍旧是个体的活动，单个人的活动：社会的产品被个别资本家所占有。这就是产生现代社会的一切矛盾的基本矛盾，现代社会就在这一切矛盾中运动，而大工业把它们明显地暴露出来了。

(a) 生产者和生产资料相分离。工人注定要终身从事雇佣劳动。无产阶级和资产阶级相对立。

(b) 支配商品生产的规律日益显露出来，它们的作用日益加强。竞争不可遏止。个别工厂中的社会化组织和整个生产中的社会无政府状态相矛盾。

(c) 一方面是机器的改进，这种改进由于竞争而变成每个厂主必须执行的强制性命令，而且也意味着工人不断遭到解雇：产生了产业后备军。另一方面是生产的无限扩张，这也成了每个厂主必须遵守的竞争的强制规律。这两方面造成了生产力的空前发展、供过于求、生产过剩、市场盈溢、十年一次的危机、恶性循环：这里是生产资料和产品过剩，那里是没有工作和没有生活资料的工人过剩；但是，生产和社会福利的这两个杠杆不能结合起来，因为资本主义的生产形式不允许生产力发挥作用，不允许产品进行流通，除非生产力和产品先转变为资本，而阻碍这种转变的正是生产力和产品的过剩。这种矛盾发展到荒谬的程度：生产方式起来反对交换形式。资产阶级已经暴露出它没有能力继续管理自己的社会生产力。

（d）资本家本身不得不部分地承认生产力的社会性质。大规模的生产机构和交通机构起初由股份公司占有，后来由托拉斯占有，然后又由国家占有。资产阶级表明自己或已为多余的阶级；它的全部社会职能现在由领工薪的职员来执行了。

三、无产阶级革命，矛盾的解决：无产阶级将取得公共权力，并且利用这个权力把脱离资产阶级掌握的社会化生产资料变为公共财产。通过这个行动，无产阶级使生产资料摆脱了它们迄今具有的资本属性，使它们的社会性质有充分的自由得以实现。从此按照预定计划进行的社会生产就成为可能的了。生产的发展使不同社会阶级的继续存在成为时代错乱。随着社会生产的无政府状态的消失，国家的政治权威也将消失。人终于成为自己的社会结合的主人，从而也就成为自然界的主人，成为自身的主人——自由的人。

完成这一解放世界的事业，是现代无产阶级的历史使命。深入考察这一事业的历史条件以及这一事业的性质本身，从而使负有使命完成这一事业的今天受压迫的阶级认识到自己的行动的条件和性质，这就是无产阶级运动的理论表现即科学社会主义的任务。

这一段中一、二、三层级的内容是对第三章内容的提炼和概括。需要重点考察的是最后一个自然段。这一段是关于“科学社会主义”学科性质的概括。除此之外，恩格斯还有两个表述：即“关于无产阶级解放的条件的学说”,[①] 共产主义意味着“深入理解无产阶级所进行的斗争的性质、条件以及由此产生的一般目的”。[②] 三种表述长短不一，但内涵相同，简单地说就是“无产阶级的解放条件的学说”。“无产阶级”既是科学社会主义研究的客体，又是实践这一学说的主体，二者在社会主义历史进程中实现了高度统一。这意味着工人阶级的解放事业是工人阶级自己的事情。

“解放世界”的思想在马克思的《1844年经济学哲学手稿》中就已完整地表达出来，尽管这部著作在马克思和恩格斯生前没有发表：“社会从私有财产等解放出来、从奴役制解放出来，是通过工人解放这种政治形式来表现的，这并不是因为这里涉及的仅仅是工人的解放，而是因为工人的解放还包含普遍的人的解放；其所以如此，是因为整个的人类奴役制就包含在工人对生产的关系中，而一切奴役关系只不过是这种关系的变形和后果罢了。”[③] 沿着这个思想轨迹继续探索，在《共产党宣言》中便展现出一个共产主义新社会：“代替那存在着阶级和阶级对立的资产阶级旧社会的，将是这样一个联合体，在那里，每个人的自由发展是一切人的自由发展的条件。”[④] 对此，俄国学者鲍·斯拉文评价说：“这里包含自由主义价值（每个人的自由）和社会主义价值（一切人的自由）的社会理想的精辟而言简意赅的表述，迄今为止尚无人对此提出有分量的反对意见。”[⑤] “解放世界”就是消灭资产阶级统治，使工人阶级摆脱资

---

① 恩格斯：《共产主义原理》，《马克思恩格斯选集》第1卷，人民出版社2012年版，第295页。

② 恩格斯：《关于共产主义者同盟的历史》，《马克思恩格斯选集》第4卷，人民出版社2012年版，第203页。

③ 马克思：《1844年经济学哲学手稿》，《马克思恩格斯选集》第1卷，人民出版社2012年版，第61页。

④ 马克思、恩格斯：《共产党宣言》，《马克思恩格斯选集》第1卷，人民出版社2012年版，第422页。

⑤ 鲍·斯拉文：《被无知侮辱的思想》，孙凌齐译，中央编译出版社2006年版，第12页。

本的统治和由此形成的雇佣劳动关系，实现每个人和一切人的自由而全面的发展。从这个意义上说，世界的解放就是无产阶级的解放，就是“人的解放”。一般认为，《1844 年经济学哲学手稿》出自青年马克思之手，所谓“青年”不过是“不成熟”的委婉说法。假如马克思听到这话定会暴跳如雷：这么说我“晚年”的思想就成熟了？如果那样的话，就是一封给俄国女革命家查苏利奇的回信，何必还要三易其稿！要是按照辩证法的观点，还真难找到马克思思想中“不成熟”和“成熟”之间的界限——马克思主义是不断发展的学说。但是，追求人的解放则是他和恩格斯毕生的事业。比如，《资本论》冷静的、注重客观细节的叙述与马克思早期著作完全批判的道德分析形成了鲜明的对照。但是，批判的出发点，即以更人性、更自由和更令人满意的社会方向来超越资本主义社会这一探求，始终未曾改变。什么都不能使我们得出这样的结论：晚年马克思忘却了他青年时代的希望，或者说，他放弃了对这些希望的追求。①

“自由而全面”在科学社会主义中有特定的内涵。“自由”一词，并不是西方社会的特权。在西方文化的视野中，存在着两种自由观。对自由主义者来说，自由在于国家（公共权力）和社会尽可能少地介入每个个人的私人领域，自由是个性能够在其中得到发展的活动空间。在民主主义看来，自由在于人们被赋予了参与塑造共同体生活的机会，自由度与公共权力的现实参与度高度一致。而马克思主义的“自由”则和无产阶级的解放本质相连。所谓“全面”，就是摆脱旧有分工的束缚，使每个人的智力和体力有条件得到充分的发挥和运用。但是，西方学者把这个问题复杂化了。费彻尔对“人的解放”从三个方面进行了解读：通过消除社会阶级结构从对国家的政治依赖性中解放出来，从异化劳动中解放出来，从盲目的命

① 费彻尔：《马克思与马克思主义：从经济学批判到世界观》，赵玉兰译，北京师范大学出版社 2009 年版，第 51 页。

运力量中解放出来。他认为，第一种解放应当废除人对人的统治，第二种解放使人对人的剥削不再可能，第三种解放使社会化的人类上升为自因。而且他认为扬弃生产资料的私有制和分工似乎是克服异化的手段。[①] 他又指出，马克思主义关于获得社会解放的社会及这一社会中“全面发展的个人”这一思想具有决定性意义的，是指消除迄今为止在所有社会形态中占支配地位的那种强制劳动。对马克思来说，这样的劳动是历史的、有条件的，不能将其等同于人类劳动本身。[②] 这些概括在马克思那里确有文本依据。三方面的内容都属于“人的解放”的表现，但根本的要求和途径还是在于消灭生产资料的资本主义私有制，使工人阶级摆脱资本的束缚和奴役。这样一来也就消灭了社会之划分为不同阶级的经济前提，消除了机器因资本主义应用而造成的异化现象，从而使“现在支配过去”，自觉地创造历史。正是这种解放的目的决定了实现解放的条件：无产阶级夺取国家政权，使自己上升为统治阶级。从这个角度说，科学社会主义具有阶级属性，是无产阶级的政治学和社会学。但是，“一旦社会占有了生产资料”以后，科学社会主义因无产阶级的消亡将摆脱阶级属性而变成关于生产的科学了，或者说“科学社会主义”也将不复存在。

在斯大林时期的苏联，曾有一位“雅罗申科同志”就持科学社会主义是关于生产的科学的观点。他在给联共（布）中央政治局各委员的信中认为，“共产主义就是社会生产中生产力的最高科学组织”。和圣西门、恩格斯的思想相对比，就可以发现这个说法不过是“政治是关于生产的科学”的另一种说法，理由可能是苏联已经进入共产主义的第一阶段了。但斯大林认为这是一个错误的结论，并在

① 费彻尔：《马克思与马克思主义：从经济学批判到世界观》，赵玉兰译，北京师范大学出版社 2009 年版，第 226—227 页。

② 伊林·费彻尔：《社会的解放与人的解放：马克思在〈大纲〉中对后资本主义社会的概述》；马赛罗·默斯托主编：《马克思的大纲》，闫月梅等译，中国人民大学出版社 2016 年版，第 166 页。

他的最后一部著作《苏联社会主义经济问题》中对此予以批驳。从斯大林的引述中可以窥视到“雅罗申科同志”的一些观点，即“在共产主义制度下，人们的生产关系包括在生产力的组织中，作为这种组织的一个手段、一个成分”。[①] 因此，只要安排好生产力的合理组织，就可以没有特别困难地从社会主义过渡到共产主义了，意思是社会主义只有生产力而不存在生产关系了。如果从社会主义消灭了阶级对抗这个角度看，只能说在社会主义条件下生产关系已不具有对抗性质，但生产关系本身仍然存在，并独立于生产力。由此可以看出雅罗申科的观点带有片面性，因为他混淆了生产力与生产关系的界限。斯大林的批判则是对生产关系的辩护。他把这些观点理解为片面强调生产关系对生产力发展的束缚和阻碍作用，而忽视它的“主要的和有决定性的”力量，意思是说即使在阶级社会，生产关系在某个时期都具有促进生产力解放和发展的作用，何况在社会主义条件下呢？而且这里斯大林显然是强调，要过渡到各尽所能按需分配的共产主义，除了整个社会生产的不断增长，主要是生产资料优先增长以外，更主要的是不断变革生产关系。因此，科学社会主义就不仅仅是关于生产力的科学，也是关于生产关系的科学。

科学社会主义在今天的社会主义国家没有消亡、仍然是马克思主义的政治学说，这倒不是因为斯大林有这个话，而是因为社会主义还没有在全世界范围内实现对资本主义的取代，“无产阶级”仍然在世界历史范围内存在，还没有实现彻底解放。这种情况决定社会主义将以“国家”而不是“自由人联合体”的形式存在。但在社会主义条件下，科学社会主义也必然要增添新的内容。关于这一点斯大林也有所论及。他认为，“必须抛弃从马克思专门分析资本主义的《资本论》中取来而硬套在我国社会主义关系上的其他若干概念。我

① 斯大林：《苏联社会主义经济问题》，《斯大林选集》（下卷），人民出版社 1979 年版，第 583 页。

所指的概念包括‘必要’劳动和‘剩余’劳动、‘必要’产品和‘剩余’产品、‘必要’时间和‘剩余’时间这样一些概念。马克思分析资本主义，是为了说明工人阶级受剥削的泉源，即剩余价值，并且给予被剥夺了生产资料的工人阶级以推翻资本主义的精神武器。显然，马克思在这里所使用的概念（范畴）是和资本主义关系完全适合的。但是现在，当工人阶级不仅没有被剥夺政权和生产资料，反而掌握着政权和占有生产资料的时候，还使用这些概念，这就非常奇怪了”①。这就是意味着，即使还要沿用这些概念的话，也要认识到其内涵的变化。斯大林还指出：“马克思在《哥达纲领批判》中，在他的这本已经不是研究资本主义而是用了一部分篇幅研究共产主义社会第一阶段的著作中承认交给社会用于扩大生产，用于教育、保健事业、管理费用、后备基金等等的劳动，是与用来满足工人阶级消费需要的劳动同样是必要的。”“我认为，我们的经济学家应当消除旧概念和我们社会主义国家新情况之间这种不相适合的现象，而用适合新情况的新概念来代替旧概念。”② 斯大林只是提出了问题而没有来得及解决。在苏联，他的同事和后继者也没有能够很好地解决这个问题。今天，这个问题仍然值得深入探讨。

---

① 斯大林：《苏联社会主义经济问题》，《斯大林选集》下卷，人民出版社 1979 年版，第 551 页。

② 斯大林：《苏联社会主义经济问题》，《斯大林选集》下卷，人民出版社 1979 年版，第 552 页。

第三章

恩格斯的序言和导言

恩格斯的序言和导言并非为初版而作。将其放在正文之后，是为了遵循思想形成的时间顺序，以便在阅读正文之后，通过学习序言和导言加深对这部著作的理解，从而增强科学社会主义基本原理的历史感。两篇序言篇幅比较短，《1892年英文版导言》比较长，可视为一篇独立的论文。

一、《1882 年德文第一版序言》

《社会主义从空想到科学的发展》1883 年在霍廷根-苏黎世出版了德文本，但扉页上标明的时间是 1882 年，也确实为恩格斯 1882 年所作。因此这一版本的序言称作 1882 年德文第一版序言。

这篇序言说明了出版这部著作德文译本的动机，即意在推进科学社会主义的普及。恩格斯指出：这部著作的拉法格译本在说法语的国家，特别是在法国“获得了意外的成功”。由此便提出了一个问题：如果出版德文本是否有同样的好处。[①] 由于《反杜林论》以及由此改编的《社会主义从空想到科学的发展》首先是纯学术的著作，并非为了在群众中直接进行宣传而作，因此恩格斯担心是否会为工人所接受。但基于法国的经验，他肯定地说，“对德国工人来说困难是不多的”[②]。其实，《社会主义从空想到科学的发展》对西方读者来说，具有普及性读物的性质和特点。

这篇序言指出了科学社会主义的起源。在恩格斯看来，科学社会主义本质上还是“德国的产物”。[③] 它的理论基础唯物史观及其在现代的无产阶级和资产阶级之间的阶级斗争上的特别应用，只有借助于辩证法才有可能。而恰恰辩证法在德国已经被资产阶级学究弄得面目全非，因而无产阶级理论家必然要借助康德－拉普拉斯的天体演化学以及现代自然科学和达尔文学说，证明辩证法在现实中的

---

① 恩格斯：《社会主义从空想到科学的发展》，《马克思恩格斯选集》第 3 卷，人民出版社 2012 年版，第 745 页。

② 恩格斯：《社会主义从空想到科学的发展》，《马克思恩格斯选集》第 3 卷，人民出版社 2012 年版，第 746 页。

③ 恩格斯：《社会主义从空想到科学的发展》，《马克思恩格斯选集》第 3 卷，人民出版社 2012 年版，第 746 页。

客观性；提到德国的古典哲学和黑格尔，则是说明德国社会主义者不仅继承了圣西门、傅立叶和欧文，而且也以“继承了康德、费希特和黑格尔而感到骄傲”[①]。也许后来恩格斯认为这个说法有些绝对化，因而又在该书的1891年的柏林版中加了一个注释。

二、《1891年德文第四版序言》

在这一版序言中，恩格斯列举了《社会主义从空想到科学的发展》的销售成绩，意在说明现代无产阶级运动取得了巨大的进展。另外，对于1891年柏林版中一句话加了一个注脚。原话是：“科学社会主义本质上就是德国的产物，而且也只能产生在德国哲学还生气勃勃地保存着辩证法传统的国家，即在德国。”[②] 恩格斯在注脚中指出：“‘在德国’是笔误，应当说‘在德国人中间’，因为科学社会主义的产生，一方面必须有德国的辩证法，同样也必须有英国和法国的发达的经济关系和政治关系。德国的落后的——40年代初比现在还落后得多的——经济和政治的发展阶段，最多只能产生社会主义的讽刺画。只有在英国和法国所产生的经济和政治状态受到德国辩证法的批判以后，才能得出确实的结论。因而，从这方面来看，科学社会主义并不完全是德国的产物，而同样是国际的产物。”[③] 英国、法国和德国虽然是三个独立的国家，但都属于欧洲，处在一个共同的文化圈——西方文化之内。从这个角度说，尽管三国发展程

① 恩格斯：《社会主义从空想到科学的发展》，《马克思恩格斯选集》第3卷，人民出版社2012年版，第747页。

② 恩格斯：《社会主义从空想到科学的发展》，《马克思恩格斯选集》第3卷，人民出版社2012年版，第746页。

③ 恩格斯：《社会主义从空想到科学的发展》，《马克思恩格斯选集》第3卷，人民出版社2012年版，第746—747页脚注。

度不同，但同属资本主义体系的组成部分。科学社会主义是国际的产物，意即是资本主义生产方式的产物。只能说，这种必然性最先在英法德三个具体国家为自己开辟了道路。

三、《1892 年英文版导言》

恩格斯在 1842 年 11 月赴英国曼彻斯特之前，就对法国社会主义和共产主义观念有了初步了解。到曼彻斯特不久，他就和英国社会主义者建立了联系。1843 年，恩格斯研读了傅立叶、欧文、蒲鲁东的著作，在这个基础上，他以英国读者为对象撰写了《大陆上社会改革的进展》一文，并分两部分在 1843 年 11 月 4 日、11 月 18 日的《新道德世界》周报上发表。那时还不满 23 周岁的恩格斯便开始思考了这样一些问题：必须把“社会主义”和“共产主义”区别开来，把共产主义与“工人”结合起来，与国情和历史传统结合起来，并把它建立在某种世界观的基础之上。

《社会主义从空想到科学的发展》的英文版于 1892 年在伦敦出版，译者是马克思的三女婿爱·艾威林，书名是《空想社会主义和科学社会主义》。恩格斯为这一版本所写的导言，篇幅比较长，实际上是一篇理论文章。《1892 年英文版导言》的重点不是介绍科学社会主义基本原理，而还是当年的话题即某种“世界观”。前 9 个自然段是对《反杜林论》《社会主义从空想到科学的发展》写作出版情况的介绍以及对其中若干内容的说明。从第 10 个自然段开始，重点围绕“历史唯物主义”这个概念叙述了唯物主义的发展历程，阐发了他和马克思的基本观点。

一是现代唯物主义的起源。他首先向读者叙述了他和马克思在早期著作《神圣家族》中所表达的观点：“从 17 世纪以来，全部现代唯物主义的发祥地正是英国。”[①] ——资产阶级时代一开始，经济发展日益迅速，自然科学也取得日益巨大的成就，这时哲学的基本问题的新面貌出现了，所以新的唯物主义的故乡是英国。[②] 唯物主义在其发展的进程中首先经历了“唯名论”的最初形式。持唯名论主张的“唯名论者”是中世纪哲学的一个派别，他们认为一般的类概念不过是一个用来表示具体事物的名字而已，概念本身并不能产生事物，而是对事物的反映，这便是物质第一性、意识第二性的一种表述。但在恩格斯看来，英国唯物主义的真正始祖是培根。因为在培根看来，科学都是以经验为基础的，科学就在于把理性的研究方法运用于感官所提供的材料。归纳、分析、比较、观察和实验是理性方法的主要形式。同时恩格斯还专门谈到，“唯物主义在它的第一个创始人培根那里，还包含着全面发展的萌芽”[③]。这实际上暗示了唯物主义和社会主义学说的亲缘关系。继培根之后，霍布斯把培根的唯物主义系统化了，虽然有很大的片面性，但是不能否认培根、霍布斯、洛克所具有的杰出的法国唯物主义学派前辈的地位。

二是“行动”的重要性。“不可知论者的自然观完全是唯物主义的”，因为他们承认，“我们的全部知识是以我们的感官向我们提供的报告为基础的”。于是必然提出这样的问题：“我们怎么知道我们的感官所给予我们的是感官所感知的事物的正确反映呢?”如果不回答这个问题，唯物主义就不能彻底，不可知论者在唯物主义和唯心主义之间必然会产生调和倾向，甚至滑向唯心主义，因为在不可知论者看来，“当他讲到事物或事物的特性时，他实际上指的并不是这些他也不能确实知道的事物及其特性，而是它们对他的感官所产

① 恩格斯：《社会主义从空想到科学的发展》，《马克思恩格斯选集》第 3 卷，人民出版社 2012 年版，第 753 页。

② 弗·梅林：《德国社会民主党史》第 1 卷，青载繁译，生活·读书·新知三联书店 1963 年版，第 65 页。

③ 恩格斯：《社会主义从空想到科学的发展》，《马克思恩格斯选集》第 3 卷，人民出版社 2012 年版，第 754 页。

生的印象而已"[①]。这样，"物质"便有了被"意识"所取代的危险。恩格斯对此的看法是，"在人类的才智虚构出这个难题以前，人类的行动早就解决了这个难题。布丁的滋味一尝便知。当我们按照我们所感知的事物的特性来利用这些事物的时候，我们的感性知觉是否正确便受到准确无误的检验"[②]。这个观点用后人的表述就是"实践是检验真理的唯一标准"。引入"行动"或实践的概念，唯物主义的观点才有了客观依据的支撑，或者说唯物主义建立在实践的基础之上。

三是"历史唯物主义"的意义。按照实践是检验真理唯一标准的观点，没有经过这种检验的意识或为虚构，或为"假说"——假说也是建立在对已知事物认识的基础上。因此，承认在科学以外一无所知的领域中"不可知"即唯物主义思想特征。就研究历史过程而言，恩格斯把他的历史观称为"历史唯物主义"，并向英国读者介绍了它的基本原理："一切重要历史事件的终极原因和伟大动力是社会的经济发展，是生产方式和交换方式的改变，是由此产生的社会之划分为不同的阶级，是这些阶级彼此之间的斗争。"[③] 这些已为贯穿文明社会中的阶级斗争的事实所证明。此处用相当的篇幅叙述了欧洲资本主义的历史进程以及资产阶级与封建贵族之间的斗争。正是沿着唯物主义的思想路线，法国大革命才能成为"完全抛开宗教外衣、在毫无掩饰的政治战线上作战的首次起义；这也是真正把斗争进行到底，直到交战的一方即贵族被彻底消灭而另一方即资产阶级完全胜利的首次起义"[④]。也正是在这种情况下，获得胜利的法国

---

① 恩格斯：《社会主义从空想到科学的发展》，《马克思恩格斯选集》第 3 卷，人民出版社 2012 年版，第 757 页。

② 恩格斯：《社会主义从空想到科学的发展》，《马克思恩格斯选集》第 3 卷，人民出版社 2012 年版，第 758 页。

③ 恩格斯：《社会主义从空想到科学的发展》，《马克思恩格斯选集》第 3 卷，人民出版社 2012 年版，第 760 页。

④ 恩格斯：《社会主义从空想到科学的发展》，《马克思恩格斯选集》第 3 卷，人民出版社 2012 年版，第 766 页。

资产阶级便停止了革命的步伐，并使其阶级局限性得以暴露。这种现象在英国也有充分的体现："唯物主义既然成为法国革命的信条，敬畏上帝的英国资产者就更要紧紧地抓住宗教了。"[①] 言外之意，资产阶级不可能将唯物主义贯彻始终。反之，正是唯物主义具有革命性和战斗性，无产阶级在进行反对资产阶级的革命斗争中，必然要把它作为自己的战斗口号和理论基础。

四是无产阶级革命的历史必然性。英国的产业革命创造了大工业的资产阶级，也创造了人数众多的产业工人阶级，并引发了工人阶级反对资产阶级革命运动的复兴。尽管工人阶级在运动之初还拘泥于各种传统，但是他们的运动却在逐步体现出社会主义的性质。在马克思主义看来，社会主义革命是各国无产阶级共同的事业。因此《导言》指出："欧洲工人阶级的胜利不是仅仅取决于英国。至少需要英法德三国的共同努力，才能保证胜利。在法国和德国，工人运动远远地超过了英国"，[②] 因此恩格斯有理由认为德国是欧洲无产阶级夺取第一次胜利的舞台，在全世界无产者联合起来的口号下，向英国工人阶级宣传普及科学社会主义基本原理就显得至关重要了。

历史唯物主义即唯物史观是贯穿《导言》的一条红线。读者只有首先理解了唯物史观，才能把握《社会主义从空想到科学的发展》一书的基本线索。这是《导言》的用意所在。

---

① 恩格斯：《社会主义从空想到科学的发展》，《马克思恩格斯选集》第 3 卷，人民出版社 2012 年版，第 767 页。

② 恩格斯：《社会主义从空想到科学的发展》，《马克思恩格斯选集》第 3 卷，人民出版社 2012 年版，第 774 页。

第四章

科学社会主义的历程

任何历史事件都有它的“前史”“后传”。就马克思、恩格斯生活的时代而言，科学社会主义的“前史”是“空想社会主义”，而它的“后传”则是它的发展历程。《社会主义从空想到科学的发展》只是叙述了科学社会主义的形成和基本原理，而对它的未来发展并不是其创始人所关心的主要问题。1895 年恩格斯逝世以后，尤其是进入 20 世纪，科学社会主义依次发生了从理论到制度、从一国到多国、从苏联模式到民族特色的历史性飞跃。不过它所上演的历史剧目既出乎马克思、恩格斯意料，却又在情理之中。

一、运动的进展

这里所说的“运动”是指社会主义的实践过程或历史进程，其内涵是在共产党领导下、在马克思主义（科学社会主义）指导下的无产阶级反对资产阶级的革命斗争，也包括社会主义制度确立以后，在共产党领导下，各个社会主义国家的人民所从事的社会主义建设和改革的实践。

从理论到制度。历史进入20世纪后，社会主义革命并没有在发达资本主义国家兴起，而是在经济文化相对落后的俄国首先爆发并取得了胜利，这就是列宁和俄国共产党人领导的十月革命。此前，俄国虽然通过农奴制改革走上了资本主义道路，但直到20世纪初其发展程度至少要落后发达资本主义国家50年，社会主义革命的条件并不充分。但是，帝国主义的第一次世界大战将俄国卷入其中，加剧了俄国社会矛盾从而造成了革命形势。俄国无产阶级领袖列宁抓住了这一千载难逢的有利时机，领导工人阶级进行了十月革命，夺取了国家政权，从而使俄国进入了从资本主义到社会主义的过渡时期。十月革命胜利之初，苏维埃俄国采取的措施是“战时共产主义政策”。这既是严峻的内战环境的客观要求，也是“直接过渡”思想的产物。通过这个途径，共产党人捍卫了十月革命成果。但由于苏维埃俄国并不存在“直接过渡”的前提，因此到1920年下半年内战结束、苏维埃政权的巩固已成定局以后，这一政策的延续则引发了农民的不满和激烈反抗，由此给苏维埃政权的生存带来严重威胁。现实迫使苏俄从1921年3月起改行“新经济政策”。在总结实践经验的基础上，列宁有了新的想法：实现党和国家的工作重心的战略转移，即从政治斗争、革命、夺取政权等方面转到和平的“文化”

组织工作——即社会主义的全面建设上来；提高劳动生产率，厉行节约，实现国家工业化，建立社会主义的物质技术基础；发展商品经济，密切城乡交往，实现农民私人利益和无产阶级国家利益的结合；改革党和国家机关，消除沙皇专制制度的影响；进行文化革命，提高人民的思想文化素质；促进民族平等，实现无产阶级团结的发展和巩固；利用资本主义的文明成果建设现实的社会主义。但是在他去世以后这些“想法”并没有一以贯之。1928 年，新经济政策被中止了，苏联开始加速推进国家工业化和农业的全盘集体化，在经济上实现了从生产资料私有制到公有制、从分散管理到集中统一领导的转变。1929 年 12 月 5 日，联共（布）中央发布了《关于改组工业管理的决议》，这是在城市工业领域中向社会主义过渡的第一个步骤，1930—1933 年又推行了信贷改革、税制改革、工资改革等一系列措施与之相配套。在农村，确立了大规模的集体农庄制度、农产品义务交售制度和机器拖拉机站制度。在此基础上形成了“计划经济”体制：从地方分权制向中央集权制过渡，从经济方法向行政方法过渡，把企业作为工业管理的基本环节；在中央、地方和企业的权力配置上，权力高度集中于按专业划分的中央工业部门，由于担心地方工业的过分发展会导致资本主义，大批原属地方管理的企业被收归中央工业部门直接管理；通过信贷、税制和工资的改革，实现分配和价格决策的集中化；在经济运行机制方面，实行指令性计划，作为经济政治指令具有法律的效力，国家通过发布命令、决议和行政组织手段，与各经济组织、企业发生联系，组织全国的经济活动——以“计划经济”为主要特征的“苏联模式”由此形成。为了用法律的形式记载和巩固社会主义改造的成果，1936 年 11 月 25 日到 12 月 5 日，苏联召开了苏维埃第八次非常代表大会，修改了 1924 年宪法，通过了新宪法，确定苏联——苏维埃社会主义共和国联盟是“工农社会主义国家”，政治基础是全部政权属于城乡劳动者，通过苏维埃来实现；经济基础是生产资料的社会主义公有制，即全民所有制和集体所有制两种形式，实行“各尽所能，按劳分配”“不劳动者不得食”的分配原则；国家制度是联盟国家，最高国家权力机关是苏联最高苏维埃，由享有平等权力的两院即联盟苏维埃和民族苏维埃组成，行使立法权，并选举产生最高苏维埃主席团和苏联政府——人民委员会。新宪法的颁布标志着社会主义制度在苏联的确立，“一国建成社会主义”。这一重大事件虽仅局限于俄国（苏联）一国范围内，但却有世界历史意义，从此世界上出现了“社会主义国家”，有了“社会主义制度”。

从一国到多国。“一国”是指苏联，“多国”包括欧亚、美洲十几个国家。第二次世界大战后期，欧亚许多国家的共产党人，或是依靠苏联红军的帮助或是依靠自己的力量取得了反法西斯战争的胜利；进而或通过选举或通过内战夺取了国家政权，确立了执政地位，领导本国人民通过社会主义改造确立了社会主义制度。美洲的古巴也在 20 世纪 50 年代到 60 年代初，将本国的民主革命发展成社会主义革命，走上了社会主义道路。在这个时期，社会主义国家的领土面积占世界陆地面积 1/4 以上，人口约占世界总人口的 1/3，工业产值约占世界的 2/5，一度形成了社会主义阵营。社会主义制度越出一国范围，在许多国家得以确立，这就是一国到多国的含义。但是，“多国”的社会主义建设基本沿袭了苏联模式。这是因为苏联是世界上第一个社会主义国家，拥有建设社会主义的经验，自然是其他国家学习的样板。它在短期内所取得的巨大成就，尤其在世界反法西斯战争中所发挥的作用也在深深地吸引和鼓舞着其他经济文化相对落后国家的共产党人，以至于把苏联模式视为建设社会主义所应遵循的普遍原则，形成了“苏联的今天就是我们的明天”的思维模式。这种沿袭具体说来原因较为复杂。“多国”的共产党人没有建设社会主义的经验，除了向苏联学习之外别无他途；“多国”共产党执政之初面临的内外环境与 1917 年俄国的状况大体相似，从而引申出相同的发展模式；在“二战”结束后形成的两极对峙格局中，“多国”

还不具有独立自主探索社会主义发展道路的实力和可能性，只能依靠苏联的帮助；苏联模式被那一代共产党人视为社会主义的化身，把它所发挥的积极作用等同于社会主义制度的优越性，而从形式上看，生产资料的全民所有制，消灭或限制商品货币关系，按劳分配也正是科学社会主义基本原则的体现；除古巴以外，“多国”在陆地上连为一体；苏联从自身的国家利益出发，自觉或不自觉向其他国家推广自己的模式。除此之外，苏联模式也实现了和有些国家历史传统的对接。但无论如何，这一发展进程具有承前启后、继往开来的历史意义。它打破了资本主义一统天下的格局，改变了世界政治力量的对比，使世界有了一种全新的生产方式和社会制度，也推动了时代主题的转变和资本主义本身的新变化；促进了马克思主义的广泛传播；加速了经济文化相对落后的国家现代化的步伐，推动了社会生产力的解放和发展；为后人积累了社会主义建设的历史经验和教训。但苏联模式越出“一国”范围在“多国”确立以后，毕竟遇到了全新的环境，由此便产生了科学社会主义基本原则以及苏联经验与本国实践相结合的问题。以此为契机，“多国”共产党人开始了科学社会主义民族化的探索和实践。

从苏联模式到民族特色。苏联模式这一概念于1953年由英国学者休·塞顿－沃森首创，并逐渐为学术界广泛接受和使用。这个名词本身并无褒贬之义，但这个模式在发展过程中却具有积极和消极两重属性。把它放在社会主义历史进程中考察就会发现，它产生于战争与革命的岁月，在苏联和“多国”的社会主义建设之初都发挥了积极作用：有效地动员了有限的人力、物力和财力，使工业化和现代化建设能够在物质条件十分困苦的情况下得以进行，为社会主义制度的巩固和发展提供了必要的物质基础；创造出一代新型产业工人、工程技术人员和具有现代科学文化素质的知识分子，为社会主义事业培育了大批人才；积累了宝贵的经验教训，为后人探索社会主义道路交了“学费”、提供了思想材料。但是它明显带有过渡性质，因此积极作用发挥的时空范围非常有限。一旦时过境迁，其弊端和消极影响就会显现出来。在时代主题从战争与革命转向和平与发展，“多国”社会主义建设走上正轨以后，苏联模式的内在矛盾也开始暴露。自20世纪50年代后期以来，其消极影响愈加明显。具体表现为，在微观上它没有实现生产者与生产资料的正确结合。苏联模式中的“公有制”在很大程度上体现的是财产关系，而不是经济关系，“计划经济”体制剥夺了生产者的生产经营自主权，使他们的积极性、主动性和首创精神受到严重的压抑；生产单位成为执行中央指令性计划的工具，失去了作为经济细胞的活力。生产环节上的这些弊端也在交换、分配、消费诸环节上显现出来：社会分工变成了“作坊内”的分工；工农产品之间的价格“剪刀差”不断扩大，农业成为国民经济的薄弱环节；按等级的平均主义“大锅饭”得以盛行，在产品极不丰富的情况下，人们又开始了争得最低限度的必需品的斗争，自然经济死灰复燃，陈腐的东西沉渣泛起；人们的个性由于物质的匮乏而难以张扬，青年人的爱美之心被贬斥为“追求资产阶级生活方式”。这些都严重偏离了“人的解放”的主题和轨迹。在宏观上这个模式试图超越历史发展阶段，把马克思、恩格斯对未来社会的某些设想无条件地搬到现实生活中来，又把特殊历史条件下的权宜之计固定化、制度化最终导致僵化。正因如此，苏联模式逐步演变成社会主义发展道路上的旧体制障碍，几乎所有社会主义国家在发展过程中都出现过共同的失误，致使社会主义在同资本主义进行历史性竞争的过程中，从凯歌进军的状态逐步演变为势均力敌，再后来退为守势，最后苏联东欧的阵地失守。通过改革实现模式转换势在必行。也正是在这个过程中，许多社会主义国家的执政党或先或后、程度不同地认识到苏联模式的弊端，开始了社会主义改革的实践。但是由于种种原因，改革出现了分化：有的国家改革演变成改向，结果是社会主义性质的改变、共产党执政地位的丧失、联盟国家的解体；也有一些国家则把改革看作社会主义制度的自我完善和发展的途径，开辟了社会主义新路。不过即使仍然坚持社会主义制度的“多国”的社会主义也不再具有单一性，而是呈现出多样性，每个国家的社会主义都打上了浓厚的民族特色。这一发展过程使得社会主义运动已不再是昔日那种“全世界无产者联合起来”、按照统一的步调反对全世界资本家的“国际共产主义运动”了，也不是社会主义“大家庭”的那种分工协作了，而是“自己的道路”。

二、思想的轨迹

社会主义应资本主义生产方式而生，随资本主义的发展变化而兴。从空想到科学、从理论到制度、从一国到多国、从苏联模式到民族特色的运动进展，也与资本主义发展阶段的更替“交互活动”。在这个过程中，社会主义的思想轨迹也清晰地呈现出来。

资本主义发展的第一阶段是资本主义在封建社会母体内孕育、萌生、发育并最终取代封建主义的阶段，为期约300年，即从15世纪初到18世纪中叶的英国产业革命。① 这一阶段的资本主义生产方式处于简单协作和工场手工业阶段，由此也决定了工人运动的分散自发状态。在这个时期产生的社会主义即“空想社会主义”。空想社会主义是科学社会主义“已有的思想材料”，通过马克思、恩格斯的革命性改造实现了向科学社会主义的转化。但“从空想到科学”并不是一个线性的机械过程，而是二者“问答与交流”的结果。也不是说，科学社会主义一经诞生就确立了它在社会主义运动中的指导

---

① 本书关于资本主义发展阶段的划分来自当代资本主义研究丛书“出版者的话”，可参见伊曼努尔·华勒斯坦的《历史资本主义》（路爱国、丁浩金译），W. E. 哈拉尔的《新资本主义》（冯韵文、黄育馥译）等书，社会科学文献出版社1999年版，均为第1页。

地位，今天把这个理论批倒了，明天将那个思想肃清了，后天与那个派别决裂了，最终解决了社会主义革命和建设的所有根本问题。如果是那样的话，空想社会主义就应该销声匿迹，工人阶级和共产党人也就彻底克服了空想社会主义的局限性、摆脱资产阶级和小资产阶级的影响、划清与其他社会主义思潮的界限了。恰恰没有这么简单。科学社会主义产生后，空想社会主义仍以新的形态继续存在。今天在许多社会主义的流派中仍能发现它的元素。比如，民主社会主义与空想社会主义就存在着本质的联系。法国学者雅克·德罗兹认为，民主社会主义起源于19世纪三四十年代。他为其下的定义是，建立在议会制和为实现各自的目标而进行合法斗争的各政党基础上的社会主义。按照这个说法，他认为这一时期已经有了这种思想的萌芽。他举例说，英国宪章派就已指出，取得各种政治权利，特别是取得普选权，乃是确保对财富进行分配的唯一手段；在议会中获胜必然导致工人阶级掌握生产。他还引用了法国路易·勃朗的观点，即为了建立取代资本主义剥削的国家工场，确保国家工场运转的国家必须通过普选制得到改革，并做到代表全民。德罗兹进而得出结论说，这是从勃朗著作中找到的对民主社会主义所下的最为满意的定义。① 同样，法国空想共产主义思想家卡贝也认为，平等和博爱必然导致共产主义制度，这种制度乃是平等和博爱的“最全面的、唯一完善的实现”。相信一个能将民主和社会主义融为一体的制度必将到来，这是1848年人们思想中的一个显著的特点。这里所说的“民主”不是工人阶级应该争得的那个“民主”，而是建立在普选权基础上的资产阶级民主。当时人们认为，这种融合要求通过普选和议会制度来对国家进行改革，要求政府对经济和社会立法实行干预，建立能够经营企业的劳动者协会。因此，民主社会主义并非

① 雅克·德罗兹：《民主社会主义》，时波译，上海译文出版社1985年版，第1、2页。

通过什么人对科学社会主义的“修正”而来，而有其独立的起源。再如，“新左派”运动中产生的许多思潮也可以追溯到空想社会主义者那里。瑞典学者阿萨·林德贝克注意到，“新左派”对分权的爱好，及其对一个建立在生产者合作社基础上、具有一个非等级的决策结构的社会的幻想，可追溯到傅立叶、蒲鲁东和欧文那样的马克思主义以前的社会主义者。据他考证，在新左派的文件中，关于建立在集体所有制基础上的自治“公社”有过很多讨论，这些“公社”据说既是经济单位，又是社会的和政治的单位——这种看法与马克思主义以前的社会主义者，如傅立叶、蒲鲁东和欧文的看法极其相似。① 还有，社会主义条件下仍然存在市场——市场社会主义也很早就被提出来了。有学者认为，无政府主义者、马克思的老对手蒲鲁东从19世纪40年代中期就提出了一种社会概念，即在保留市场的同时消除雇佣劳动和资本的想法，这也许是“市场社会主义”的首次详细的说明。②《后工业社会的来临》的作者美国学者丹尼尔·贝尔也指出：“鉴于圣西门是科技治国论之父，我们现在可以根据他的精神来总结后工业社会及其科技治国论基础的特点。”③ 在他看来，圣西门的学说是他所阐释的后工业社会的理论源头。这些恐怕都属于“空想社会主义”的当代形态。

资本主义发展的第二个阶段是资本主义自由竞争阶段，为期约150年，即从18世纪中叶到19世纪末20世纪初。在这个阶段中，随着资本的扩张和产业革命所导致的社会化大生产的突飞猛进，资本主义很快在全世界范围内确立了自己的统治地位。马克思的巨著《资本论》即以这个阶段的资本主义为主要研究对象，给后人留下了

---

① 阿萨·林德贝克：《新左派政治经济学》，张自庄、赵人伟译，商务印书馆2013年版，第19、136页。

② 伯特尔·奥尔曼：《市场社会主义》，段忠桥译，新华出版社2000年版，第62页。

③ 丹尼尔·贝尔：《后工业社会的来临》，高铦、王宏周、魏章玲译，商务印书馆1984年版，第379页。

经典性的分析、批判和阐释。也正是在这个阶段，社会主义实现了从空想到科学的发展。仅从《共产党宣言》的发表到恩格斯逝世的90年代中期，就可以看到科学社会主义与资本主义之间清晰的关系。《共产党宣言》发表之日，便是欧洲二月革命兴起之时。这场革命很快便被镇压下去，但接下来却是资本主义大发展的时期。资本主义的发展反过来又促进了社会主义运动的高涨：1864年国际工人协会成立；1867年，马克思出版了《资本论》第一卷；1871年，法国爆发了巴黎公社革命。巴黎公社革命失败以后，资本主义开始了由竞争向垄断的过渡。这一切都为科学社会主义的发展提供了客观依据。但是，科学社会主义也只是将空想社会主义从唯心史观的束缚下、从“碎片化”的状态下解放出来，建立在了现实的基础之上，本身并没有为社会主义的发展给出一个一劳永逸的答案，还需要不断增加“科学”含量，在实践中不断探索和完善。比如，在对资本主义的批判上，科学社会主义通过剩余价值学说揭开了资本主义生产方式的秘密，找到了无产阶级与资产阶级斗争的经济根源，论证了无产阶级通过革命斗争夺回劳动成果的必然性，但对于资本主义生产关系的“容量”及其长期性问题并没有给予科学的解决。又如，在对未来社会的探索上，主张把社会主义建立在高度发达的生产力基础之上的空想社会主义思想家只占少数，而多数人设想的社会不过是自给自足的小规模经济单位——这被认为是“空想”的主要体现。科学社会主义则把社会主义建立在社会化大生产的基础之上，并继承了空想社会主义中关于“公有制”、“按需分配”或“按劳分配”的主张。但是，今天生产力的发展已达到前人难以想象的程度了，这个理想社会仍然没有在资本主义发达国家实现，因此，科学社会主义也没有解决在什么样的生产力水平上才能实现社会主义生产关系的问题。再如，在对过渡道路的选择上，一般认为，空想社会主义之“空想”在于没有找到实现变革资本主义的社会力量和现实道路，这是以“暴力革命”作为“科学”标准所做出的判断。空想社会主义在变革资本主义道路问题上也有暴力革命的主张和实践，多数社会主义者则寄希望于改良，这是事实。但毋庸讳言，恩格斯（马克思也是这样）特别在他们青年时代，有时过高地估计了革命的工人运动的步伐。[①] 恰恰是他们发现的“无产阶级”今天已经面目全非，暴力革命的形式至少在发达国家已不复存在。这些都是科学社会主义所面临的新问题。社会主义仍然处于从空想到科学发展的进程中。

资本主义发展的第三个阶段是垄断资本主义阶段，为期约 50 年，即从 19、20 世纪之交到第二次世界大战结束。在马克思主义学术界，传统上认为列宁对垄断资本主义的界说富有权威性，乃是对马克思主义的发展。实际上今天这个观点也没有被颠覆。但需要补充的是，和列宁同时代的理论家——暂且撇开其阶级属性——如考茨基、希法亭、霍布森、卢森堡等也在这方面的研究上作出了重要的贡献。就列宁的《帝国主义是资本主义的最高阶段》一书而言，许多论断仍有商榷的余地，他所概括的五大特征也并非一成不变。比如，列宁说：“资本主义最典型的特点之一，就是工业蓬勃发展，生产集中于愈来愈大的企业的过程进行得非常迅速。”[②] 但似乎实际上情况并非完全如此。比如在美国，只有几种工业必须大规模经营。这些工业要么是经济规模过大，要么是经营范围过广。历史上有很多企业家曾经尝试过在小规模范围内将企业扩大，但都没有成功。美孚石油公司成了世界上最大的公司之一，但是美孚麻绳公司成立后不久就不见了踪影。美国钢铁公司产销两旺，但美国纽扣公司只是昙花一现。反过来，在 20 世纪，大概只有苏联的经济是以大企业唱主角的。1890 年，美国国会通过了《谢尔曼反托拉斯法》，规定

---

① 弗·梅林：《德国社会民主党史》第 1 卷，青载繁译，生活·读书·新知三联书店 1963 年版，第 311 页。

② 列宁：《帝国主义是资本主义的最高阶段》，《列宁选集》第 2 卷，人民出版社 2012 年版，第 584 页。

“任何以托拉斯或其他行为企图对贸易进行抑制的合同或联合”为违法行为。在第二次世界大战后的年代里，许多西欧国家也颁布了类似的法律。[①] 还比如“最大资本主义大国已把世界上的领土瓜分完毕”，而在当时，作为落后的资本主义俄国就没有被“瓜分”，中国事实上也未被“瓜分”。列宁是辩证法大师，在他的著作中许多说法还留有余地，比如在他看来，帝国主义的腐朽性一方面阻碍技术的进步，但另一方面资本主义的发展比从前要快得多；等等。而到了这一阶段结束之际，斯大林的论断则斩钉截铁：“第二次世界大战及其经济影响在经济方面的最重要的结果，应当认为是统一的无所不包的世界市场的瓦解。这个情况决定了世界资本主义体系总危机的进一步加深。”据此他认为，自己在“二战”前提出的“资本主义总危机时期市场相对固定”的论点，以及列宁在1916年提出的“整个说来，资本主义的发展比从前要快得多”的论点“都应该认为是已经失效了”[②]。话音未落，资本主义已经进入第四个发展阶段，实现了更大的发展。

资本主义发展的第四个阶段为第二次世界大战后出现的以国家垄断为基本特征的新阶段。但是，关于这个阶段的理论概括则众说纷纭，至少有“国家垄断资本主义”“社会资本主义”“晚期资本主义”“后工业社会”等诸多说法。此外，有人还认为从20世纪70年代末和80年代初开始，随着新自由主义思潮的崛起，资本主义进入了一个更新的垄断后阶段，但此说在学界也是见智见仁，争议颇多，有待事态本身的进一步发展和理论研究的深化。既然如此，那就姑且笼统地称之为“当代资本主义”。自1924年列宁去世以后，科学社会主义的接力棒便传到了斯大林的手上。但是斯大林也没有亲眼

① 托马斯·K. 麦格劳：《现代资本主义》，赵文书、肖锁章译，江苏人民出版社2000年版，第359—360、365页。

② 斯大林：《苏联社会主义经济问题》，《斯大林选集》下卷，人民出版社1979年版，第561、562—563页。

目睹当代资本主义的新变化，而且在他身后，科学社会主义也出现了类似孔子之后儒家“一分为八”的景象。“不识庐山真面目，只缘身在此山中”，历史的研究需要拉开一定的距离。但无论如何，继续推进社会主义从空想到科学的发展都需要把它始终置于“现实的基础”之上。

三、制度的形态

自十月革命以来，社会主义的历史主要是“现实社会主义”的发展进程。“现实社会主义”（real socialism & actually existing socialism，really existing socialism）是20世纪90年代学者们在讨论社会主义问题时频繁出现的一个专门术语，它有特殊的含义，主要指的是原苏联、东欧国家的社会主义模式，[①] 简单地说就是“苏联模式”，这主要是就制度的形态而言。

现实社会主义起源于经济文化相对落后国家的社会主义革命。马克思、恩格斯设想的社会主义脱胎于资本主义世界体系，他们有关社会主义革命的基本观点可以概括为“共同胜利论”。因为在他们看来，无产阶级反对资产阶级的斗争，从形式上看是一个国家的无产阶级打倒一个国家的资产阶级；但从内容上看，则取决于世界各国至少也应该是几个发达国家无产阶级的联合行动。至于革命从哪个国家最先爆发则纯属偶然，无关大局。“全世界无产者联合起来”开展的“国际共产主义运动”的结局，必然是社会主义的共同胜利。尽管列宁曾提出社会主义革命可以在一国或数国首先取得胜利的思

① 参见俞可平主编：《全球化时代的“社会主义”》，中央编译出版社1998年版，第20页。

想，但在他看来那只是个开头。十月革命胜利以后，列宁就怀着急迫的心情盼望西欧无产阶级革命早日爆发。道理很简单，只有西欧无产阶级革命取得胜利，苏维埃俄国才能摆脱处于资本主义包围的孤立无援状态。但事与愿违，世界革命没有出现，俄国（苏联）只好“一国建设社会主义”，产生的结果就是“现实社会主义”。除了这些马克思主义的解释外，关于苏联模式起源的观点也流派纷呈。美国学者萨拜因认为，把列宁主义解释为马克思主义在非工业化经济和农民人口占绝大多数的社会的应用最为合适。列宁主义的世界意义就在于这种类型的社会遍布全球。[①] 格申克龙指出，恰恰因为俄国的落后，以及由此而导致的人们价值模式缺乏一种意义更大的逐步变迁的局面，西方社会主义便轻而易举地与农民的价值导向体系结合起来，这种价值体系强调庄稼汉及劳动所具有的价值，而将那些不直接与土地耕作相联系的活动视为有罪而加以拒绝。[②] 柯尔评论说，斯大林的“社会主义在一个国家内取得胜利”的思想大大得力于赫尔岑和车尔尼雪夫斯基，他们鼓吹如下信念：俄国人的使命是在本质上属于俄国独具的基础上，而不是在照搬西方蓝本基础上创造自己特有的社会主义。[③] 梅茹科夫说得更直接，他认为，布尔什维主义的起源不应归之于马克思主义，而应归之于俄国历史和俄国革命的特殊条件。布尔什维主义产生在一个面临快速现代化（首先是工业化）建设任务、但大多数居民对此尚未做好历史和文化准备的国家。[④] 在他看来，生活在古老的宗法制村社中的农民，是俄国的主要人口，构成了俄国现代化道路上的主要障碍，不论谁上台，让农

---

① 乔治·霍兰·萨拜因著，托马斯·兰敦·索尔森修订：《政治学说史》（下册），刘山等译，商务印书馆 1986 年版，第 877 页。

② 亚历山大·格申克龙：《经济落后的历史透视》，张凤林译，商务印书馆 2012 年版，第 225—226 页。

③ G. D. H. 柯尔：《社会主义思想史》第 2 卷，何瑞丰译，商务印书馆 1978 年版，第 55 页。

④ B. M. 梅茹科夫：《我理解的马克思》，林艳梅、张静译，人民出版社 2013 年版，第 9 页。

民离开村社的过程都必然充满暴力。众多民族共同生活在一个国家之中的现实也不利于民主的发展。这些恐怕都是关于苏联模式形成原因的一家之言。

现实社会主义是科学社会主义的特殊形态。现实社会主义既然已经产生，就必然有其产生的原因。俄共（布）理论家尼·布哈林在《过渡时期经济学》中指出，世界资本主义体系的崩溃，是从最薄弱的、国家资本主义组织最不发达的国民经济体系开始的。对此，列宁指出，“是从‘比较薄弱的’体系开始的。没有一定程度的资本主义发展，我们是什么也办不成的”。布哈林又说，在无产阶级取得胜利后，容易取得这次胜利的原因就辩证地变为产生巨大困难的原因了。列宁评论道：对。布哈林接着总结出一条革命原理：世界革命过程是从世界经济发展水平最低的那部分体系开始的，那里的无产阶级比较容易取得胜利，但新关系的形成却比较困难；爆发革命的速度同资本主义关系的成熟程度和革命类型的高低程度成反比。列宁把这句话中发展水平“最低的那部分”修改为“不是从最高的”，“成反比”修改为“不是成正比的”①。这一修改克服了布哈林思想中的形而上学倾向，但基本同意了他对马克思主义传统认识的重大修正，同时也论证了现实社会主义的历史必然性。托派社会主义代表人物、第四国际理论家、比利时学者曼德尔认为：“帝国主义一方面妨碍着社会主义客观条件在落后国家的充分发展（即资本主义的充分发展），另一方面又妨碍着社会主义的主观条件在高度工业化的国家发展（即无产阶级意识的充分发展）。正是这两个方面相结合决定了世界社会主义革命的具体形式。世界社会主义革命可以先从俄国这样的国家开始，但只有当革命扩展到比较先进的工业化国家以后，才有可能建成社会主义社会。”② 既然革命还没有扩展到这

① 参见《列宁全集》第60卷，人民出版社1990年版，第317页。

② 厄内斯特·曼德尔：《权力与货币》，孟捷译，中央编译出版社2002年版，第19—20页。

些国家，那就不妨沿着现实社会主义的逻辑创造社会主义的前提。

现实社会主义的形态不同于“理想”的社会主义。马克思、恩格斯关于未来社会轮廓的勾画很简洁，就是全社会共同占有生产资料，姑且将其称为“理想”的社会主义。以往科学社会主义教科书上关于社会主义社会“本质特征”或“基本特征”的“几条”概括，严格地说是关于现实社会主义形态的描述，其中包括：生产资料公有制——这是社会主义社会的经济基础，但理想的社会主义社会建立在阶级消灭、国家自行消亡的基础上，因此公有制意味着社会占有生产资料，而现实社会主义则是生产资料归“国家”或“集体”所有；国民经济有计划按比例发展——这一条简称计划经济，但计划出自国家，而不是出自“自由人联合体”；按劳分配——这是社会主义分配原则，但在现实社会主义中经常演变成为按等级的平均主义；共产党的领导、无产阶级专政，马克思主义的指导地位——这几条更属于现实社会主义范畴。如果破除“西方中心论”就会发现：当现实的社会主义道路开辟以后，马克思、恩格斯指出的社会主义道路反倒表现出“特殊性”了。这些差别意味着，如果共产党人把马克思、恩格斯设想的社会主义作为“最高纲领”的话，那么实现这个理想还有很长的路要走。科学社会主义“后传”的内容将会丰富多彩。

科学社会主义在中国的传播和实践是继俄国十月革命以后的重大历史事件。有关这个主题的论著可谓汗牛充栋，且又超出了本书的范围，故此处从略。

第五章

社会主义的前途

阅罢《社会主义从空想到科学的发展》，读者眼前必定会展现出一幅社会主义的美好画卷，并在胸中激发起为之奋斗的壮志豪情。但是从这部著作出版算起，140 多年过去了；如果从《共产党宣言》算起则已 170 多年了，社会主义在世界范围内并没有取得最终胜利，而资本主义仍在继续稳定发展。尤其是 20 世纪 80 年代末 90 年代初的“苏东剧变”，使社会主义运动遭受了巨大的挫折。资产阶级弹冠相庆，共产党人忧心忡忡。历史不过是人们有目的的活动而已。为了使动机和结局实现最大限度的吻合，则需要以史为鉴，面向未来。本章的标题是“社会主义的前途”而不是“科学社会主义的前途”，是笔者有意为之，目的在于从更广阔的领域考察社会主义的发展道路。

一、趋势的必然性

社会主义代替资本主义是历史大趋势。这种必然性并不是来自人们的主观意志，而是源于资本主义生产方式本身；它不仅是工人阶级的追求，也是全人类的共同愿望；《社会主义从空想到科学的发展》对此已作出理论论证，当代资本主义的发展变化也没有改变这个事实。

当人类告别原始共产主义的“自然状态”而进入文明时代以后，处于社会底层的人民群众就一再发出重建社会秩序的呼唤：“王侯将相，宁有种乎”“吾疾贫富不均，今为汝均之”“等贵贱，均贫富”“均田免粮”，等等，并为之进行了不懈的追求和抗争。这些口号不仅出自中国古代，也是欧洲社会主义的先驱者的呐喊。但不论是西方还是中国，到头来却是“青山依旧在，几度夕阳红”，实现这些理想的前提条件远未具备。只有历史进入资本主义时代，才闪现出实现平等愿望的曙光。但是，资本主义在推动生产力巨大发展的同时，也给无产阶级和劳动群众带来了空前的灾难。正因如此，才兴起了现代无产阶级运动。社会主义的历史必然性产生于资本主义生产方式的矛盾运动，也只有借助于无产阶级的革命实践才能为自己开辟道路。但现在的问题是，当代资本主义至少相对马克思、恩格斯生活时代的资本主义已经算是“充分”发展了，为什么资本主义在全世界范围内仍然没有被社会主义所取代？美国学者约翰·卡西迪在20世纪末曾撰文指出：“资本主义当然没有被共产主义取代；同样可以肯定的是，它也没有以马克思所目睹的类似狄更斯笔下描述的那种形式生存下来。”[①] 这就是当代资本主义发展的辩证法。

资本主义还是资本主义。这就是通常所谓的“本质”未变。从“本质”的角度看，资本主义生产方式的矛盾依然存在，仍然是推动社会主义发展的动因。早在20世纪50年代，英国工党理论家安东尼·克罗斯兰（1918—1977年）就指出，尽管物质水平和表面上的满意度不断上升，但是那些可以避免的社会贫困和身体疾病仍然在很大程度上限制了许多人的选择和活动自由；仍然存在的大量社会对抗和阶级怨恨，使社会缺少应有的安宁和满足感；收入和权力分配仍然很不公平，这方面的分配仍然与才智、美德、能力或智力等方面的分配密切相关，特别是获取高额报酬的机会仍然很不平等。[②] 他认为，正是这种贫困、怨恨和不公的大量存在，为继续推进变革即朝着社会主义方向的变革提供了一个实实在在的理由。而在40多年后的新旧世纪之交，这种状况并没有得到根本的改观。20世纪80年代和90年代的20年间，资本主义发展变化中的最大赢家仍然是那些“控制着生产资料的人”。1978年，一个典型的在大公司工作的总经理获得的收入约为一个典型工人的60倍；在1995年，已经扩大到170倍。到今天，这种状况也没有得到根本的改观，而且这种现象也从一国之内扩大到世界范围内，一方面是“全球化”的加速，另一方面则是“全球分裂”。前者使资本主义得到扩张，后者则带来社会主义运动的广泛传播和发展。面对这种情况，“就马克思来说，立场站在哪一方毫无疑问”。[③] 这意味着，无产阶级反对资产阶级的革命斗争依旧从这种经济根源中获得动力。

资本主义的发展也使其本身发生局部质变。生产力的发展、人

① 约翰·卡西迪：《马克思的回归》，童建挺译，俞可平主编：《全球化时代的“社会主义”》，中央编译出版社1998年版，第7页。

② 安东尼·克罗斯兰：《社会主义的未来》，轩传树、朱美荣、张寒译，上海人民出版社2011年版，第77页。

③ 约翰·卡西迪：《马克思的回归》，童建挺译，俞可平主编：《全球化时代的“社会主义”》，中央编译出版社1998年版，第8、9页。

民生活水平的改善、民主权利的扩大——这一切导致了社会矛盾的缓和，而且这些变化本身就意味着社会主义因素的积累，或者说和社会主义的发展方向具有逻辑的一致。就其经济基础而言，生产关系在一定范围内得到改良——比如股份制的发展。马克思就曾预言："在股份公司内，职能已经同资本所有权相分离，因而劳动也已经完全同生产资料的所有权和剩余劳动的所有权相分离。资本主义生产极度发展的这个结果，是资本再转化为生产者的财产所必需的过渡点，不过这种财产不再是各个互相分离的生产者的私有财产，而是联合起来的生产者的财产，即直接的社会财产。""直接的社会财产"就是社会主义的因素，或社会主义的前提，因此"这是资本主义生产方式在资本主义生产方式本身范围内的扬弃，因而是一个自行扬弃的矛盾，这个矛盾明显地表现为通向一种新的生产方式的单纯过渡点"①。新的生产方式就是社会主义生产方式。当然，在资本主义条件下股份制建立在生产资料私有制基础上。但它带来的私有制普遍化的趋势，也可以看作社会占有生产资料的方向。德国女革命家罗莎·卢森堡也发现："股票业务的不断扩大在国民经济方面意味着什么？它意味着在资本主义形式上生产社会化向前发展了，不仅大生产社会化，中等的甚至小生产也社会化了，这也就是说，这种现象不仅不同马克思的理论相矛盾，而且是这一理论的可以想象得到的最辉煌的证明。"② 如果按照"暴力革命"的思维，得出的结论就是社会主义的经济基础必须在无产阶级夺取国家政权以后才能建立。在和平与发展的时代条件下，完全可以在资本主义自身发展的进程中进行量的积累。不是说只有通过暴力革命"剥夺剥夺者"所确立的公有制才是社会主义的经济基础，通过改良不断积累的社会财富也应被视为社会主义因素。

① 马克思：《资本论》第3卷，《马克思恩格斯选集》第3卷，人民出版社2012年版，第567—568、569页。

② 李宗禹：《卢森堡文选》，人民出版社2012年版，第40页。

资本主义“变”与“不变”的辩证法说明，当代资本主义一方面仍然在“滴着血和肮脏的东西”，另一方面其革命性还没有终结。它的矛盾运动不仅没有摆脱马克思、恩格斯所揭示的历史逻辑的制约，反而不得不沿着这个逻辑向前发展，但是还要经过一个长期过程。

二、过程的长期性

所谓过程的长期性是说社会主义代替资本主义是一个漫长的历史过程。这种长期性，涵盖了无产阶级革命、从资本主义到社会主义过渡和共产主义第一阶段全过程。在当代，发达资本主义国家的无产阶级革命还没有提上议事日程。

在科学社会主义理论界，1848 年的“资产阶级的灭亡和无产阶级的胜利是同样不可避免的”结论被后人概括为“两个必然”；1859 年的“无论哪一个社会形态，在它所能容纳的全部生产力发挥出来以前，是决不会灭亡的；而新的更高的生产关系，在它的物质存在条件在旧社会的胎胞里成熟以前，是决不会出现的”[①]，被后人概括为“两个决不会”。一般认为，前者论证了社会主义的历史必然性，后者强调的是过程的长期性，两者构成了科学社会主义的核心。当年笔者也持这个看法：“正是有‘两个决不会’所作的必要补充，‘两个必然’理论才克服了当时所带有的某种片面性和乐观情绪，形成了一个科学的理论体系。”[②] 按字面意思来理解，这个说法并无不

① 马克思：《〈政治经济学批判〉序言》，《马克思恩格斯选集》第 2 卷，人民出版社 2012 年版，第 3 页。

② 刘海涛：《从“两个必然”到“两个决不会”》；杨春贵主编：《马克思主义与时俱进 100 例》，中共中央党校出版社 2003 年版，第 51 页。

妥；但实际上，“两个决不会”不仅没有“克服”、反而强化了“某种片面性和乐观情绪”，以至于在这里没有被正确理解。工人阶级的解放事业“必须经过长期的斗争，必须经过一系列将把环境和人都加以改造的历史过程”①，这可以视为马克思对社会主义代替资本主义长期性的经典表达，但这里并没有定量分析，而且写这段话的时候，既不是 1848 年也不是 1859 年，而是巴黎公社革命失败的 1871 年。此前无论是 1848 年还是 1859 年，马克思、恩格斯对革命的前景的预测都极为乐观，认为无产阶级革命已经接近胜利。尽管 1848 年革命失败了，但他们只是由此认为新的革命高潮不会迅速到来、无产阶级还没有成熟到可以夺取政权的程度而已，并没有对革命前景失去信心。因为“在这种普遍繁荣的情况下，即在资产阶级社会的生产力正以在整个资产阶级关系范围内所能达到的速度蓬勃发展的时候，也就谈不到什么真正的革命”。“新的革命，只有在新的危机之后才可能发生。但它正如新的危机一样肯定会来临。”② 这段话写于 1850 年 10—11 月。根据周期推算，他们认为新的经济危机和革命高潮的来临肯定不会太晚，定会发生在可以预见的将来。果然，马克思多年一直预言的经济危机终于在 1857 年爆发了，“这使他为得到经济学的某种结论转入了近乎疯狂的努力”③。当年 12 月，他在给恩格斯的一封信中写道：“我现在发狂似的通宵总结我的经济学研究，为的是在洪水之前至少把一些基本问题搞清楚。”④ 也许马克思是这样一种心态：我的结论要成为对事态的一种预测，而不能让它成为一种总结——当然这只是笔者的主观猜测。《政治经济学批判》

① 马克思：《法兰西内战》，《马克思恩格斯选集》第 3 卷，人民出版社 2012 年版，第 103 页。

② 马克思、恩格斯：《时评。1850 年 5—10 月》，《马克思恩格斯全集》第 10 卷，人民出版社 1998 年版，第 596 页。

③ 参见戴维·麦克莱伦：《卡尔·马克思传》，王珍译，中国人民大学出版社 2005 年版，第 271 页。

④ 马克思：《马克思致恩格斯》（1857 年 12 月 8 日），《马克思恩格斯文集》第 10 卷，人民出版社 2009 年版，第 140 页。

的问世意味着这些“基本问题”已经清楚了：1848 年欧洲革命失败的原因，是资本主义所能容纳的全部生产力那时还没有充分发挥出来；又经过了十多年的发展，新的生产关系的物质存在条件在资本主义社会的胎胞里才得以发育成熟。而历史上这段时间确实是社会生产力突飞猛进发展的时期。从 1850 年到 1870 年，英国的纱厂由 1900 家增加到 2400 家，煤的产量由 5000 万吨增加到 11220 万吨，生铁年产量由 290 万吨增加到 597 万吨，铁路线由 10650 公里增加到 24500 公里；到 1871 年，城市人口已占总人口的 62.8%。第二帝国时期的法国（1852—1870 年）工业总产量几乎增长两倍。[①] 就德国而言，1848 年革命后“在 20 年中带来的成果比以前整整一个世纪还要多”[②]。这些成就自然成了“两个必然”的依据：1848 年时资本主义“决不会”灭亡；而现在——1859 年，资本主义的丧钟就要敲响了——这才是“两个决不会”所要表达的思想，并没有无产阶级还要“经过长期斗争”的意思。

马克思、恩格斯把毕生的精力献给了工人阶级的解放事业，都想在有生之年亲眼目睹共产主义的实现，思想中带有一些乐观情绪在所难免。因此，他们所说的“长期性”的内涵远不像今天人们所理解的那样。这是当时不成熟的资本主义的发展状况使然。那个时代的资本主义，与其说处于“上升”发展时期，还不如说刚刚处于“起步”阶段，它的全貌和长期性并没有向人们充分展示出来，倒是阶段性的特征比较突出。套用恩格斯的话说，这种历史情况也决定了科学社会主义创始人的观点。时至今日，资本主义的历史进程并未终结。因此，马克思、恩格斯生活时代的资本主义不过是其中的一个阶段，那时的生产力水平、资产阶级与无产阶级的关系、无产

---

① 参见王荣堂、姜德昌主编：《新编世界近代史》上册，吉林人民出版社 1980 年版，第 451、452、462 页。

② 恩格斯：《〈德国农民战争〉序言》，《马克思恩格斯选集》第 2 卷，人民出版社 2012 年版，第 26 页。

阶级自身的素质还不足以导致“两个必然”。“两个必然”的依据是高度发达的社会生产力，而19世纪的社会生产力远未达到今天的发展程度。当时的“发达”，充其量是英国水平，不过是蒸汽机的广泛应用，但这已经给马克思和恩格斯留下了深刻的印象。恩格斯曾经预言，“蒸汽机确实是所有那些以它为依靠的巨大生产力的代表，唯有借助于这些生产力，才有可能实现这样一种社会状态，在这里不再有任何阶级差别，不再有任何对个人生活资料的忧虑，并且第一次能够谈到真正的人的自由，谈到那种同已被认识的自然规律和谐一致的生活”①。如今，蒸汽机在发达资本主义国家早已为内燃机、电动机、核动力所取代，但那种生活在发达的资本主义国家还是没有完全成为现实。就是恩格斯本人也承认，他的这个观点并没有绝对意义。他在晚年总结说：历史清楚地表明，1848年“欧洲大陆经济发展的状况还远没有成熟到可以铲除资本主义生产的程度”，资本主义“在1848年还具有很大的扩展能力”。② 应该补充的是，1859年、1871年、恩格斯逝世的1895年乃至今天，资本主义仍然具有很大的扩展能力。但“两个必然”“两个决不会”，以及恩格斯晚年的思想并不包含这种认识。

正像自然科学家根据事实摆脱了宗教观念的束缚、认识到自然演化过程的长期性一样，在资本主义出现了新变化、社会主义经历了曲折发展以后，人们才真正克服了“两个必然”和“两个决不会”所带有的急于求成的思想情绪，真正认识到社会主义长期性的内涵。回过头来追溯资本主义五百年的发展进程可以发现，那种真刀真枪、你死我活的阶级斗争在欧美发达资本主义国家的历史中，不过是一个短暂的“插曲”。巴黎公社革命失败的原因并不在于没有

① 恩格斯：《反杜林论》，《马克思恩格斯选集》第3卷，人民出版社2012年版，第492页。

② 恩格斯：《卡·马克思〈1848年至1850年的法兰西阶级斗争〉一书导言》，《马克思恩格斯选集》第4卷，人民出版社2012年版，第384、385页。

及时进军凡尔赛、没收法兰西银行；后来西方的无产阶级基本没有走暴力革命的道路，更不是因为受到了什么思想的麻痹。须知社会存在决定社会意识，原因只能在资本主义还处于长期稳定发展时期的事实中寻找。因此，“两个必然”只能是资本主义发展的历史趋势，在可以预见的将来“决不会”实现。有一种观点辩解说，社会主义革命的条件是否“成熟”的标准，不是指个别国家的成熟程度，而是指欧洲北美经济作为一个整体的成熟程度，意思是社会主义的先决条件在资本主义体系中已经成熟了，是帝国主义时代经济政治的不平衡发展首先给经济文化相对落后的国家带来了革命的形势。如果这个说法成立的话，历史的结局应该像列宁一度希望的那样，在这些国家革命的推动下，资本主义各国相继通过革命走上社会主义发展道路。但事实是不仅发达国家没有走上社会主义道路，倒是苏联东欧各国在经历了几十年社会主义实践以后自身发生了剧变。虽然这并不是“两个必然”过时的证据，但至少证明了“两个决不会”——实现“两个必然”的条件在世界历史进程中还没有成熟，决不能“把自己的急躁当作理论上的论据”（恩格斯语）。

三、道路的多样性

科学社会主义为工人阶级指出的解放道路是革命。马克思、恩格斯又把重点放在了“暴力”上。即使这条道路唯一正确可行，也有 19 世纪法国的巴黎公社革命，20 世纪的俄国十月革命和中国革命等形式上的不同。今天的情况是，至少在发达资本主义国家，暴力革命的环境已不复存在，相反和平发展的可能性在增强，尽管没有成功的案例，但至少值得研究和探索。社会主义始终在统一性和多样性的辩证运动中向前发展——正所谓“道生一，一生二，二生三，三生万物”，“万物同归而殊途”。

晚年的恩格斯对革命前景依旧充满乐观情绪，但是对无产阶级夺取国家政权的道路已经有了新的思考。在 1893 年 5 月 11 日法国《费加罗报》记者对恩格斯的访谈中，有这样一段对话——记者说：“我不揣冒昧地指出，德国社会党人能够实现自己理论的时候，在我看来还非常遥远。”恩格斯反驳说：“并不像您想象的那样远，我认为，我们党担负起掌握国家管理的使命的时候已经不远……可能到本世纪末您就会看到这个结果。”① 巴黎公社失败以后，欧洲工人运动的重心暂时从法国转移到德国。从德国社会民主党的影响中，恩格斯看到了革命的大好形势：“由它派去参加投票的 200 万选民，以及虽非选民却拥护他们的那些男青年和妇女，共同构成为一个最广大的、坚不可摧的人群，构成国际无产阶级大军的决定性的‘突击队’。”“我们现在就已经能指望拥有 225 万选民。如果这样继续下去，我们在本世纪末就能夺得社会中间阶层的大部分，小资产阶级和小农，发展成为国内的起决定作用的力量。其他一切势力不管愿意与否，都得向它低头。我们的主要任务就是不停地促使这种力量增强到超过现行统治制度的控制能力，不让这支日益增长的突击队在前哨战中被消灭掉，而是要把它好好地保存到决战的那一天。”② 这里，“选民”“投票”似乎成了革命的主体和手段。这反映出资本主义的发展变化对无产阶级革命形式的影响。从旧国际（第一国际）存在以来，国际性这个概念发生了变化。那时国际性的实质和活动在于国际无产阶级的尽可能严格的集中制，以便在任何时候、任何地方，只要爆发经济斗争，都能够把工人阶级的力量发动起来进行支援；在现代资产阶级民族国家形成以后，工人阶级的斗争到处都

① 恩格斯：《弗·恩格斯 1893 年 5 月 11 日对法国〈费加罗报〉记者的谈话》，《马克思恩格斯文集》第 4 卷，人民出版社 2009 年版，第 562 页。

② 恩格斯：《卡·马克思〈1848 年至 1850 年的法兰西阶级斗争〉一书导言》，《马克思恩格斯选集》第 4 卷，人民出版社 2012 年版，第 395、396 页。

主要变成了民族范围的斗争，因此，由于必要性而采取了议会选举斗争形式。①

许多西方发达资本主义国家恰恰是按照“选民”和“投票”的逻辑走上了民主社会主义道路。这决不意味着是恩格斯首倡民主社会主义。但无论如何，时至今日科学社会主义在发达资本主义国家基本上已为“民主社会主义”取而代之。说到民主社会主义，首先要声明，它不是科学社会主义，仅从这个概念本身就一望便知。另外，民主社会主义并非从科学社会主义中分离出来，从“社会主义”这个角度看，它和科学社会主义同根同源，都来自莫尔的《乌托邦》，但是它有自己独立的发展线索。如果说与科学社会主义有关，那也主要是因为伯恩施坦对科学社会主义的“修正”。民主社会主义和科学社会主义最原始的分歧就是一个崇尚改良，一个主张革命。恩格斯提到的选民和投票为的是和资产阶级“决战”，而民主社会主义则是同资产阶级共享国家政权。但有西方学者评论道：“20 世纪 90 年代对其进行反思从而得以幸存的社会主义在本质上大体上都是改良主义的、民主的、修正主义的。如果说社会主义有未来的话，那么它将以这种形式存在。”② 只能说，这个判断对于发达资本主义国家来说大体准确。在发展道路上，民主社会主义主张改良，但除此之外确实别无他途；在社会形态上，民主社会主义主张实行以私有制为基础的混合经济，这显然具有资本主义性质，但不能否认其中的社会主义成分。此外，民主社会主义关于调节收入差距、缓和阶级矛盾的主张，也具有社会主义性质并值得借鉴。俄罗斯等原苏联东欧社会主义国家，从历史传统上看，都属于欧洲国家。它们在“剧变”后也没有回到原始的资本主义道路上去，那里的社会主义运

① 耶克：《第一国际史》，张文焕译，生活·读书·新知三联书店 1964 年版，第 279 页。

② 安德鲁·文森特：《现代政治意识形态》，袁久红译，凤凰出版传媒集团、江苏人民出版社 2005 年版，第 149 页。

动也具有民主社会主义的特征。这就是说，西方发达资本主义国家的社会主义者在没有别的道路可走的情况下，民主社会主义不能不说是一种现实的选择。

科学社会主义对民主社会主义的态度众所周知。这里仅就民主社会主义对科学社会主义的态度再说几句。一般说来，民主社会主义对马克思主义持尊重态度。曾担任过英国工党领袖的哈罗德·约瑟夫·拉斯基就受过马克思主义的影响，特别是马克思主义的阶级分析法已成为他分析、研究资本主义社会的一种主要方法。[①] 1971年合并成立的法国社会党的首任第一书记、法国前总统佛朗索瓦·密特朗并不是马克思主义者，但他承认“马克思主义对社会主义思想做出了不可替代的贡献”，是“使社会主义汇成大河的源泉之一，也许是最深的源泉”。社会党重建后发表的文件表示要借鉴马克思的《资本论》和《共产党宣言》作为“分析资本主义经济和社会的手段”。[②] 连续担任四任社会党国际书记的尤利乌斯·布劳恩塔尔对马克思及马克思主义基本上持肯定态度，他自称一生都是马克思主义的学生，认为马克思主义可以回答它所生活时代的各种基本问题。[③]马克思主义的观点也在他的三卷本巨著《国际史》中有充分的体现。但民主社会主义认为马克思主义是社会民主党的思想来源之一，不认为是唯一的指导思想。具体到狭义的科学社会主义，民主社会主义所说的“民主”主要相对“专政”而言。资产阶级反对无产阶级专政不待多说。但在民主社会主义看来，无产阶级专政在马克思的话语体系中就是无产阶级民主，它所反对的“无产阶级专政”主要是指“苏联模式”，并提出要与之划清界限。尤其是苏联“一国建成社会主义”以后出现的“大清洗”、对其他主权社会主义国家进行军事干涉和侵略，越发引起民主社会主义者的高度警觉，从而也

① 殷叙彝：《当代西欧社会党人物传》，黑龙江人民出版社 1989 年版，第 20 页。

② 殷叙彝：《当代西欧社会党人物传》，黑龙江人民出版社 1989 年版，第 197 页。

③ 殷叙彝：《当代西欧社会党人物传》，黑龙江人民出版社 1989 年版，第 510 页。

导致二者之间的对立愈发严重。由此可见，民主社会主义和科学社会主义主要在所有制的道路问题上出现了分野。

除科学社会主义、民主社会主义以外，在广大发展中国家，社会主义将继续以“民族社会主义”的形态存在。“二战”结束以后，先后有90多个殖民地半殖民地国家宣布独立，其中又先后有50多个国家作出了“社会主义选择”。这在很大程度上是出于实现“跨越式”发展和解决社会各种矛盾的需要，也是“二战”结束以后两极对峙格局的产物。但是他们奉行的社会主义，用“非资本主义”或“民族社会主义”加以表述可能更为合适。这种情况表明，社会主义在“二战”结束以后，不仅是无产阶级运动的目标，也是殖民地半殖民地国家民族解放运动的旗帜。与科学社会主义的区别在于，它不是由马克思主义政党而是由民族主义政党来领导，具有鲜明的民族主义性质；有的社会主义运动宗教色彩非常浓厚；大多数国家虽然高举起社会主义旗帜，但没有把共产主义作为最高纲领。印度尼西亚前领导人苏加诺的观点具有代表性。1945年6月1日，他在《建国五原则的诞生》的演说中提出了“五基”的主张，即神道、民族主义、民主主义、人道主义、社会主义。1959年，他明确宣布：“由于不愿走旧世界的老路（资本主义），可是又还没有条件走向新的道路（社会主义），于是印度尼西亚同其他民族主义国家开拓自己的道路：基于五基的公平与繁荣的社会，或称印度尼西亚式的社会主义。”① 如果说这种形态有科学社会主义成分的话，也主要体现为经济体制上的计划经济。通过长期的探索和实践，这种社会主义也取得了一定的成就，促进了民族工业的发展，初步改变了畸形的单一经济结构，推进了现代化的进程。这些成果也可以视为社会主义的前提条件。但是，受20世纪80年代末90年代初苏东剧变，尤其

① 《亚洲、非洲、拉丁美洲民族主义者关于民族解放运动的言论》，人民出版社1964年版，第163、164页。

是近年来西方国家推行的“颜色革命”的影响，民族社会主义也遭受了严重挫折。事实上，许多发展中国家的社会主义物质文化条件并不具备或不充分，只能说还处在为实现社会主义准备条件的阶段。为此，21 世纪发展中国家的当务之急，仍然是发展经济，摆脱贫穷，实现现代化，以遏制资本主义的扩张、维护世界和平、促进共同发展。

跋

本书既是为纪念恩格斯诞辰200周年而作，也算是对本人教学科研工作的小结——因为下个月我将退休。但不论如何，要感谢中共中央党校（国家行政学院）科研部和出版集团的同事，尤其要感谢出版社领导曲炜、马克思主义学院国外马克思主义研究所所长张严、科学社会主义教研部办公室主任赵若玉的支持和协助。既然已经和读者见面了，就意味着做好了遭到批评和质疑的心理准备——事实上非常欢迎读者这么做，这不是客套——批评和讨论永远是科学进步的动力。“入门”还需“深入”，“导读”也要“精读”。

刘海涛

2020年9月